微表情心理学
（典藏本）

Wei Biao Qing Xin Li Xue

罗 莉 著

民主与建设出版社
Democracy & Construction Publishing House

图书在版编目（CIP）数据

微表情心理学 / 罗莉著. -- 北京 : 民主与建设出版社，2016.1（2018.8重印）

ISBN 978-7-5139-1029-3

Ⅰ.①微… Ⅱ.①罗… Ⅲ.①表情－心理学－通俗读物 Ⅳ.①B842.6-49

中国版本图书馆CIP数据核字（2016）第034257号

出 版 人：许久文

责任编辑：李保华

整体设计：新兴工作室

出版发行：民主与建设出版社有限责任公司

电　　话：（010）59419778　　59417745

社　　址：北京市朝阳区阜通东大街融科望京中心B座601室

邮　　编：100102

印　　刷：大厂回族自治县彩虹印刷有限公司

版　　次：2016年3月第一版　2018年8月第7次印刷

开　　本：710mm×1000mm

印　　张：19

书　　号：ISBN 978-7-5139-1029-3

定　　价：38.00元

注:**如有印、装质量问题，请与出版社联系。**

前言>>

生活中你是否曾因无力说服别人而懊丧？是否曾被别人牵着鼻子走而浑然不觉？时常被摆布，被欺骗，被利用？面对纷纷扰扰的人际关系，你束手无策，苦闷困惑，时常感叹为什么有些人就那么有心计？为什么有些人就那么有手腕？自己难道就只能傻乎乎地处于被动的境地吗？

让本书帮你结束这一切！扭转这一切！改变这一切！人的一举一动都在泄露天机，一个无心的眼神，一个不经意的微笑，一个细微的小动作，就可能决定了你的成败。

唯有读懂人心，才不会把敷衍的谎言当作真诚；唯有读懂人心，才不会误解他人的本意而坐失良机；唯有读懂人心、才能了解人、热爱人，并防范和制服那些不怀好意的人。每天学会一点儿看透人心的智慧，让你聪明地社交、幸福地收获……

本书帮你掀开人性内衣，观人于细微，察人于无形，瞬间看穿他人的心理诡计，避开无谓的心理陷阱，教你一招搞定，从而控制他人。这不是教你使诈算计别人，是教你从细微处看破他的心计，牵着他的鼻子走，教你玩转职场、玩转人际、玩转人生。

每个人的生活都离不开交际，而交际的实质却是心理策略的博弈。很多人都希望改善自己糟糕的人际关系现状，却又苦于没有良策；想提高自己交际的能力，但又不知怎么做才好。其实，要打好人际交往这张牌，就要了解交际的实质就是心理博弈。

如何在博弈中脱离被动，掌握主动，进而牵制他人，制胜之道在于心理操纵。心理操纵的关键是懂人性，知人心，洞察他人的心里城府，掌控他人的心理秘密，看透他人的内心世界。

在竞争日益激烈的时代，掌握他人的长短优劣，在细微之中察人于无形，从而控制他人，是追求成功人士必须要牢牢掌握的杀手锏。想让他人按你的意愿行事吗？想完善自我，看穿他人，驾驭人心，支配环境吗？让本书来告诉你如何做到这一切。

这本《微表情心理学》会成为你有力的思想武器，在这里，你首先可以学习到如何透过细微一眼看透他人。正所谓“纵心先识人”，察言观色是一切人情往来中操纵自如的基本技术。不会察言观色，等于不知风向便去转动舵柄，在现实生活中，我们需要和各色各样的人打交道，面对非常复杂的人群，我们必须练就一双慧眼，能够准确地读懂他人的内心，如此一来，很多人的小心思就难逃你的法眼。

当然，光看透别人还不够，提升自我也是当务之急，强人必先强己，本书会告诉你如何避免掉进别人设定的陷阱，如何避免生活中的习惯心理效应的错误引导等等。

接下来就进入双方的博弈时间了。“如何消除他人的戒备、绝对说服他人、取得他人的信任、摆脱讨厌对象、让他人喜欢和亲近自己……”本书对此做了详细的阐述，一书在手，职场顺风，官场顺水，情场无虑，商场无忧！

人生就是一场博弈，生活就是一场较量。愿本书能帮助你成为交际的最终赢家。

目录>>

中篇　克敌制胜，“你”要比对手高一点
——强人先强己

下篇 鹿死谁手的对决
——人际关系中的操纵与生存心理博弈策略

上篇

纵“心”先“识”人

——掀开人性内衣，观人于细微，察人于无形

泰戈尔曾说过：“任何人一旦学会了眼睛的语言，表情的变化将是无穷无尽的。”听别人讲话，或对别人讲话，要注意对方的眼睛。因为一个人的内心活动，心之所想，透过眼睛就可以看出分晓，每个人都隐瞒不了。

Chapter 1 观人于细微，察人于无形

——观其外表看透对方

难怪人们常说眼睛会说话。观人的眼睛，可以知道人心的善恶，看流转的眼波，可以进行“无声胜有声”的交流。

看透眼神里暗藏的心机

美国心理学家爱德华·海斯曾做过一个关于瞳孔和心理的有趣实验。

海斯把婴儿、婴儿和母亲、男子的裸照、女子的裸照、风景的幻灯片分别放给参加试验的人看。

然后，海斯检测了当时拍下的被实验者的瞳孔大小。由于人的瞳孔随光的强弱缩放，在光线足的地方瞳孔收缩，在光线不足的地方瞳孔放大。由此海斯想到，按同样的道理，瞳孔也可能随着兴趣的大小放大或缩小。

结果是：男女都是在看到异性的裸照时瞳孔张大，比平常放大了 20%。另外，在看到“婴儿”“婴儿和母亲”时，全体女性和有孩子的男性的瞳孔都张大了。而对“风景”片男女的反应都很微小。

换言之，瞳孔开合是由植物神经控制，所以无法掩饰。由此，眼睛在无意识中暴露了一个人的意识。

难怪人们常说眼睛会说话。观人的眼睛，可以知道人心的善恶，看流转的眼波，可以进行“无声胜有声”的交流。

泰戈尔曾说过：“任何人一旦学会了眼睛的语言，表情的变化将是无穷无尽的。”听别人讲话，或对别人讲话，要注意对方的眼睛。因为一个人的内心活动，心之所想，透过眼睛就可以看出分晓，每个人都隐瞒不了。

一起聊天时，视线总是飘移不定的人，其心中也是起起伏伏无法平静下来，多半是属于不够沉着稳重的类型，在其飘忽不定的眼神里，我们可以隐约读到他们脑子里正在思索的事情。

就好像警方锁定了窃贼惯犯时，便会仔细观察嫌疑犯的视线。因为正在物色猎物中的小偷，他的视线会不停地到处扫描，只有在寻获目标物时其视线才会安定下来，将之集中于猎物身上。然而，正当他要动手行窃的一瞬间，早已被洞悉其阴谋的警察逮捕。

不只是小偷，当人在思索事情时，视线通常会随之左右移动，所以当视线还在移动时，便表示其人还处于思虑无法整合的状态下，脑中思虑未果的情形，便会无意识地流露于眼神之中。

当所思考的事情有个雏形出现、大致理出了头绪，这时视线才会安定下来，眼睛或闭或凝神望向远方，丝毫不受外来刺激的影响。将所有事情理清之后，且欲传达给他人知道时，视线便会很快地集中于前方。

在会议上或是其他场合中，你若试着观察其他人，将可发现其中有视线游移不定的人，也有一些视线沉稳的人。借助对方视线移动的方式，可以了解这个人脑中正处于什么样的状态。

倘若不是在会议中，也不是集会的场合里，视线还是无法安定下来的话，表示这个人脑中的思绪相当混乱，各式各样的想法起伏不定，就像一个无人整理、散乱不堪的房间。

处于这种状态的人，被一大箩筐无谓的想法、拿不定的主意捆绑，无法自拔。由于缺乏整理统筹的能力，在旁人看来，说话语无伦次、不按牌理出牌，根本不了解其所要表达的真正意思。

在一个心理测验中有这样的问题："12 乘以 13 的答案是多少？""Washington 这个单字是由几个字母拼成的呢？"这些问题的答案需要受试者花少许时间思考。这个心理测验表明，回答者眼珠移动的方向和其个性、兴趣有一定的关联性。

一般而言，学理科者，也就是擅长科学、算数的人，思考时眼珠多半向右移动，其睡眠时间通常较短，这类型的男性一般不太懂得和女性交往、讨女性欢心。而学文科的，也就是擅长于古典或人文科学的人，眼珠多半向左移动，个性较为开放，喜好音乐及艺术，对宗教也抱持关心的态度。这类型的人很容易接受暗示，被催眠时很容易就能进入催眠状态。

接受这个测验的某些女性，有眼珠往两边移动的情形，所以部分女性并不适用于这个心理测验。如果想试探初识男性的性格取向，见面时不妨问他一些艰深的问题，仔细观察他视线移动的方向，便可以大略明了这个人有何种性格倾向。

眼睛是心灵的窗口，发出各种不同的信息，所以凶神恶煞的眼神看起来杀气腾腾，充满魅力的眼神可以迷倒众生。因此，眼神的确可以透露不少不为人知的心中事。

——眼睛直直盯着对方的女性，心中可能有隐情。

——在交谈的空档停下来注视对方时，表示说话内容是自己所强调的，或希望听者更能理解其中的内涵。

——初次见面先移开视线者，多半逞强好胜想处于优势地位。

——与对方的眼神一接触，立刻移开目光者，大都有自卑感或心理有缺陷。

——看异性一眼后，便故意转移目光者，表示对对方有着强烈的兴趣。

——喜欢斜眼看人者，表示对对方怀有兴趣，却又不想让对方识破。

——仰望对方时，表示对对方怀有尊敬和信赖之意。

——俯视对方者，欲向对方显示威严。

——视线不集中在对方身上，迅速移转者，大多属于内向的人。

——视线左右晃动，表示他正陷入苦思冥想当中。

——谈话时，目光突然往下望，表示此人正陷入沉思状态。

洞察“头”透出来的秘密，透视他人心理

头和身体是有一定比例的，而且是外形上很重要的标准，我们常常用“几头身”来形容一个人的身体比例怎么样。有的人头大，有的人头小，有的人头尖……大小形状各不同，常有人说，大头人聪明，小头人奸诈，果真是这样吗？

四方型：

特征：前额上部方形，方下巴，身体亦随之有方形的趋向。

这种头面男子较多，女子较少。这种人精力充沛，性活泼，喜欢动，好冒险，不受拘束，好自由，喜户外生活。这种人不爱谈理论，而讲求实际，有建设性。他们的身体能耐劳，吃得苦中苦。就是不喜读书，智力懒惰，不善思考。所以，

他们只好用他们的手及身体，认真实地去做或执行思想家所计划的事情。

长方型：

特征：头窄、长睑、像长方形。

这种头面型的人擅长外交手腕，喜交际；友善和气，态度温和有礼，机警，这种人欲达到目的，决不用武力，而用他的机警，外交手腕，智慧聪明。这种人做一个外交家或推销员是很合适的。但是缺乏力量、魄力和执行力，且不善理财。

圆脸型：

特征：头面型圆的人，其身体亦圆，其为人亦是四面圆通，八面玲珑，正合着中国相法所称之“心宽体胖”。

因为这种圆面型的人永远是乐观的，而对一切都感到安然惬意，所以这种人永远是和气、有趣、可亲的。这种人擅长管理行政、是理财的天才。但是这种人天性爱好享乐，爱吃贪睡，结果身体愈胖，因之不免懒惰。

三角型：

特征：前额高而宽，下巴尖，脸型如一个倒三角型。

这种人智力灵活，善推理，好深思，爱钻书本，富创造力，生性聪明，多智谋，富理想，易冲动。擅长劳心工作，不惯于劳力之工作，户外运动过少，故体质较弱，缺乏活力，体力懒惰。发明家、设计家、教育家、评论家、思想家多属于此类型。

凸出型：

特征：前额后倾，高鼻梁，唇部突出，下巴短缩，整个头面侧面成凸出形状。

这种头面型的人，智力极佳，思想快，行动敏捷，善观察，富创造喜进取。可以用一个“快”字表示他的个性。

这种人虽然反应快，但他们缺乏待久性与忍耐心，而且冲动，易怒。所以，他们的缺点，就是不免过于性急，欠深虑，妄动，故有云：面中仰而入不义，盖其人常妄动。这种人言多而直爽，故易失言。

凹进型：

特征：前额上端突出，眼眉部分平坦，鼻子低，唇部短缩，下巴突出，整个头面侧面成凹进形状。这种头面型的人，与前述凸出形的人正相反，他的个性可以用一个“慢”字表示。思想行动皆缓慢，一切慢吞吞，不急进，固执而不切实际，缺乏创造力。

但这种人却因此而养成一种谨慎，不盲从，不冲动的性格来。镇静、从容，理智重于感情，善思索，一切三思而后行，不妄动，相法所云：“面中凹而机谋深”。故惹祸的机会少，能忍耐，有持久力，态度温和，随遇而安，都是其优良的性格。

平直型：

特征：前额较直，直鼻子，嘴与下巴均乎直，头面侧面成一直线形状。

这种人多是中性性格，常在深思及好动之间。所以缺点是易趋于犹豫不决。

上凸下凹型：

特征：前额后倾，眼眉高出鼻梁、嘴唇短缩，下巴长而突出。

这种人因为前额后倾，所以思想快，下巴长而突出，行动慎重。他的性格重实际，有魄力，是一个领袖人才。但容易专制，固执。

上凹下凸型：

特征：前额上端突出，眼眉平坦，鼻子低，唇部突出，下巴短缩。

想到就去实施，行动力强，有冲劲。他是行动快于思想，故不易有周密之计划，常常不免轻率疏忽，所以每每行动后就后悔，与纯凸面型的人从不后悔的性格不同。这种人不重实际，易冲动，缺乏领悟力与忍耐力。

从头发洞察他人特点

头发像钢丝，又粗又硬，而且还很浓密，这样的人疑心多比较重，不会轻而易举地相信别人。他们最相信的就是自己，所以凡事都要自己动手，操纵和掌握一切，才觉得放心。他们做事很有些魄力，而且组织能力也比较强，具有一定的领导才能。这一类型的人，理性的成分要大大多于感性，所以涉及感情方面的问题时，往往会显得很笨拙。

头发很粗，但色泽淡，而且质地坚硬，很稀疏，这一类型的人自我意识极强，刚愎自用，往往听不进去别人半句话。他们不甘心被人领导，却渴望能够驾驭别人。他们多比较自私，缺乏容人的度量，但这一类型的人一般来说，头脑还算比较聪明，由于他们的目光又比较短浅和狭窄，只专注于眼前，看不到长远的利益，所以多不会有多大的成就。

头发柔软，但却极稀疏，这一类型的人，自我表现欲望一般来说比较强，他们喜欢出风头，更爱与人争辩，以吸引他人的目光，获得他人的关注。在他们的性格中，自负的成分占了很多，他们妄自尊大，很少把他人放在眼里，尽管自己在某些方面表现得的确很糟糕。他们做事的时候，大多缺少必要的思考，所以常会做出错误的判断，而且还容易疏忽和健忘。

头发浓密粗硬，却能自然下垂，这种人从外形上来看，多半身体比较胖，而且也显得比较慵懒，不喜欢活动，但是他们的心思多比较缜密，往往能够观察到特别细微的地方。他们的感情比较丰富，易动情，对情感不专一。

头发淡疏，粗硬而卷曲，这一类型的人，大多思维比较敏捷，而且善于思考，并有很好的口才，能够很容易地说服别人。他们的性格弹性比较大，可以说得上是能屈能伸，适应性很好。但他们的屈和伸，又是在坚守一定的原则和基础之上进行的，所以无论外在的东西怎样不断变化，其内在还是有一些稳定不变的东西。

头发浓密柔软，自然下垂，这一类型的人，大多性格比较内向，话语不多，善于思考。从某种程度上说，他们具有很强的耐性和韧性，这一类型人所从事的事业多是和艺术方面有关的。

头发自然向内卷曲，如烫过一样，这一类型的人，脾气大多比较暴躁，而且疑心比较重，总是患得患失地在犹豫和矛盾中挣扎，除此之外，嫉妒心还很重。

发根弯曲，发梢平直，这一类型的人多自我意识比较强，厌恶被人约束和限制，不会轻易地向他人妥协。

发型显示人的趣味

你不高兴的时候，是不是想改个发型，就像剪掉三千烦恼丝一样？从头再来，给自己清爽、焕然一新的感觉。人的心理就和发型紧密地联系在一起。

不同的发型往往表示人的不同个性。男士不管是留长发、剃光头，或是其他各种各样比较特别的发型，其都有一个普遍的共同点，那就是标新立异，想别出心裁地突出自己，增加自身的魅力。与男士相比，女士的发型若要研究分析起来，则显得比较复杂。

比如，女性若留着飘逸的披肩发，则是说明她希望把自己表现得比较清纯、浪漫；若留的是齐耳的短发，则显得天真活泼，无忧无虑；烫成满头卷发，代表这个人欲显示自己较有青春的活力，更希望或多或少地还有些野性。

女性把头发梳得很短，并让它保持顺其自然的状态，说明这个人比较安分守己，甚至是有些封闭保守的；如果她把头发梳理得很整齐，但并不追求某种流行的款式，则表明这可能是比较含蓄但有较强烈的自主意识的一个人；在自己的发型上投入很多的精力，力争达到精益求精的程度，则说明这是一个自尊心比较强，追求完美，爱挑剔的人。

对男性而言，若头发和胡须连在了一起，且又浓又粗，这种类型的男性，给人的第一感觉往往是剽悍、强壮。一般来讲，他们还显得比较鲁莽，性格豪放不羁，有侠义心肠，喜欢多管闲事，好打抱不平，多不拘于小节。

让自然来决定自己的发型，并且长时间地保持，这一类型的人多是在怨天尤人，但却从来不从自己身上寻找原因，更不会付诸行动去寻求改变。他们很多时候容易向别人妥协，所以很多行动并不是真正的发自内心想做的。

头发长长的、直直的，看起来显得非常飘逸和流畅，这种人的性格大多界于传统与现代之间，他们既含蕴世故，又大胆前卫，只是要视情况而定。他们通常有很强的自信心，对成功的渴望很迫切。

头发很短，这样看起来很简洁，而且也极为方便，这一类型的人，大多野心勃勃，他们的生活总是被各种各样的事情占据着。他们在内心很想把这些事情做好，但实际上却往往什么也做不好，因为他们缺少必要的责任心，在遭遇困难，面对挫折的时候，往往是选择逃避。

热衷于波浪形烫发的人，说明他们对流行是比较敏感的，他们大多很在乎自己外在的形象，并且知道怎样才能使自己的外在形象达到最佳的效果。他们比较现实，在绝大多数时候，能够根据客观实际来协调和改变自己。他们能够把握自己的命运，无论是对任何事情，都会积极主导着自己的生活，使之达到符合自己的要求。

喜欢蓬松及前端梳得很高的发型的人，他们比较保守，而且还有点固执或者说是执著。他们喜欢上了一件东西，认准了某一件事物，在绝大多数情况下，不会轻易地改变自己的想法及观念。

故意把发型弄得很怪，这一类型的人，表现欲望很强烈，他们希望自己能够吸引更多的目光，他们经常不考虑他人的心情和感受，有什么话就说什么话。他们对任何事情都有自己独特的见解和认识，并且会始终坚持自己的立场。他们很有魄力，敢于同权势对抗，不屈不挠。虽然这些人的行为有时显得让人有些难以接受，但却有不少人尊敬他们。

喜欢平头的人，大多男子汉的味道更浓一些，他们讨厌娘娘腔十足的人，而对很有骨气的人十分有好感。他们自己本身看似缺乏温柔，但实际上也有温柔的一面，他们的思想从一定程度上来说还是相对保守和传统的，他们也很在乎自己在他人面前的表现。

喜欢剃光头的人，多是想表现自己的阳刚之气。他们很有思想，也很善良，但缺乏防备之心，总是吃亏。

总之，发型不同于器官，所修饰出的造型完全是由他个人好恶来决定的，而个人的好恶正是由个人性格所决定的。当然，这也不是绝对的。就像女人梳马尾辫是追求美，那男人梳马尾辫就不是一种追求吗？

不同发色秀出不同个性

走在大街上，各种颜色的发型会冲击着我们的眼球，不管我们心理能不能接受。美发产品的更新换代已经使最初是由生理因素决定的发色变成是随心所欲的事情。而发色，也是人们内心性格的体现。

金发

为了一头金发，他们不惜任何代价，即使在自己染成金发后一星期发根便露出来了。但有一头金发，令他们觉得自己更有魅力，更吸引人，更跟得上时代潮流。这种人总是热切盼望自己能够符合高阶层人士白肤金发的形象，因此不断调整自己的服装和行事风格。他们总想加入合适的俱乐部，能够与合适的人来往，但不幸的是，他们的弱点经常暴露出来。

红发

火焰般灿烂不羁的红发，是他们心中理想的形象。红发有热情、有精神，不管在任何人头上都耀眼夺目。一般人总认为红发是性感的象征，而这类人喜欢成为性感的焦点，虽然心里明白，其实红发人并不见得性感，但只要有必要表现性感魅力，他们也会露一手让大家瞧瞧。他们不容易受他人影响，否则不会把自己的头发染成红色。

黑发

这类人深受拉丁女子性感、成熟的形象影响，希望别人认为他们神秘而难解，即使他们知道黑发不过是染料的功劳。他们不怕公然展现诱人性感的一面，因为他们早知道如何展现自己的魅力。他们敢于展现出傲慢冷漠的态度。

强调原本的发色

这类人不是强调原来的发色就是想盖住灰色的头发。无论哪一种情况，他们都不愿自己的改变太过剧烈。基本上，他们希望自己的头发自自然然，只要比原来的模样好看一点儿即可。因为他们为人谨慎、言行保守，需要好长一段时间才能适应周遭变化。但谨言慎行使他们错失了许多机会。

朋克式

一头粉红、紫色或绿色。染成这样的头发是为了鹤立鸡群。这类人的个性叛逆倨傲，选择这种方式来拒绝社会规范。假使他们的年纪在二十五岁以下，这不过是他们人格发展中的一个阶段。假使他们已经超过二十五岁，这倒是隐藏身份的一种方法。

超级市场式

他们试过各种发色，企图找出能让自己觉得很不错的颜色。不过，他们从没满意过，因为他们正在找寻某种身份，找寻某个能让他们实现内心愿望的东西，可能是某个形象、一位情人或某种事业。由他们的外在即可洞悉他们的内心，从金发、褐发到红发，他们还没有找到自己想要的颜色。

不染发

假使他们的头发不是天生长得好看自然，那他们就是那种宁可平平凡凡，不怎么吸引人，也不愿冒险被旁人说不自然的人。他们徘徊在接受“事情就是这样”与让事情比“自然”情况更好两种想法之间，等待着环境指引他们走哪条路。别人经常说他们没有个性。

穿戴中隐含的心理秘密

通常一个人天生就具有一种所谓的自然性选择色彩的本能，这种本能会表现在日常的穿着当中。而一个人的日常穿着往往都会透露出内心的困惑、疑虑和企图。

常穿黑色衣服的人

从表面上看起来可能会给别人留下神秘、高贵以及专业的印象。因此，有许多时尚造型设计师往往偏爱穿黑衣服，感觉好像很专业，但实际上却缺乏创意，所以黑色会是现代人成功的最大障碍。总是喜欢把黑颜色衣服穿在身上的人，多少都会有点不善于社会交际，他们无非是用黑色来掩饰自己内心的不安或恐惧。

常穿深蓝色衣服的人

深蓝色是由冷静又感性的蓝色加黑色所形成的一种色彩，它既保留了黑色所具有的坚毅与神秘的特质，又增添了蓝色的韧性和毅力，造就了深蓝这个既具有知性又具有管理的特质。因此平时喜欢穿深蓝色衣服的人应该是一位优秀的决策者。这样的人凡事都会缜密思考，比较容易成就事业，而以男性居多。更有趣的是，这些男性多半喜欢自立门户，为自己打工。但是这类人不太喜欢接受别人的批评和建议。

常穿白色衣服的人

白色是一种纯净、没有任何杂质的色彩，男性朋友会发现在他们的衣橱里总有两三件白色的衬衫。一个常穿白色服装的人，应该是一个追求完美的人。“夸父追日”也许是他们的缺点，但如果他们发现有什么东西可以让自己更好而需要改变方向的时候，他们也会立即行动，毫不迟疑。从这方面来说，喜欢白色衣服的人又有实际的一面。常穿白色衣服的人内心会经常觉得寂寞，但又非常渴望引起别人的注意和关心，甚至于爱慕。不过他们不太喜欢别人没有理由的客套，所以在外人的眼里，他们是那种既想爱又怕受到伤害、既做作又喜欢钻牛角尖的人。

常穿黄色衣服的人

黄色是一个心灵能量的颜色，它可以加速理想的实现，并能启发新的创意，但因为一般人不懂得如何挑选适合自己的黄色而给人一种蠢蠢的、智力不足的印象。一个常穿黄色衣服的人，应该是一个表达能力很强，有自己独特见解和想法的人。他们很有自己的主张，在智力才能方面常常被肯定。这类人通常都具有冒险、追求刺激和新鲜的特征。他们无法忍受一成不变。虽然他们是幽默的人，但也常爱发脾气。不过幸亏他们习惯于用沟通来处理事情，即使是在发生不愉快的事情时也会如此。

常穿绿色衣服的人

绿色是一个生机盎然的色彩，它往往是生命诞生和延续的代表。一个常穿绿色衣服的人，个性谦虚平实，不爱与人争论，有很高的人气指数。和善、可亲是这类人最大的特色，而且他们对于自己不喜欢的人也不会刻意地排斥或疏远。这类人道德感强烈，个性爽直，平时话不多，可是一旦遇到投缘的对象，他们又有点“人来疯”的样子，这时候你会发现聊天是这类人最大的乐趣。其实，这类人是相当优秀的教育人才。他们虽然为了做好每一件事，常常会给自己设定标准，但或许是标准过高而成功率自然降低，不过他们总能自圆其说地将这一切否认得一干二净。如果每件事都给自己压力，是跟自己过不去，人生就没有任何意义了。

常穿紫色衣服的人

紫色是一个既高贵又带着点傲气的颜色。常把紫色衣服穿在身上的人，多半是一个观察力和领悟力都很高的人。这类人通常具有不错的文化素质和涵养，往往以艺术工作者居多。又因为紫是由红和蓝结合而产生的色彩，所以它包含了精神和肉体的定义，可以说紫色是控制情绪的最佳辅助品。但是常穿紫色衣服的人又有些自视清高，对于不属于同一领域或和他不是一个档次的人或事情，往往会表现出不屑的态度，容易让周围的人觉得他们矫揉造作，对他们的行为感到不自在。还好，他们似乎也并不在意这些人对他们不认同的态度。

常穿灰色衣服的人

大家可能知道“非黑即灰”在流行时尚界已经是一个千古不变的准则。常穿灰色衣服的人通常会是一个不容易相信别人的人，但是他们凡事一定会处理得非常完善才认为是大功告成，否则他们宁愿不做。不过，他们不会把事情随便交给别人，除非已经取得了他的信任，但就像他们对爱情不信任一样，取得他们的信任是一件非常难的事情。常把灰色穿在身上的人好象对爱情没有憧憬，其实他们只是担心受到伤害而已。

常穿红色衣服的人

红色使人精神振奋，但过度的红又会使人精神紧张、脾气暴躁。常穿红色衣服的人，应该是个企图心和精力都很旺盛的人。他们会对自己专注的和感兴趣的事情投入百分之百的热情，但是一遇到挫折便会迅速地丧失原有的热情。他们算是一个乐天派，即便是当所有的人都在忧心忡忡的时候，他们也会认真地告诉你“没关系，天塌下来有个儿高的人撑着”。虽然如此，他们的情绪变化起伏是相当大的，具有忽冷忽热的个性。常穿红衣服的人是一个心直口快的人，他们经常会毫不保留地把自己认为对的想法脱口而出，从不考虑别人的感受，也不在乎可能产生的后果，而且他们没有承担过错的能力和自我反省的勇气，习惯把责任归咎到别人或外在不可抗拒的因素中。常穿红色衣服的人往往自以为是，更糟糕的是他们从没有察觉，还有些沾沾自喜。

常穿蓝色衣服的人

蓝色是一个穿着相当普通的色彩，常穿蓝色衣服的人通常是一个自制力和定力相当强的人，并且个性固执，属于不达目的绝不罢休的人。在工作上常穿蓝色衣服的人会是个优秀的人才，总会把上司交待的任务完成得井然有序。不过常穿蓝色衣服的人，很少以乐观的态度去看待任何事情，总会对每件事情抱以担心和忧郁。虽然他们是喜欢热闹的人，但因为他们生怕自己的言谈举止、穿衣打扮稍有不当会破坏别人对他们的感觉，所以他们往往身在人群外，心在人群中。

常穿橙色衣服的人

橙色是一个高亮度的颜色，给人一种温暖的感觉，常穿橙色衣服的人拥有开朗的笑容和充沛的活力，使他们常常成为人群中的焦点而人缘奇佳，但往往也会因为不轻易得罪人使自己显得没有原则。这类人害怕孤独，喜欢热闹，他们会参加各种活动来吸引人的注意，并且会和不同层次的人相处得非常愉快。但是常穿橙色衣服的人做事优柔寡断，又易善变，使身边的人感觉他们轻浮而不稳重。

常穿咖啡色衣服的人

咖啡色给人一种稳定和安全的感觉，虽然让人觉得老气，但却有一种表里如一的权威感。常穿咖啡色衣服的人，外表冷静、内心热情。他们会习惯脚踏实地地去做每一件事情，纵使遇到挫折也是有苦自己咽，绝不让别人看到自己脆弱的一面，就算是在最糟的情况下，仍然能燃起希望之火，相信自己能够度过一切艰难险阻。虽然这类人外表安详，但有时他们又会像茅坑里的石头又臭又硬，发起火来是意想不到的火爆。常穿咖啡色衣服的人在情感的表达上多少让人感觉有点木讷，经常会和令自己心仪的人失之交臂。他们又经常为情所困，为爱所苦。看起来相当节俭的他们，其实属于经常省小钱花大钱的那种类型。

Chapter 2　“天机”由言语道出

——透过对方的话语，探视深藏内心的秘钥

一个人不经常谈论自己，包括曾有的经历、自我的性格、对外界一些事物的看法、态度和意见等等，则表明这个人的性格比较内向，感情色彩既不鲜明也不强烈，主观意识比较淡薄，不太爱表现和公开自己，做人比较低调，多少有些自卑心理。当然，这种人也可能有很深的城府。

透过对方的话语，探视深藏内心的秘密

或许在大多时候，谈话中的人们并不会非常直观地表白自己的心迹，但随着谈话的进行，谈话者会在不知不觉、有意无意当中暴露出内心的秘密。在这个过程中，如果你注意谈论内容是什么，谈论者的神态和动作怎样，细心一点，一定会获得一些有益的东西。

如果一个人不经常谈论自己，包括曾有的经历、自我的性格、对外界一些事物的看法、态度和意见等等，则表明这个人的性格比较内向，感情色彩既不鲜明也不强烈，主观意识比较淡薄，不太爱表现和公开自己，做人比较低调，多少有些自卑心理。当然，这种人也可能有很深的城府。

与之相反，一个人如果常常谈论自己，包括曾有的经历、自我的个性、对外界一些事物的看法、态度和意见等等，一般来说，这样的人多比较外向，感情色彩鲜明而且强烈，主观意识较浓厚，爱表现和公开自己，多少有点虚荣心。如果他吹嘘自己当年如何奋斗的经历，唯恐别人不知道他的光荣历史，而结果，并不像他想象的那样好。从某个方面来分析，可以发现他是个对现实不满的人。虽然他没有用怨恨的语言倾诉他的想法，相反是用自我表现的方式表达出来。事实上，他还不知道这种自我吹嘘的言谈，很难适应时代的变化。或许他是个不折不扣的失败者，完全靠怀旧来过生活。不过可以看出他确实陷入某种欲求和不满的环境中，可能他的升职途径遭受阻碍，或者无法适应目前所处的环境。所以他希望忘却现实，喜欢追寻往事来弥补现在的境遇。这是一种倒退的现象，因为眼前的情况是如此的残酷，他却仍用梦幻般的表情来谈论。从他的话题里，别人会发现他的内心深处正在潜伏着一股无可救药的欲求和不满的情结。

如果一个人在叙述某一件事情的时候，只是单纯地在叙述，不加入过多的自

我感情色彩，而是将自己置于事外，则表明这个人比较客观、理智，情感比较沉着和稳定，不会有过激行为。相反，一个人在叙述某一件事的时候，自我感情非常丰富，特别注意个别细节，则说明这个人感情比较细腻，甚至会一触即发。

倘若一个人的谈话属于概括型的，非常简单，但又准确到位，注重结果而不太关心某个细节过程，平时关心的也是宏观问题，则显示出这个人具有一定的管理和领导才能，独立性较强。

假如一个人在说话时习惯于进行因果和逻辑关系的推理，给予一定的判断和评价，说明这个人有很强的逻辑思维能力，比较客观和注重实际，自信心和主观意识比较强，常会将自己的思想观点强加于他人身上。

一个人如果喜欢畅想未来，则表明他是一个爱幻想的人，这种人有的能将幻想付诸行动，有的却不能。前者注重计划和发展，实实在在地去做，很可能会取得一番成就。但后者只是停留在口头说说而已，最终多会一事无成。一个人谈论的内容多倾向于生活中的琐事，表明他是属于安乐型的人，注重享受生活的舒适和安逸。

在谈话时，比较注重自然现象，那么这个人的生活一定很有规律，为人处世也非常小心和谨慎。如果一个人谈话非常注重过程中的某个具体细节问题，对局部的关心要多于对整体的关注，则表明这个人适合于从事某项比较具体的工作。这一类型的人支配他人的欲望不是特别强烈，可能会顺从于他人的领导。

一个人如果经常谈论国家大事，表明他的视野和目光比较开阔，而不是局限在某一个小圈子里。

经常谈论各种社会现象和人际关系的人，可能自己在这方面颇有心得。

不愿意对人指手画脚、进行评论的人，偶尔在不得已的时候发表自己的看法，当面与背后的言辞也多会基本保持一致，这说明这个人是非常正直和真诚的。

对他人的评价表面一套，背地一套，当面奉承表扬，背后谩骂、诋毁，表明这个人是极度虚伪的。

有些人不断指责他人的缺点和过失，目的是通过对比来证明和表现自己。

有些人在谈话中总是把话题扯得很远，或者不断地转变话题，要么表明他思想不够集中，而且缺少必要的宽容、尊重、体谅和忍耐；要么说明这种人有着极强的支配欲和自我表现意识，在他的意识中，很少把别人放在眼里，而完全摆出我行我素的模样，让别人都去听从他的主张，以他的意见为主导。

有些人不愿抛出自己的话题，反而努力讨论对方的话题，这种人怀有宽容的精神，而且颇能为对方着想，不失为坦荡真君子。

总之，每个人都有着不同的特性气质，其性情也不一样，表现在言谈话语中也就差异很大，可以说，一个人的说话方式往往隐藏着他的习性。

下面就将最为典型的九种类型的人剖析一下：

1. 夸夸其谈之人

这种人侃侃而谈，宏阔高远却又粗枝大叶，不大理会细节问题，琐屑小事从不挂在心上。优点是考虑问题宏博广远，善于从宏观、整体上把握事物，大局观良好，往往能在侃侃而谈中产生奇思妙想，发前人之所未发，富于创见和启迪性。

缺点是理论缺乏系统性和条理性，论述问题不能细致深入，由于不拘小节而可能会错过重要的细节，给后来的灾祸埋下隐患。

另外，这种人也不太谦虚，虽然知识、阅历、经验都广博，但都不深厚，属于博而不精的一类人。

2. 似乎什么都懂的人

这种人知识面宽，随意漫谈，经常也能旁征博引，各门各类都可指点一二，显得知识渊博，学问高深。

缺点是脑子里装的东西太多，系统性差，思想性不够，一旦面对问题，可能抓不住要领。这种人做事，往往能生出几十条主意，但不一定都能说到点子上去。如果能增强分析问题的深刻性，做到驳杂而精深，直接把握实质，可能会成为优秀的、博而且精的全才。

3. 讲话温柔的人

这种人用意温润，性格柔弱，不争强好胜，权利欲望平淡，与世无争，不轻易得罪人。

缺点是意志软弱，胆小怕事，底气不够，怕麻烦，对人对事往往采取躲避态度。如果能磨炼胆气，知难而进，勇敢果决而不退缩，会成为一个外有宽厚、内存刚强的刚柔相济式人物。

4. 说话平缓的人

这种人性格优雅，为人宽厚仁慈。缺点是反应不够敏捷果断，转念不快，属于细心思考的人，有恪守传统、思想保守的倾向。

如能加强果敢之气，对新生事物持公正而非排斥态度，会变得从容平和，有长者风范。

5. 速度快、辞令丰富的人

这种人知识丰富，言辞激烈而尖锐，对人情事理理解得深刻而精当，但由于人情事理的复杂性，又可能形成条理层次模糊混沌的思想。

这种人做力所能及的工作，完全可以让人放心。一旦超出能力范围就有些显得慌乱，无所适从。接受新生事物的能力强，反应也快。

6. 义正言直的人

这种人言辞之间表现出义正言直、不屈不挠的精神，公正无私，原则性强，是非分明，立场坚定。缺点是处理问题不善变通，为原则所驱而显得非常固执。

这种人能主持公道，往往得人尊崇，不苟言笑而让人敬畏。

7. 喜欢标新立异的人

这种人独立思维好，好奇心强，敢于向权威说不，敢于向传统挑战，开拓性强。

缺点是冷静思考不够，易失于偏激，不被人理解，容易成“孤独英雄”。可利用他们的异想天开式的奇思妙想做一些有开创性的事情。

8. 满口新词、新理论的人

他们接受新生事物很快，捡到新鲜言辞就能在日常生活中运用，而且有跃跃欲试、不吐不快的冲动。缺点是没有主见，不能独立面对困难并解决之，易反复不定，左右徘徊，比较软弱。如能沉下心来认真研究问题，磨炼意志，无疑会成为业务高手。

9. 抓住弱点攻击对方言论的人

这种人言词锋锐，抓住对方弱点就严厉反击，不给对方回旋的机会。他们分析问题透彻，看问题往往一针见血，甚至有些尖刻。

由于致力于寻找和攻击对方的弱点，有可能忽略了从总体、宏观上把握问题的实质与关键，甚至舍本逐末，容易陷入偏执与死胡同中而不能自拔。

将金钱扯入话题的人过于倾向现实主义

有些人不论谈论什么话题，都会不自觉地将金钱扯入话题中。

“这栋豪宅好气派啊！”

“是吗？那你想它大概值多少钱？”

“今天的结婚典礼，你觉得如何？”

“以这种菜色来说，一桌一万元似乎太贵了一点吧！”

“这家店的龙须面真是不赖。”

“如果客人的流动性可以再快一点的话，我想至少还可以再多赚两成。”

类似这样的对话可以看出，有些人在任何状况下，都可以把原本的话题转变成和金钱有关的话题。

这种类型的人，往往缺乏梦想，而这个缺乏梦想的缺点，很有可能会成为其人格上的致命伤。因为太过于倾向现实主义，只知道赚大钱是自己人生唯一的梦想，因此对于一般人会有何种梦想，根本漠不关心。如果想在商场上有更上一层楼的发展的话，掌握众人的梦想用以开创商机，是很重要的条件。

因此，他们必须要搭配一个爱做梦、爱幻想的工作伙伴，以弥补自己在这方面的不足。彼此分工合作，一人尽量发挥创意，一人负责现实的生意，如此一来，事业将会蒸蒸日上、一帆风顺。当然，处理现实事务方面，还是得由现实的人来处理较为妥当。

常将金钱挂在嘴边的人，对于金融方面的商品也了若指掌。即使只有些微利益的商品，一旦投资下去后，他们便会日以继夜地努力研究，只要能多赚一些钱，就算多花一点时间也在所不惜。

令人感到意外的是，这种超级现实主义的人，其内心也隐隐潜伏着不安全感。在他们的观念中“金钱便是全世界”，反过来说，“若没有金钱，便无法生存下去”，“没有钱的人，也就失去了生存的价值”。因此只要他们身边一没有钱，他们就会感到十分地惶恐与不安，而且自己会有一种被抛弃的感觉。他们更不敢去想像，当自己身无分文、一文不名时，还有什么东西会留在自己的身边。

就算他们有了100万元，有了500万元，他们心中的不安全感还是无法消弭。“就到此为止，终于可以安心休息了！”这种事情是永远不可能会发生在他们身上的。他们认为金钱的价值，不知道何时会变动，或许在未来的某一天，由于经济大恐慌的缘故，金钱会变得像垃圾一样也说不定。一想到此，他们就会更加努力攒钱，使自己安心。

由此可知，眼中只看得到金钱的人，内心其实是十分缺乏安全感的。受到不安全感的驱驶，即使累积再多的财富，他还是不能满足，所以这种人同时也是快乐不起来的人。

细查行为，探视心理

许多人都喜欢用血型或是属相来判断个性，例如：A型的人是这种个性，属牛的人是这种个性等等。甚至有些企业，在进行分组时，也会把组员之间彼此的血型是否吻合，列为考虑的重点之一。

占卜原来的作用，不就是为了要判断一个人的个性吗？通常在两人初次见面的情况下，谈谈属相、血型这些话题，确实可以使双方轻松地打开话匣子，是一种可以迅速拉近之间距离的润滑剂。但是，如果过分坚持属相所代表的个性，就会令人觉得反感。

“你是属鸡的，所以你一定是这个样子的人。”

“你是 O 型的，那做事一定很马虎，而且脾气是不是不太好？”

像这样子，只是通过一般的刻板印象，而不做合理的判断，就把这个人定位在某种形象，这样一来，属鸡及 O 型血的人，可能就会对你很反感。人际关系原本就变化万千，并没有固定的模式，由于对象的不同，情况的不同，会衍生出不同的人际关系。

因此喜欢单纯用占卜或属相来决定对方个性的人，一般而言，大多缺乏变通性、机动性，在人际关系的处理上也常会有所缺失。他们因为不了解他人的想法，再加上当自己的认知和他人有所差距时，经常无法被认同，因此在不知道他人会有什么样的反应的情况下，心中便隐隐出现惶恐、不安的情绪。

正因为如此，所以他们总喜欢先询问对方的血型、属相，然后将对方套入各种血型属相书归类出来的刻板印象中，认定对方就是属于那种个性，如此一来，与对方交往便会稍感安心。

他们不去实际了解对方会这么做的动机，也不试着去倾听对方的真心话，体会对方的心情，只是单纯的将所有的人，套入四个血型的个性或者十二个属相的模式中，统辖在自以为可以掌控的范围内。

若只以这种方式与人交往的话，那么在人际关系的处理上将会出现瓶颈，本来想借助血型或属相来了解人类个性的美意，却反而误导了人们。

同样的，在现实中有些人往往喜欢以个人的出生地、就读学校、家中排行顺序，来对人品头论足一番。只要一听说对方出生之地，就好像已经摸透对方的人品似的，每当有什么事发生时，就摆出一副早已料到的表情，说“因为那家伙是某某地出生的人啊”这样一句话来作为结论。

确实，每个人多少都会被成长环境中的风俗民情所影响，也会被就读学校的校风所感染，但是就算是同样出生地、同所学校的人，还是有各式各样不同性格的人存在。和血型、属相一样的道理，我们也不能单纯地以出生地或就读学校来论定一个人，以偏概全。用这种方式来评定一个人的个性，替他们贴上既定的标签，这是会让人非常不快的。

出生地、就读学校、家中排行等，在聊天中确实不失为一个不错的话题，也是拉近彼此距离的一种方式，但若是硬给对方定型、贴上标签，不仅不会让彼此更亲近，反而会适得其反，惹来对方反感，进而排斥你。

以出生地来论定他人个性的人，其在心理上和前一类型的人是相同的，同样是因为在内心深处存有对他人恐惧的倾向。对于他人一些不明原由的话语、行动，总想把它们勉强套进自己所了解的领域中，借助自己所熟知的东西，来定位对方，借此迅速消弭那些陌生感，使自己安心。

当他们在谩骂某位初次见面就非常讨厌的人时，如果突然开口对你说："这个人和你是同样地方出生的呢！"言下之意就暗指你也跟那个人一样讨厌。当他接着说："还好，你们不是念同一所大学。"此时你或许可以放下一半的心来，但若是你连家中排行都和那个人不谋而合的话，可能就难逃被定型的命运了。

识破口是心非之人，让虚伪欺诈者显露真形

"喂！你知道吗？部门的小李和柜台的陈小姐，好像有什么暧昧不清的关系呢！"

"前一阵子，他到那个女的公寓过夜的事情，好像被他太太知道了……"像这种对公司内的地下恋情、"内部"情报非常清楚，喜欢嚼舌根的人，相信在每家公司中都应该有一两位吧！他们在叙述事情的时候，就好像自己真的身临其境，实况转播似的，十分精彩。但是在这精彩的故事中，往往也掺杂了一些自己的想法，时而夸大不实、时而加油添醋。

这种爱夸大事实的人，其实用心是很单纯的，他们只是希望得到周围人的注意，成为大众瞩目的焦点，并且希望在聊天时所有的人都会把重心放在他身上。因此，针对众人有兴趣的话题，便不厌其烦地加油添醋，让故事听起来更具戏剧性、更具趣味性，其目的不过是希望引人注目，如此而已。虽然如此，也非常容易招人反感。

事实上，当身边的人发现，他们所叙述的和事实不符合时，便会对他们加以指责，而为了掩饰自己的过失，他们通常会用巧妙的方式蒙混过去。从另一个角度来看，他们在编造故事方面的确具有超凡的才能，如果把这种才能运用在其他合适的地方，不是更好吗？

他们之中甚至有一些人，在自己的谎言被识破后，不但不反省自身，反而将矛头指向拆穿自己谎言的一方。他们认为自己已经没有退路，说谎就说谎，没什么大不了的，要站稳自己的脚步，绝不能让别人击垮。

这种喜欢说人是非、道人长短的人，有许多都是因为嫉妒心以及偏见的心理因素造成的。他们喜欢拿别人和自己做比较，“那个人好像买了新房子！”“这次不知道谁会升职？”等等，无时无刻不在注意他人的事，然后与之比较。这种类型的人和主张“我就是我”的我行我素派的人正好相反，总是会在意他人所做的事情。

人比人气死人。越是喜欢跟别人比较的人，心中越容易产生不满与嫉妒，也就越喜欢借助贬低他人来平衡自己、提高自己，因此许多不实的传闻便由此而来。例如一些知名人物的丑闻，大概就是基于某些人的这种心理而产生的吧！众人的嫉妒心，再加上一般人喜欢窥探他人隐私的心态，丑闻、轶事因此无处不有。目的无非是希望那些生活环境比自己优越，比自己有才能的人，会因此遭受打击。

通过打电话来揣摩他人心思

过去，只要一提到爱打电话的人，就会令人联想到女性或是证券交易员。女性天生就喜欢聊天这是可以理解的，但是男性一拿起电话就聊个不停的情形也越来越普遍。一般而言，男士们聊天的话题大多以工作、运动、政治为主，而反观女性们聊天的内容，则偏向于“隔壁某某太太好像和谁关系暧昧……”之类的小道消息。从男性的观点来看女性们的聊天话题，不过是些鸡毛蒜皮的无聊事，而女性眼中的男性话题，也被认为是可有可无、无聊至极的。

另外，有些人一旦陷入热恋时，不论身在何地何时都会有想要打电话给对方的冲动，变成所谓的“电话魔”。一天打一遍还不够，总要打个三四遍才行，甚至更多。

“你现在人在哪里？在做什么？”“我刚刚忽然想到，现在怎么样了？”“我正在开会，待会儿再拨给你。”“我下班了，要约在哪儿见面？”……诸如此类的对话，再加上现在手机日益普及，这些电话魔们可说是如雨后春笋般地暴增不少。

不断接到电话的一方，或许会认为“他每天打那么多遍电话给我，一定是很在乎我，很喜欢我吧！”若你认为这种电话魔的举动是爱情因子在作祟的话，就大错特错了。他们和爱送礼物的人相同，是属于相当自我、任性、支配欲强烈的类型。

这种类型的人希望交往的对方随时都在自己的掌握、支配范围之内。一旦对方不在自己的视线范围内，便会不断地以电话去确认对方的行踪，从而确实掌握对方的一切事情，是属于独占欲非常强的类型，绝对不能允许对方有出轨的情况。他们完全不顾虑对方的立场，也不曾想过对方也要拥有自己的时间和空间，只想把对方所有的一切据为己有。

奇怪的是，当对方在自己身边时，他们反而是心不在焉，不把对方当成恋人看待。这是因为对方已在自己的监控范围之内，没有必要担心，因此，在电话中总是说个不停的人，一旦见面后，反而会一个人默默地在一旁看杂志。既然如此，为何不把话留到见面时再聊呢？没有碰面时，各自做自己的事情，享受自己的时间，不是很好吗？可惜他们偏偏不这么想。分开时，不断打扰“对方私人的时间”，在一起时又十分重视“自己私人的时间”，这就是电话魔的特征。

另外，这些电话魔也不善于处理自己的感情，深受嫉妒、羡慕、后悔、寂寞等复杂情感的纠缠。一位成年人，在某种程度上应该可以自己处理这些情感问题，但这些电话魔在处理感情方面表现拙劣，根本没有办法妥善地面对自己不安的情绪与消极的情感，因此便希望借助电话找人排解。

人，谁无烦恼、谁无苦闷，一般人借助电话向朋友谈起近况时，大多是聊聊大致的状况，而将细节部分留到下次见面时再聊。而电话魔们却是一遇到事情，便会强烈地想要马上把当下的情感发泄出来，无法憋在心中。但是要找一位真正的知己，能如此倾诉的对象，对他们而言，则是一大难题。

从找借口的人身上探视他的真实想法和性格

人们潜意识里总是试图忘记不愉快的事，如果做错了事，就马上找借口替自己开脱，把自己的缺点和失败的原因推脱掉，或者转嫁给他人，要么自己承认自己有错，但会有一大串理由，要么推给别人，强调别人也会出错，来维护自己的自尊心，这种心理机制被称为“防卫机制”或“自我防卫机制”，因而出错的时候也能看出人们隐藏的心理活动。

归根结底，找借口的目的就是要把自己努力和行动力不够的缺陷正当化。可是，即便一时转嫁了责任，如果不承认自己的过错，反而给人留下坏印象。

另外还有一些有负面效果的讲话方式。说者似无心，但它隐藏了发言人的性格、真实想法以及企图从心理上操纵对方的愿望，下面举几个例子说明：

对公司和上司牢骚满腹

一张嘴就是对工作的牢骚，如果老是这样，耐心的人也会听厌了。牢骚和不满多的人，一般比较消极，缺乏行动力。每天晚上抱怨要辞职而一直没有辞职的迹象，也没有开始寻找新工作的活动，这样的人不过是靠发牢骚来泄私愤而已。

我早就知道会这样

回顾已经发生的事时说的话：“那时我就知道不行”，“从一开始我就知道会是这种结果”，这类说法多用来表达一种否定的意见和情绪。

如果是为了反省自己失败的原因还情有可原，但如果一贯是这种腔调，就真想问他“那你为什么不早告诉我？”对方肯定会这样回答：“不是上司不同意嘛！”总之他的意思是：原来我就这么想，结果应验了。我有先见之明，而造成失败的原因是上司无能。他的目的是转嫁责任给上司。爱发表这类言论的人，全是事后诸葛亮，没有信用，也不能委以重任。

那时要是这么办的话

回顾过去时老是后悔不已：“那时我要是这么办就好了！”

“那么好的机会，要是不回绝就好了”，“那时我要不那么固执，就不会和女朋友分手了。”如此等等。他们想说的是：如果当时采取了另外的行动，结果就会不同。老爱这么说的人性格消极，缺乏行动力，结果总是丧失机会而导致失败。

如果……

“如果我再聪明一点……如果我上了名牌大学……”“如果我进了别的公司……”即便真的如此，像这样总是向后看的思考方式，结果也不会两样。不管有怎样的好机会，也会被他浪费掉了。

不管对什么都采取否定和批判的态度

“刚来我们科的 ××，性格非常开朗，人不错啊！”

“是啊，一副志得意满的样子。”

“不会吧，他工作也满认真的。”

“那不过是给人看的，背后不定怎么拍科长的马屁呢！”

像这样不论什么话题，总是偏向否定性说法的人，不看事物好的一面，总要鸡蛋里挑骨头，其实是没有自信，对现状不满的表现。

“已经这个岁数了还……”

有些人一碰上什么事，就说“岁数大了，到了这个岁数，想干也来不及了”。他们动不动就提岁数，一上来就把可能性给堵死了，有这种口头禅的人，看上去都比实际年龄大得多。

经常把“不过、可是”挂在嘴边的人、爱挑别人错的人、爱打听别人隐私的人都一样，只能给人消极的负面印象。

口头禅是了解他人内心的最好方式

“真没劲”“烦死了”“有没有搞错”……日常生活中，这些口头禅时常灌进我们的耳朵。有的口头禅表现得比较主观、骄傲，而有的口头禅则委婉、谦虚。口头禅作为一种下意识的表现，可以帮助我们去认识一个人。因为口头禅反映了人们的一种情绪和人当时的一种心态，同时也间接地反映了一个人的性格。

经常将称谓语中的“我”挂在嘴边的人，具有幼稚、软弱的性格。根据心理学家的研究，谈话中频频使用“我”的人，自我表现欲强烈，时时忘不了强调自己，唯恐别人忽略了自己，而那种使用“我们”或“大家”来代替“我”的人，具有随声附和或团体合作的性格。

喜欢在谈话中引用“名言”的人，大多属于权威主义者。他们会不论场合、不分谈话对象和主题，在与别人的交谈中，频繁使用名人的格言来驳斥对方或证明自己的论点。这种人缺乏自信，低估自己的能力，习惯借助他人之名来壮大声势。说话时如此，在生活和工作中也有类似的“狐假虎威”的现象。

可用中国话说清楚的事情，却莫名其妙地蹦出几句外语来，令听者感到困惑和别扭。这类人希望借着语言来掩饰自己的弱点，多半是对于自己的学问、能力缺乏自信所致。

谈话中喜欢引用母亲说过的话，将“我妈说……”挂在嘴边的人，在心理和精神上尚未独立。有些女性借用母亲的话来表现自己的意志，如“我妈妈说你很有风度”等等，表明此人尚未成熟，没有完全独立的个性。

过分使用客套话的人，心理存有戒心。在人际交往中，恰当地使用客套话是必要的。但如果两人的关系原本就相当好，一方却突如其来地说些客套话，则说明“心中有鬼”或另有图谋。同时，引用过于谦虚的言词谈话，有可能表示强烈的嫉妒心、轻蔑、警戒心等等。

以下列举了现实生活中典型的口头禅与对应的个性分析：

习惯说“不过”的人

常说“不过”的人，和常说“但是”的人，基本上是半斤八两，都是属于自我主张强烈的类型。然而两者相比较之下，常说“但是”的人较具有主动的攻击性，而喜欢说“不过”的人则是隐藏着被动的攻击性。

习惯说“不过”的人，喜欢表现自我，期望得到众人的注目，却又不想引起他人的反感。例如：“虽然您这么说，不过，应该是这样不是吗？”“不过，那样子可能行不通唷！”

这一类型的人习惯把责任推给别人，强调自己处于“无可奈何”的情况下，而刻意逃避必须负责任的重担。

这种人城府深、心机重，做任何事情都会预先设想，万一失败时要如何逃避责任的问题，如“如果到时我被这样责难的话，就用这个法子来搪塞过去”、“可能会被这样批评，不过这也是没有办法的”等等，心中预先演练各种可能会发生的状况，并且预备好各式的台词作为借口。

在跟人相处方面也是如此，第一次见面时，通常不会主动向对方表现友好，一般会采取保持距离以利观察的策略，看看对方和自己是否是同一阵线的人，还是会扯自己后腿的人。经过谨慎的分析判断之后，才会慢慢地接近对方。

表面上他们通常给人和蔼可亲的感觉，容易和人打成一片、相处融洽。但是一旦明了对方并不是和自己站在同一阵线时，便会毫不犹豫地斩断这份友情，过河拆桥，表现出其冷酷的一面。

若要让他们对别人“推心置腹”，说出肺腑之言，是不大可能的，因为他们随时都处于警戒、防备的状态之下，不容易解开心防。如果想和他们和谐共事的话，必须下相当大的功夫。一旦有事情发生时，也别指望他们会扛下责任，因为他们会把一些莫须有的罪名加诸在你身上，因此，对这一类型的人还是小心应对为妙！

经常将“但是”挂在嘴边的人

有一种人，不论什么时候，都喜欢使用“但是”这个连接词。他们如果想要打断别人的话题时，就会以“但是……”来作为开场白。一般在“但是……”后面所接的句子应该是否定的，但仔细听他们接下来所发表的意见，其叙述的内容，根本是与刚才所述大同小异。这种时候似乎没有使用“但是”的必要，他们之所以如此，其用意只是为了不想一直扮演“听者”的角色，而希望他人的焦点都转移到自己身上。

其实想要提高自己价值的方法有很多种，根本没有必要选择否定对方的这种方式。他人的观点是正确的，自己的看法也没有错，“你是你，我是我”，每个人都有自己的生存方式以及思想，但是，偏偏就有人是属于那种不否定别人就无法肯定自己的类型。这种老爱说“但是”的人，心中就常存有否定对方的攻击性心理。只要能将对方贬低，就觉得自己变得很伟大。

因为如此，这类型的人便常常喜欢滥用“但是”这个词，为反对而反对，为否定而否定。如此一来，原本愉快的谈话也会变得索然无味，即使如此，这类型的人还是对于他人的感觉无动于衷。

他们喜欢接近可以让他们自己充分感受到优越感的人。例如：遭到主管斥责以致情绪低落的同事、刚失恋的友人等，因为这些人心情郁闷，自信心尽失，所以和他们相处，自然会感觉到相当的优越。而他们对这类不具威胁性的人，反而会静静地聆听其心声，并频频地点头表示认同，表现异常的亲切。但是，要注意这并不是他们发自内心的真正亲切，切莫误认为他们是“和蔼可亲”的人，否则吃亏上当时就后悔莫及了。

常说“所以说”的人

“所以说……”是用在强调并且延续之前所提过的事情，或者作为结论时的用语。“这件事的情况是这样的……所以说，会变成现在这样也是正常的，不是吗？”

“……所以说，我以前不就提醒过你了吗？”

“所以说，那件事本来就应该如此。”

常把“所以说……”挂在嘴上的人，是经常会把之前自己说过的话，加以强调其正确性并下结论的类型。他们认为自己在一开始的时候就已经了解所有的事情，颇有先见之明。

当别人说出事情的结果时，他们总是会说：“我之前不就说过了吗？我早知道结果会是如此。”特别强调自己对事情的发展早已经了若指掌。他们绝对不会说：“是啊！你说得对，我也是这么想的。”而总是说：“所以说，这件事情就是这样，我之前不就说过了吗？”态度表现得非常强硬、傲慢，并且喜欢将所有的功劳往自己身上揽。

他们认为自己所说的话具有绝对的权威性，并有鄙视他人的心理。说话完全不顾及对方的心情，因此对方常会为了他们这种随意践踏他人的态度，而受到伤害。所以，常常把“所以说……”挂在嘴边的人，容易惹人讨厌而自己完全不自觉。事实上他们并不觉得自己是个傲慢、令人厌恶的人，反而认为自己相当值得同情。因为他们得不到众人的认同、理解，周围的人都不愿意去倾听、去了解他们的事，颇有众人皆醉我独醒的寂寞之感。因此常在心中呐喊着：“所以说，我之前就警告过了，为什么大家都不愿意听我的话呢？”

如果多了解他们一些，就知道其实要和这类型的人相处并不困难。因为他们非常希望得到他人的认同，渴望自己在他人心目中的形象是“见识广博，什么都懂”，所以如果想和他们好好相处，只要在这一点上多忍耐担待一些就行了。

嘴边常挂着“对啊”的人

“对啊！”这个词语是用来肯定对方说的话，这是毋庸置疑的。

“嗯！对啊，就如同你所说的。”

“对啊！确实是这样，我也有同感。”

类似这些用来赞同对方、认同对方的话，会让对方听起来格外舒服、顺耳，非常高兴地以为原来你的看法和他一样。

他们不是属于自我意识强烈的类型，个性表现上也不强烈，更不会勉强别人照着自己的步调走，他们比较能体会别人的心情，不会硬要别人凡事都必须顺着自己的意思来做。

实际上，他们并非发自内心、谦虚地认为别人说的话都是正确的，他们之所以常常将“对啊”这句话挂在嘴边，是因为这样比较容易和别人相处融洽，使自己的人际关系更加圆融、顺利而已。那么又是什么原因，这类型的人会希望自己在处理人际关系上圆融、顺利呢？这当然是为了自己着想，希望能借此得到更多的利益。

一般而言，这类型的人认为，在允许的范围之内，一些无伤大雅、不影响大局的小事，可以尽可能地去配合他人的步调，无须事事斤斤计较，而引起不必要的摩擦。这样不仅可以营造气氛的和谐祥乐，而且自己也会成为受欢迎的人物。比起老是用对他人品头论足、愤世嫉俗的态度与人相处，这种可是简单快乐多了。

可是如果你遇上这种类型的主管，先别庆幸。他们总是会善解人意地回答：“嗯！嗯！对啊！你所说的，我十分理解。”不过当事情进入最后决策阶段时，他们还是会要求你照他们的意思去做，而且在这一点上他们是相当固执的，无论你提出什么意见都是徒劳无益，他们一步也不会退让，跟平时对任何事情都说“对啊”的样子完全不同。

“对啊！是的！”一方面来说是肯定对方，但从另外一方面来看，却也可能是敷衍对方的一种手段，他们对于对方的意见不屑一顾，甚至连反驳都懒得反驳。这种人是会算计他人、不可不提防的危险人物。

口头禅为“还是”的人

常使用“还是”的人，给人的印象通常多为运动员。

“嗯……我还是认为兴趣重于工作。”

“果然还是部长厉害，我们真是要向部长看齐才行。”

这类的话语，一般来说，是用于肯定的语气中。例如，“之前就料想会这样，果然不出所料，还是应验了”等等，用“还是”来更加确定之前所说的事情。喜欢说“还是”的人，虽然自己的主张相当明确，但是对于他人的意见也表现出绝对的尊重。这类型的人，多属于没有特殊癖好、个性爽朗、直率的人，和他们相处大致上都会非常和乐融洽。

他们并不是属于沉默不语的类型，但也不是那种主动把自己的想法全盘托出的人。你可以试探性地询问他们：“这个东西，你觉得如何？”他们会这样回答你：“嗯，还不错！”之后若再询问其他的意见，“那……这个，你觉得如何呢？”这时他们可能还是会回答：“嗯，这个也不错！”表面上，他们好像很清楚地回答你，但事实上什么都没有回答到，或许，他们对自己的想法其实也不清楚吧！

这种类型并不是深思熟虑的人，因此若要请他们帮忙或请他们表示意见时，要先分清楚事情的轻重缓急才好。他们并不是居心叵测的人，若有幸遇到这类型的主管，他一定会不吝于指点你。另外，这类型的人个性很随和，是宴会、派对上制造气氛的能手。

总而言之，这类型的人乐于与人相处，是非常好的同事，同时也是行事随和的上司。

从称呼上测出对方的心理距离

已婚妇女在向别人提起自己的丈夫时，叫法因人而异。“我们家的那个”、“我丈夫”“我先生”“孩子他爸”“（名字）”等等。

从称呼可以看出夫妇间的亲密程度，从日常的称呼可以推测出双方心理上的距离。

最近有的公司里对上司也开始称“先生”。或者，虽然当面以“课长”“系长”“主任”等官衔称呼，背后同事部下之间却更多地以绰号如“那只大猩猩”等来称呼上司。连本来很可怕的上司，一旦给起了动物或卡通人物的名字，就顿时变得可爱起来，这比称作“课长”更显得亲近，真有点不可思议。

尽管年纪不轻了，但还被人在姓氏前冠以“小”的人，是由于他们身上有令人感到亲切的东西。

也有一些人，同事很久了，仍然一直叫“先生”或用官称，在公司外面见到的时候也要用敬语。这些人让人觉得特别认真有礼貌，不过他们很难接近，就是我们常说的“特别见外”的人。

人与人之间走得越近，说话也就越随便，由开始的“先生”渐渐演变为“小”，最终变为爱称。

比如说，对于初次光临的客人，店员会称之为“顾客先生”，而如果顾客对商店满意，经常光顾此处的话，店员也渐渐熟悉了客人的情况，记住他们的名字。

“顾客先生”和“田中先生”相比，后者在心理上的距离感更小，话题也自然开始掺杂私人的内容，亲近感逐步加深。

如果关系很好的两个人，突然称呼语变了，如果变更亲密了还好，如果变得陌生或客套语都出来了，就要注意了，这说明别人对你有想法了，有什么误会、疙瘩就要尽快解决了。

下面，我们就“称呼和关系”举几个例子：

——称做“先生”

先生以及“课长”“部长”等官衔，常见于和工作相关的有上下级关系的交往中。当上司和部下一起去喝酒和有私人来往时，上司有时会直呼属下的名字或干脆叫“你”。

同事或同等关系的人们在交往中，如果还彼此称呼“先生”，就表示他们的心灵之间还有一定距离。

——称做“小”或叫外号

非常亲密的关系，男性对关系好的女性，会称呼“小李”“小王”什么的，姓前面加“小”字的叫法很普遍，但如果女性这样称呼男性，就说明关系已经相当亲密了。

——直呼其名

关系亲密的表现，不过有些女性把自己的恋人叫做“（名字）先生”，从女性心理的角度来看，也许是介于朋友和恋人之间的关系吧。

随着关系的进一步深化，最开始称做“先生”的人，可改称为“小”，之后关系再度发展时，会直呼名字。特别是交往不久就发生性关系的时候，男人会对女方直呼其名，说话也变得涎皮赖脸起来。这种情况往好里说，是关系变好的表现；往坏里想，这个男人把女方看做“自己的女人”，含有占有对方的意味。

——“您、你”

在演讲和其他场合中，听讲的人往往知道讲师的名字，称之为“某某先生”；而讲师对听众的面孔一时间还不熟悉，通常会使用“那位先生”“您”等的称呼。如果仅是初次见面还没记住名字时尚可，如果认识很久了依然如此，就说明此人试图在心理上和对方保持距离，希望双方互不侵犯，属于“你是你”“我是我”的态度。

——不叫名字，用“那个”等指示代词称呼

对长年相伴的妻子，有的男人会这样称呼。这些男人大多性格害羞，不善于表达情感。

此外，提起自家人的时候，不说“我先生”“我的大女儿”，而是叫“孩子他爸”“姐姐”，即与在家时采用相同称谓的人，凡事都以家庭为重，乐于充当贤妻良母的角色。

称呼反映着人与人的关系。反过来说，如果你想亲近对方，不妨不露痕迹地稍稍改变一下称呼，这样一来二去亲近感加深，互相之间的心理距离也会逐步缩小。

——称“你小子”的人

怀有进一步发展友谊或建立保护与被保护关系的潜存愿望。

——谈话之中突然叫你名字的人

想和你接近、缩小心理上的距离。

——不用官称而称呼姓名的人

想和对方保持亲密的关系（缩小心理的距离）。

——由呼姓转为呼名

想和你亲近的人。

——对比自己地位高的人称作“你”、“先生”的人

想和对手保持心理上的平等。

Chapter 3　揭开人性内衣，洞察内心深处

——从喜好中透视对方

喜欢乐器的人。这种人多是感性成分比较多的人，他们的敏感度是非常高的，总是能够在不经意间捕捉到一些好的坏的感觉，这为他们带来快乐的同时也带来了苦恼。

通过喝茶，读懂人心

中国是茶的故乡，我国的茶文化也是源远流长。然而，每个人喝茶有着不同的习惯，对茶的品味也不尽相同，甚至可以说是花样百出。比如有的人喜欢在街头茶馆喝茶，有的人喜欢上茶楼。如果我们对喝茶者的喝茶场所进行细致入微地观察，就能发现他们不同的心理特征。

喜欢上茶楼喝茶的人

能够经常上茶楼喝茶的人，不是生意人，就是打肿脸充胖子的那一类。因为茶楼如今的收费，会让很多人瞠目结舌。

这种高级场所，已经是有钱人和生意人休闲的天地了，很多生意人会客、谈生意都会在这类茶楼里进行，就好像是自己的办公室一样，而且他们也多半满意这种生活方式。

这种人大多较专断，自我主张强烈，往往自尊自大，自以为是。他们总觉得自己的主张是绝对正确的，是唯一可行的，而别人的意见都有问题。这种人争强好胜，从不愿意承认别人比他高明，比较自大，待人接物态度强硬。他们表面不可一世，但内心又很狭窄小气，脾气执拗，所以处处体现着生意人的性格。这种人是比较专横的，很多人认为钱能摆平一切。

喜欢到街头茶馆去的人

喜欢了解世俗风情的人，一般只去街边茶馆闲坐，当然这其中，也不排除囊中羞涩者。这种茶馆，往往以价廉物美和小道消息多而吸引顾客，而经常进出这种地方的人，一般性情比较随和，很少做无谓的争吵之类的事。四川人讲“安逸”，便是这种人的特征。当然，在今天这种激烈竞争的社会里，能去茶馆享受“安逸”的人，不是退休职工，便是做小买卖的中介。

这种人的包容性很强，承受力也强，他们特别能吃苦，是不怕苦不怕累的一类人。面对各式各样的辛劳、艰苦和困难，他们都能接受，都勇于承当。这种人在工作中是勤奋的，他们从不怕劳累，更不会偷懒，再艰难的事情他们都能够去做。在生活中，这种人有耐心，不抱怨，不发牢骚，有能力，坚强，无畏，能承受生活的重负。不过，这种人的灵活性较差，有时缺乏变通性。

喜欢在家喝茶的人

从某方面讲，喜欢在家喝茶的人守家意识特别强烈，他们对大千世界的兴趣往往不太浓厚，也不愿意到外面去混，更喜欢泡一壶清茶与家人待在一起。他们只关心家里，而对外与世无争，或者根本就没有竞争力。

这种人大都没什么作为。他们平日就是一副得过且过、优哉游哉的样子，对任何事都是满不在乎的。别人看不起他，他不往心里去，别人咒骂他、羞辱他，他也不会去反抗。这种人内心很软弱，终日懵懵懂懂过日子，没有事业心，没有进取意识，更没有要干出一番大事业让人家瞧瞧的精神。这种人甘于平庸，甘于无为，一辈子都没有什么大出息。过去的“八旗子弟”，后来有些“宁吃低保也不就业”的常有这类人。

由开车习惯观察对方心理

随着人们生活水平的提高，买车已经不再是梦想。现代年轻人喜欢汽车，除去经济因素外，选择什么样的车也能显出性格。

喜欢经济型汽车的人，是比较客观实际，非常现实的，他们是能够脚踏实地去生活的人。他们不怀念过去，也不寄希望于未来，只是着眼于现在，做到把握住现在所拥有的一切，然后在适当的时机再寻求飞跃和发展。他们很注意自己的外在形象，穿着非常得体，举止也相当优雅。

喜欢越野车的人，一般有很强的取胜欲望，希望把他人远远地抛在后边，自己永远保持第一名的优势。而且他们有较强烈的自主意识，希望走一条完全属于自己的路。喜欢越野车的人的性格往往就像越野车一样，能够不辞辛苦地进驻许多交通工具无法到达的地区。

喜欢客货两用车的人，多是比较勤俭、节省，能够精打细算过日子的人。对旅行车情有独钟的人，他们多希望自己的表现是与众不同的，并且具有一定的影响力，能够吸引他人的目光。他们时常有成功的感觉，这种感觉多来自他人的赞美，可这又不是完全真正发自内心的肯定。

喜欢进口原装车的人，多是现实的利己主义者，他们缺乏集体团队精神，凡事只要是能给自己带来益处的多全盘接受。他们虽然也有很强的交际能力，但其中多以物质利益为纽带，一旦这一环节出现故障，那么一切都会不攻自破。

喜欢豪华型汽车的人，多自我感觉良好，他们总是乐于向他人炫耀自己，从而想证明一些什么。他们希望自己能够得到他人更多的尊重和爱戴。

喜欢面包车的人，乐于与外界进行各种接触，而讨厌死气沉沉的生活。他们喜欢热闹，对色彩鲜艳华丽的事物情有独钟。他们对人多比较热情，富有同情心，能够给予他人关心和帮助。这一类型的人，对新鲜事物的接受能力也是很快的。

喜欢双门跑车的人，一般来说控制欲和占有欲望是很强烈的，他们希望自己能够领导他人而不是被他人领导。某一事物，一旦进入他们的视线，他们就会尽一切努力去争取，有股不达目的誓不罢休的劲头。

喜爱微型车的人，多有自己较独立的个性，他们讨厌被人所左右。他们在绝大多数时候会尊重他人的意见和看法，给他人更多的自由选择的余地，哪怕这种选择对他们来说可能是一种伤害，也还会抱着理解和支持的态度。因为这一类型的人不过多地控制和限制他人，所以会赢得更多人的依赖和尊重，为自己营造出比较好的人际关系。

从阅读喜好中观人心

书是人类进步的阶梯，从大处讲，书更新着人类的思想，传承着人类的文明，从小处看，书是我们寂寞烦躁时永远不离不弃的朋友，交给我们谋生的本领，催我们上进，激励我们奋发。从一个人喜欢看的书籍种类上，可以了解他的个性及情绪变化。

必读畅销书的人

通常能够卖出数百万本的畅销书，之所以能有如此的销售量，自然是因为内容有吸引人之处。而一旦卖座之后，便会产生一种加乘效果。也就是说，书越卖越好，这本书也就成为人们茶余饭后的话题，好像没有读过就插不进别人的话题似的。因此读者越来越多，书也越来越畅销。

有一位餐饮店的老板娘，由于许多客人都在讨论渡边淳一的《失乐园》一书，她便想到图书馆借来看看，但是想要一睹为快的人实在太多，必须很久才能轮到她，最后她干脆自己掏腰包买一本来看。

的确，身为服务业的一员，阅读畅销书以迎合他人的话题，是非常有必要的。反之，必读畅销书者通常也善于迎合他人，其个性应该是适合于服务业的。

但是，畅销书也有各式各样的种类。有些人不管自己的兴趣、喜好，一味附和潮流，这种人总会说“所有人都读，我当然也要读”“没读过的话，不就跟不上时代的潮流了吗”“这本书这么畅销，内容一定不错”。

这种类型的人，即使很努力工作，但还是缺乏创造力，而且他们对于自己能创造出什么的认知也不足，若从事企划工作，很难会有什么新鲜的创意。

真正有创意的人，对于世俗中流行的东西并不感兴趣，只专注于自己想要做、有兴趣做的东西，然而往往就是这种作品才会成为时代的主流而大受欢迎。这种类型的人不管现在的畅销书怎样，他们只阅读自己钟情的书籍。

在此顺便提一下，曾写过《侏罗纪公园》大作并不断推出畅销作品的作家麦可·克莱顿，就是属于这种类型。不管时代的潮流如何变化，他只研究自己有兴趣的东西，写自己感兴趣的作品。

喜欢阅读历史小说的人

以日本战国时代武将为主人公的历史小说,其忠实的读者可说是相当广泛，遍及各个阶层。即使是一些商业性质的杂志，也常会挪出一些篇幅，作一系列的特别企划。历史小说之所以能如此吸引读者，自然有许多要素在其中。

首先，是因为其壮阔的故事内容。这些故事内容充满戏剧性，和上班族们平日单调的生活有着相当大的差异。虽然和现实生活差距颇大，但是故事中所提及的战略运用、人际关系的运筹帷幄等，在某个部分，似乎和现实生活又有所关联。比如说，丰臣秀吉是如何取得人心的？如何自一个默默无闻的市井小民，迅速爬升到无人不知无人不晓的一代枭雄呢？这些历史故事，对于强烈希望出人头地的人来说，的确相当具有吸引力，并具备参考的价值。

书中所记述的政治上的伎俩、谋略等等，令人宛若置身于动荡的历史舞台，尤其是男性读者，对这种情节、这种气魄更是向往不已。在现实的时代中，人们为了争夺天下、得到霸权而互相仇杀的事，已不复存在。但是在过往历史中，尔虞我诈，不是你死就是我亡，用战争来一决胜负的历史大变革，以及主角身在这样的舞台上浮浮沉沉的跌宕命运，使读者们在不知不觉中便离开了现实中平和的世界，而神游于充满刺激的时光隧道中。

喜欢这种历史小说的人，大部分以男性居多，他们在个性上十分罗曼蒂克，充满浪漫情怀，女性和他们相比较之下，反而显得现实许多。有时当他们向自己的另一半诉说着自己的野心、理想、梦想时，没想到得来的回应却是“下个月的房租没有问题吧”，令他们为之哑然，话题无法接续下去。就算他们紧接着说些公司刚制定了一项新规定，我可能因此升职”之类的话题，似乎也无法和生活费扯上任何关系，因此这类型的男性，只好把自己的梦想、抱负寄托在这些战国时代的武将身上了。

他们的心中暗藏着出人头地的愿望，但可惜的是，他们在现实世界中，是属于再平庸不过的小人物而已。而偏爱励志性的书籍，例如《比尔·盖茨传记》，就比喜欢阅读历史小说的人显得更为积极，并且更具前瞻性。

只阅读财经方面书籍的人

在书店中，有专门展示所谓“财经类书籍”的区域，这些书籍中包含了商业方面的专门信息、个人成功的传记、优秀企业的成功秘密等等，令人目不暇接。

这些财经类书籍，是相当好的信息，而拼命研读这类书籍的人，当然对于商业方面持有相当浓厚的兴趣，非常认真，充满上进心。但令人感到惋惜的是，这类人要出人头地、一举成名的可能性是非常低的。

为什么这么说呢？因为只阅读财经书籍的人，其生活圈一定非常狭窄，缺乏各方面的知识、学养以及广阔的视野。为了在商场上能够出人头地，因而研读有关商业方面的书籍，这是很正常的想法，也没什么不对，但是仅仅这样做就想成功，那就太异想天开了。如果这类书只是你阅读书籍中的一小部分，那么当然不是问题，但是如果你是那种非财经书不读的人，做人不就太没有乐趣了吗？就算能侥幸成功，也无法完全掌握员工的心理！

真正有办法、有能力的人，会从自己的亲身体验中，摸索出迈向成功的技巧及秘诀，他们甚至可以把这些心得写成一本书。只有靠自己去真实体验得失，再加上一些书中的知识，如此一来，书才可说是真正对我们有帮助的工具。换句话说，能够善用他人的智慧和箴言的人，往往自己本身也必须拥有多方面的经验，且具备足够的判断能力。

单纯地想利用他人的智能来得到好处的人，是无法将这些智慧结晶融会贯通、使用得当的。

从音乐类型判断他的性格

从经典老歌到流行电子音乐，从摇滚到轻音乐，从交响乐到民族乐曲，音乐实在是世界上的共通语言。其渊源可以追溯到远古时代，如考古发现的骨笛等原始乐器就是实证。现今，乐器和音乐的种类更是多姿多彩、五花八门，无论是原始的打击乐，还是键盘式多音电子合成音响，很多人都曾被那些音乐感动过。音符及音符诠释的意义，就如文学一样多变复杂。不过和文字不一样的是，音乐是纯感觉的。就因为如此，一个人经常听哪一种音乐，往往便显示出此人真正的情绪。通过听音乐，人们可能会变得情绪高昂、心情放松（平衡功能），或是可以平息愤怒与宣泄悲伤（净化作用）。利用音乐的力量治疗疾病的方式，称为音乐疗法，已被运用在精神疾病的治疗中。所以通过人们喜欢的音乐可以诠释人的性格。

喜欢老歌的人相当重感情

怀旧老歌中歌词的内容，多是以叙述男女之间的恋情为主，尤其是悲伤的恋情占有很大的比例。其中深切地道出嫉妒、爱恨、思念、离别的愁苦，将难分难舍的感情世界，借助歌曲娓娓唱出。就像一些流行歌曲一样，它并不只是一些随意的简单语词拼凑而成，一首歌就像一出戏一样，是有故事情节的。

唱老歌时，必须融入自己的心情，将自己化身为故事中的主角，才能唱出感情。不能用平板起伏的声调去诠释它，否则无法将情绪带到最高点，并完全融入其中。

喜好老歌的人，大多喜欢幻想，个性相当得罗曼蒂克，而且十分重感情，很容易便泪眼汪汪，也很喜欢取悦他人，并以服务他人为乐事。

当你有事情请求他们帮助时，他们大多会很热情地答应你，不过他们常会言过其实，即使答应了，也无法一一做到所承诺过的事情。他们的感情容易受到牵动，所以有时显得过于情绪化，遇到事情很难冷静地做出正确的判断，时常沉迷于剧情中，而看不清周围现实的环境。

这类型的人本身非常重视人情，期待所有的事都能靠人情的力量来解决；但是世人并非都认同此种想法。他们似乎不清楚何谓公事公办，无法将人情从现实中区分出来，同时也缺乏区分的理性。在他们心中常存有“既然我们关系这么好，他应该会帮忙”的天真想法，因而常常导致失败的命运。

举例来说，热恋中的情侣，给人的感觉虽然如胶似漆，非常亲密，但还需适度地保持一点距离较好，这样恋情才会长久持续下去。但是偏爱老歌的人，常看不清楚这一点，自以为是地认为，无论何时何地都要求自己和另一半在身心方面皆为一体，彼此心灵相通，而沉浸于自己所编织的罗曼蒂克的幻想中。

爱唱时下流行歌曲的人

有些人到卡拉 OK 唱歌的时候，并不特定点唱拿手的歌曲，他们每次点唱的歌曲都不同，皆为时下最流行的热门歌曲。

这类型的人，一般比较追求虚荣、好面子。受欢迎的歌手及流行歌曲，不停地在变化，而这类人也不断地随之变化，一边表演，一边假想自己是流行歌手，就连唱歌时的神情、手势也都模仿得惟妙惟肖，俨然一副名歌星的架势，陶醉其中。他们盼望赢得众人的赞赏，极端渴望得到他人对自己的认同。

他们平日所表现出的行为亦是显眼、引人注目的，穿着的服装以及发型也都跟随流行步伐，并且喜欢在众人面前展现自己。若自己无法成为众人注目的焦点，心中就会十分不舒服、久久不能释怀。对于爱的渴望十分浓烈。

但是，这类型的人，大多是金玉其外败絮其中的人，没有明确的兴趣及嗜好，总是一味地追随世俗的流行脚步，随波逐流，安定不下来。

他们喜欢故弄玄虚，但充其量不过是装腔作势罢了，很容易被别人识破。这种类型的人十分喜欢别人奉承他们，他们就像是个单纯的孩子，只要有人为自己鼓掌，并被别人灌几勺迷魂汤，就会飘飘然，心满意足了。这也说明这种人其实是很容易相处的类型。

他们在工作上也是如此，赞美的话对他们来说是不可或缺的。运用一些适当、适时地称赞，比起对他们大发脾气、严厉斥责，反而会有令人意想不到的效果。也就是说，与其否定他们，还不如肯定他们，对他们多加赞美，鼓舞他们的冲劲，如此一来，工作也就能更顺利地开展下去。

在恋爱和人际交往过程中，他们总是依靠家人或爱人为他们解决人生中诸多问题。他们随时准备被感情俘虏；对于深层次的自省和强烈的感情他们是最不能忍受的，所以力图通过听音乐来保持轻松和自在。与合适的人相爱将可解决他们人生中的所有问题，可是，一旦爱情开始淡化，他们又会紧紧抓住另一段感情。

喜欢凄美歌曲的人

多愁善感，心地善良，体恤他人，伟大者可以“先天下之忧而忧，后天下之乐而乐”；歌曲如他们生命历程中的灯塔，指引他们前进的方向。他们人生中的大起大落，音乐常常起了推波助澜的作用。

喜欢交响乐的人

信心十足，踌躇满志，凡事只想积极的一面，所以能够迅速和他人打成一片，但对别人盲目相信往往导致吃亏和受损失。喜欢显露自我，处处显示自己的不平凡，希望上流社会能有自己一席之地，有不务实的缺点。

喜欢摇滚乐的人

这类人需要强有力的领导，协助他们找到自我。这种人害怕孤独，不能忍受寂寞，喜动不喜静，爱好体育运动，喜欢团队的感觉；同时，他们愤世嫉俗，对一些现象有不满情绪。经常把持不住自己，有时候会出现不愉快的事情，但他们并不在意。这种人非常喜欢到处张扬，能引人注目，但不会给人留下深刻的印象。虽然他们能够将爱好作为强有力的指导，借用摇滚巨星的光环使自己在世俗当中趋于平静，但他们只是为了找到心灵上的慰藉以及满足，并将音乐作为满足各种欲望及社交的工具而已。

喜欢进行曲的人

墨守成规，不求变迁，满足现状，力求臻至完美，对自己要求甚高，不允许所做的事出现半点差错，而现实中的不完美常常使他们动摇、失望甚至遍体鳞伤。

喜欢古典音乐的人

理性较强，比较自省，能够用理智约束情感；音乐之于他们是一种相当个人的经验，它使他们成为相当孤独的人。他们从音乐中汲取相当多的人生感悟，结果常常形单影只，因为很少有人能与他们内心最深层的思想和感情产生共鸣。

爱好爵士乐的人

这种人对人生保持着随机应变的态度，经常凭直觉行事。他们无法忍受一再重复的工作或人际交往，因此不断地努力挣脱一切，让自己自由。他们的人生往往由许多不同的面组成，而这些面经常是相互矛盾的，这一点增加了这些人的神秘感，使他们在别人面前永远魅力四射。但他们性格当中感性成分占的比例较大，很多事情都是头脑一时发热所为，往往脱离实际。不喜欢受到约束，我行我素，总是有一些荒唐的幻想。追求新奇，讨厌一成不变，五光十色的夜生活常常令他们流连忘返；但生活与理想相差太远，常常会使他们感到一种莫名的恐惧与难以化解的矛盾。

喜欢歌剧的人

思想保守，比较关心传统的价值，容易情绪化，易出现偏激行为。他们清楚自己的这个弱点，所以总是极力控制自己，避免产生不愉快。这种人有很强的责任感，对自己的一举一动认真负责，力求以完美的形象出现在大众面前，处处要求尽善尽美。

喜欢乡村音乐的人

成熟老练，轻易不会做出令自己后悔或有损利益的事情。他们细心而又敏感，喜欢关注社会问题，为人圆滑老练，不好斗。能够与遭受欺凌的弱小同呼吸。他们追求安静和怡然，不喜欢大城市的纷繁与喧闹，喜欢过一种完全由大自然控制的田园生活，并为此不遗余力。

喜欢打击乐的人

耿直爽快，对生活充满了希望，并精心设计自己的未来。为人处世以和为贵，不挑剔，同时也喜欢谈笑风生，具有很强的社交能力，能够得到大多数人的欢迎。

喜欢蓝调音乐的人

这类人的心情有起有落，但宁愿心情是失落的，因为他们喜欢这种淡淡的忧伤。他们把人生看做一段感性而非理性的经验。

喜欢背景音乐的人

由于对人生的态度就像童话书，因此，他们的人生充满幻想，而且有夸张和戏剧性的倾向。虽然这种特质有时候令他们相当失望，但他们有着敏感的心，和大多数人一样拥有乐观的想法。即使对方与他们并不相熟，他们仍乐于与人分享感受。他们基本上是纸上谈兵的人。

酒后吐真言，深藏心底的话语会袒露无遗

喜欢喝酒的人，有些并非纯粹是为了麻醉而买醉，他们有的还有其原则，有所喝有所不喝，绝非是来者不拒。这种对酒的态度，有所讲究和坚持的现象，道出了酒文化的人性问题。

从选择的酒类看人

一个人喜欢什么样的酒类，是与其性格有着密不可分的关系的。心理学家发现，从一个人所选择的酒类可以观其性格特征。

1. 选择白葡萄酒的人：这种人性格外向，感情炽烈，富于幻想，强烈追

求梦想和理想。不过，需注意的是，不要过分强求，免得白忙一场。

2. 选择红葡萄酒的人：这种人性格外向，举止沉着、冷静，踏实肯干，具有从容不迫的性格，不轻易尝试冒险性的活动，做起事来格外谨慎小心。干劲十足。想到就做的这种人较不浪漫，乃是现实第一主义者。凡事都较顾及眼前。对金钱的执著心很强。

3. 选择罗塞葡萄酒的人：这种人性格内向，感情细腻，多愁善感，优柔寡断，心地善良，喜欢恋旧。

4. 选择香槟的人：这种人属于不满足于平凡事物的类型的人，总是追求豪华、高贵的事物。但也因此常过分勉强地去做某事而落于失败。对异性的要求也很高，所以，终身不婚的可能性很大。

5. 选择啤酒的人：这种人颇具社交性，与任何人都谈得来，是服务精神旺盛的人。很喜欢去取悦他人，易获得他人的好感。平常也许让人觉得有点冷漠，可是一旦有事，就会显示出体贴之心，因此，颇让对方感激。在金钱方面也是蛮乐天的，不会很在乎。

6. 选择烧酒的人：这种人性格外向，开朗善交际，喜欢结交朋友，社交广阔，待人和蔼，很有顺应力，只要是看得顺眼的人，就会打开心扉与之交往，即使涉及个人隐私也毫无保留地告诉对方。不论是工作或游乐，都很积极地参与，很有“青春活力”，在工作上，是个很好的“合作者”，颇受信赖。以自己的生活方式作为一切价值判断的基准，且期望对方也采取这样的生活方式，这也可说是此种人的缺点吧。

7. 不喝酒的人：这种人性格内向，个性保守，温和含蓄，善于照顾他人，给人温暖安全的感觉，但不擅于表达自己内心的感受。比较敏感，感情脆弱，有洁癖，总顽固地把自己关在壳内，不愿听从他人的意见，也不轻易地表露出自己的真意。

从酒后醉态观人

喝酒，可以放松自己，跳脱原本被设定的条条框框与规范。而有些人只要两杯酒水下肚，就好像变了个人似的，因此“酒”可说是变换个性的一个开关。只要是人或许都隐藏着另一个看不见的自我，只是自己没有发现，但是稍微经过酒精的催化，它就会醒过来。

从喝酒之后所表现出来的个性，就可以看出每个人隐藏在内心的另一种个性，这是平常生活中，不会表现在人前的一面。一个人若能事先掌握住自己的酒癖，就可以更加理解自己是个什么样的人。为让他人理解自己，也有必要事先掌握自己的酒癖。

1. 喝了酒老是喜欢喋喋不休，“吃吃”地傻笑的人。

这种人性格内向，平时沉默寡言、彬彬有礼，一旦喝了酒就喋喋不休，不时露出真感情的话，这种人平时的人际关系一定是处于紧张的状态中。

这种类型的人，一丝不苟，很有韧性，重视秩序，对于长辈必是采取毕恭毕敬的态度。对于女性也是很认真的，绝不会开玩笑，总之，是个“正经八百”的人。基本上，此种人的精神压力较多，所以，会借酒来发泄其精神压力。

但是，反过来说，这种人若不是借酒来发泄的话，压力就会积蓄在身体内。因此，当知道喝了酒就有喋喋不休的毛病时，就尽量地放松自己，让自己的压力能够化解。

有些人在喝酒后，就开始细数过去的光荣事迹。若过去的光环还延续到今天的话，那倒还好，但是有些人只会缅怀当年的丰功伟业，甚至沾沾自喜，相当令人讨厌。

这种类型的人，对自己的未来不抱任何希望，上进心早已丧失殆尽，对于自己周围的生活完全漠不关心，只是苟延残喘得过且过地活着，因此在他的话题中找不到现在，永远都只有过去的风光事迹而已。

而喝醉酒后喜欢大笑的人，是潜意识中希望自己能笑得更开怀的人。笑，具有舒缓紧张、放松心情的效果。这种人或许是因为平日生活过于紧张，才会在喝酒后，借大笑来放松自己，远离平日的紧张。在职场上，他们或许有个过于严厉的主管；或许从小在父母严格的管教下成长，这一类型的人年轻时很可能是成绩优秀的好学生，希望过着零缺点、完美的生活，因而给自己的压力过大，容易造成头痛、肩膀僵硬等毛病。

还有一种一旦喝醉酒便会依偎在男性身边撒娇的女性，平时最不擅长的可能就是撒娇了！她们在工作上表现优异，即使身为女性也绝不让须眉，属于领导型的性格。别看她们平常像个男人，但是只要一喝醉就有可能会显得弱小，楚楚可怜。

至于在喝酒的时候，不停地抱怨工作、不断发牢骚的人，大部分是在工作上积压太多的压力所致，借酒抒发心中的抑郁以及对主管的不满等。一般在公司里敢怒不敢言的部分，会随着酒精效应的挥发而骂个不停。但是，这种人总是不断重复着相同的抱怨，到最后还是无法解决自己的不满情绪，因此这种抱怨多半是没有建设性的。

2. 猛敲猛打，到处活动，动作很大的人。

这种人性格刚烈，反抗心很强，有强烈的欲求不满或强烈的自卑感。此种人不喜欢配合他人来行动，若硬要他们配合他人来行动，就会出现挫折感，而他们就会借酒来发泄此种挫折感，例如：摔杯子、摔椅子等等。他们常会做出让周围人吃惊的事，需特别注意。

3. 沉默不言的人。

这种人性格外向，平时很活泼、很具行动力，是受大家信赖的人物，一旦喝了酒，反会很安静、很沉默的话，表示其强烈地想排除自己的判断，才会有这样的行动。在其心底深处，有着“现在我觉得一切还算顺遂，但如果我任此下去的话，难道就不会出问题？以后的情况我也许无法把握得住”的不安，其心中的迷惘就会借酒发泄出来。

4. 醉了就会哭的人。

这一类人内心深处其实藏着无限的悲哀情怀，平时强颜欢笑不断忍耐着，不让他人看见，只有在喝了酒时，才会将心中的苦闷悉数倾吐出来。换句话说，这类型的人在平时不希望他人表现出同情自己的样子，因此总是表现出一副“好强”的姿态。

这种人性格内向，感情炽烈，待人接物放不开，常常压抑自己。既是个热情家也是个浪漫主义者。具有强烈的自我控制力，过分压抑自己强烈的感情。

5. 喝了酒爱唱歌的人。

这种人性格开朗活泼，自信，很有活力，极富冒险精神，随和。既有社交性又喜欢照顾人，是把工作和私生活划分得很清楚的人。此种人很有发展前途，很值得信赖且不惧失败。是会把自己的技术和个性发挥在工作上的人。但如果是属于在卡拉 OK 里拿到麦克风就不交给他人的类型的话，就另当别论了，这种人多是有着精神压力的“任性中年人”。

6. 喝了酒喜欢跟人吵架的人。

这种人性格外向，刚直，嫉恶如仇，有情有义，爱打抱不平，乐于交各种朋友，喜欢帮助弱者。可以说是个具有强韧行动力的热血汉子型人物。

7. 喝了酒呼呼大睡的人。

这种人性格内向、意志薄弱，心思比较缜密，优柔寡断，待人接物很放不开，没有主心骨，依赖性强，没有创新的激情。可能是因为白天把太多精力花在注意周围的缘故吧。

8. 喝酒时老劝他人的人。

这种人性格外向，善于交际，虚荣心强，希望对方和自己是相等的，属于保守且防卫本能强的类型。若是热心地劝异性（尤其是女性）喝酒，则是对异性有强烈的憧憬和具有支配欲的人。

9. 喝酒时不断喊“干杯”的人。

这种人性情冷漠，颇有心计，十分注意自身的仪表。听他的口令好像很懂事，其实很固执。看起来很和蔼可亲，其实性格很冷淡的人物多有此种酒癖。

10. 喝得再多也跟平时一样的人。

这种人性格内向，很有城府，谨慎认真，不太爱暴露出自己的缺点，因而有比他人强一倍的警戒心。总之，可以确定的是，此种人皆具有“小心翼翼”的性格。

11. 喝到可能醉酒时就不喝了的人。

这种人性格随和，心地善良，待人真诚，为人处事极有分寸，很会处理各种人际关系。他们喝酒绝不是为了一解口瘾，而是借着喝酒营造很愉快的气氛，这种类型的人富于协调心，在团体中最擅长赢得众人的协助。

12. 有特殊酒癖的人。

这种人性格具有双重性，有时过于内向，有时又过于外向，有着很独特的性格。

吸烟姿势透露对方个性特点

一般人第一次抽烟，大概都是在叛逆的青少年时期，其实这和自我内在的成熟度有绝对的关系。

很多人在从孩子转变成大人这个转换期中，由于处于不大不小的尴尬阶段，因而常会感到不满及焦躁。虽然在生理上已是成人躯体，但实际上依然是在父母的庇护下生活，周围的人也还是把他当成孩子似的对待，不认为他已经是一个可以独当一面的成人。于是就在这种矛盾中，他们期盼早日成为不折不扣的大人，并尽快脱离父母的监控。事实上，香烟对这些未成年的青少年们来说，是不被允许的违禁品，因此为了逞强，并表现出对大人们无言的反抗，而明知故犯地去碰触这些违禁品。

事实上只要父母及周围的人愿意将他们看作是大人，那么他们也就没有必要刻意去打破禁忌，为反抗而反抗，借着抽烟、喝酒来向全世界宣告："我已成年了。"当然也有一些人并不需要借助烟酒这些东西来证明自己，就能解决青少年时期心中的矛盾纠葛。这种人相当成熟理智，讨厌装腔作势，认为以实力、内涵表现自己，才是明智之举。

从某一方面来看，青少年时期就开始抽烟的人，还有喜欢使性子、爱撒娇的不成熟个性，这和他们表面上所宣告的"我已成年"的主张互相矛盾，证明其体内还残存着幼稚的个性。

另外，还有一种说法是，香烟是母亲乳房的替代品。相信大部分的人在婴儿时期，都有吸吮母乳的经历吧！等稍微长大一点时，因为断奶而改由吸奶嘴来代替。也有些人会离不开这些，因而养成了吸吮手指的坏习惯，心理学上把这种行为称作"口腔欲求"，事实上是离不开母亲乳房的一种心理表征，因此寻求自己的手指或是奶嘴来代替。

而香烟也是相同的道理以及作用。记得有一段时期，市面上风行着一些戒烟的商品，据说在戒烟期间，许多人会渴望嘴里能含着糖果之类的东西，这证明了抽烟的人根本不是喜欢香烟本身的味道，而是嘴巴想要含着某种东西，只要嘴里没有东西，就会觉得怪怪的。或许这也是口腔欲求不满足的原因吧！

一般来说，男性吸烟的人数比较多，这是因为男性在工作上，常常需要勉强自己拼命去做事，因此在心底深处，想要满足自己稍微任性的要求。现在，女性也像男性一样逐渐步入社会，在社会中立足，因此女性吸烟人数的比率也不断攀升，这或许是因为女性们心中也有些任性的愿望无法得到满足！相反的，在年轻的一辈当中可以发现，不吸烟的男性也渐渐多了起来，这有可能是因为社会及生活的压力使得男性们渐渐失去毅力，不再勉强自己去拼命努力的缘故！

吸烟对于人类“有百害而无一利”，这是众所皆知的事实。很多长期吸烟而导致肺癌的临床照片，以及吸烟造成血管收缩，以致胃部颜色改变的照片等等，在报章杂志上早已屡见不鲜。

明白香烟之害，而能毅然决然戒掉抽烟这种坏习惯的人，照理说应该对自己所决定的事情能秉持着相当的毅力，确实去实行，属于意志力坚强的个性才对，但事实上似乎并不尽然。

将自己长久以来的生活习惯以及态度，在一夕之间突然改变，在心理学上称为“态度改变”。根据心理学者杰尼斯的分析，可以轻易改变长时间习性的人，具有下列四项特性：第一，对社会抱有强烈的不信任感；第二，有抑郁症的倾向；第三，比较容易克制住自己的攻击性行为；第四，自我意识薄弱。

这类型的人对社会抱有强烈的不信任感，他们深信自己拥有不错的实力，却得不到别人的正确评价，从而引发这种情结。自己努力的成果无法得到社会大众的认可，他们认为这是社会的错误，不管怎样自己是对的，而社会是不值得信赖的。

所谓抑郁症的倾向，是指常常压抑自我，凡事放不开、优柔寡断，一遇到困难便畏首畏尾，难以下决定的个性。他们无法清楚地表明自己的想法，遇到失败总是躲在暗处自怨自艾，而不主动加以出击；遇到一些不如意的事，也只会藏在心中不会说出来，并且默默地将仇恨埋藏在心里。

自我意识薄弱的人，对于自己到底是属于哪一种个性，到底想要追求什么，恐怕连自己也不清楚。

那么为什么有这种个性的人，反而比一般人更能轻易地脱离瘾君子的行列呢？事实上，这种可以“态度改变”的人，无论在何时何地都一定把自己放在第一位，说难听一点就是相当自私的人。因此，当他们闻听“香烟对人体会造成伤害”时，心中便会感到恐惧，怕会伤了最宝贵的自己，所以马上就会下定决心戒了它。

另一方面，自我意识薄弱的人，也很容易受别人的言语左右。正常的成年人，并不会因为他人的三言两语，而将自己长久以来的生活习性立刻改变。但是对自我意识薄弱的人来说，不确定、不安定的未来，会使他们感到困惑以及烦恼，更无法让心情平稳下来，于是改掉不好的习性，便是他们唯一的方法。

虽然说这种类型的人很容易戒烟成功，但也可能会不断地在“戒烟”与“吸烟”两者中挣扎。戒烟一段时日后，只要听到别人说：“我是几十年的老烟枪了，身体也没有变得不好。”自己心里便会想：“吸烟似乎也没什么坏处嘛！”之后又开始重新拾起香烟。等到又有某些报纸杂志刊载抽烟的坏处后，又害怕地开始戒烟，如此造成恶性循环。总体而言，他们是属于意志力薄弱的一群。

选择不同的运动，暗显不同的心理

忙忙碌碌的我们，只有生病了才知道平时运动太少了。运动对于人而言是一种必要的锻炼，不同的人会热衷于不同的运动方式，这也是人心理活动的外露。

喜欢打篮球的人

这类人的性格往往比较坚强，理想远大，能为了实现自己的理想和目标而坚持不懈地努力。在这个过程中，即使遭遇失败，他们也不会气馁，反而更能坚定信念，勇往直前。

喜欢踢足球的人

积极乐观，热爱生活。他们通常具有很强的攻击性，而且拼劲十足，在竞争中成功的可能性很大。而且这类人也比较理智，属于拿得起放得下的类型。

喜爱打网球的人

从整体上看，喜欢打网球的人多是一些有修养、有礼貌的人，在与人相处时彬彬有礼，很有风度。这类人对自己要求通常很高、很严格，近乎苛刻，做任何事情都力求完美。

喜爱打排球的人

不拘小节。功利心不强，不好胜。在做事时，他们看重做事的过程而不是结果。

喜欢举重的人

如果他不是一个比较狂热的健身族，那么就可能是个缺乏自我意识的人。他们喜欢追求一些表面层次的东西，而忽略了内涵。他们过于在意他人对自己的看法，为了迎合他人，容易失去自己真正的颜色。

喜欢打猎的人

大多性格粗犷、豪爽，为人特别讲义气，不拘小节。这类人的竞争意识非常强，敢于冒险，具有一定的勇气和魄力。他们敢想敢做，有责任心，为了更好地生存在社会上，他们一直努力把自己打造成一个强者。

喜欢游泳的人

这类人内心可能有逃避现实的倾向。

喜爱慢跑的人

性情温和，待人亲切，能够建立良好的社会关系。心态平和，不喜欢争名逐利，容易安于现状。

喜欢竞走的人

很可能有些叛逆，反传统，个性张扬，喜欢标新立异，善于向他人展示自己独特的地方。他们不喜欢受约束，崇尚自由，自我意识比较强。

喜欢个人竞技项目的人

比如赛跑、滑雪等运动，多人参加，但只有一个优胜者。这种人往往有目标、有理想，能够为追求自己的目标而奋斗。甚至愿意为实现理想而作出牺牲。

喜欢团队运动的人

比如足球、棒球、篮球、拔河等。这类人性格开朗、直爽，生性活跃，社交能力强，注重团队精神，能够以最快的速度融入集体，并建立良好的人际关系。

喜欢需要单个竞争对手的运动的人

比如网球、台球、乒乓球等。这类人往往性格坚定，从不轻易言败，好胜心强，不喜欢团队合作。

喜欢打高尔夫球的人

高尔夫球象征着身份、地位和财富，并不是一般人能玩得起的。凡是玩得起的人，基本上都有比较雄厚的经济实力。这类人都非常自信，而且有强烈的优越感。他们一般都具有成功者的素质，有远大的理想、坚定的信念以及不服输的精神等。

喜欢冒险类体育运动的人

比如滑翔、跳伞、登山等。这类人富于冒险精神，敢于向一些未知领域进行挑战。心思缜密，性格坚强、固执。行动之前往往会将各个方面的问题考虑周全，一旦决定做，就不会轻易改变自己的决定，遇到任何挫折，他们都能勇往直前，有一股不达目的誓不罢休的坚韧精神。

喜欢柔软体操的人

这类人往往比较柔弱，自我约束能力差，生活缺少规律。做事意志力薄弱，而且常常向自己妥协，找一些借口来安慰自己。有时候他们会感到很迷茫，非常需要一位个性比较强的人的监督和领导。

喜欢骑自行车运动的人

大多头脑灵活，接受新鲜事物的速度比较快。这类人好奇心强，喜欢探索一些神秘的事物。他们做事非常灵活，一般会选择最简捷的路径到达目的地，而不会走常规，不会按部就班。

把散步当成一种运动方式的人

心态平和，不喜欢张扬，缺乏表现欲。这类人的性格就像走路一样，虽然平常，但能够坚持不懈，因而从中受到的益处无穷无尽。他们喜欢过平淡的生活，做自己该做的事，并且深信自己能做好每一件事。

购买运动器材，在家里做运动的人

他们可能是凭借一时的兴趣买回运动器材，放在家里作了摆设，自己并没用过几次。真正的体育爱好者一般是不会在家里做运动的。这种人做事容易冲动，不够理智。热情来得快去得也快。

喜欢边看电视边做运动的人

这类人往往自我意识非常强。善于察颜观色，往往他人的一个小动作或一个眼神，他们就能明白是什么意思，自己应该如何应对。另外，他们的时间观念很强。懂得合理安排时间的重要性，从不浪费时间。

边做事边运动的人

开朗乐观，想像力丰富。这类人自我控制能力非常好，善于自我开导。每当面对自己不喜欢做的事，他们就把它当成是自我锻炼、自我提高的方式，并且能把那些枯燥无味的事情变得趣味横生。

喜欢去健身房锻炼身体的人

这类人好奇心强，性格多属于外向型，对他人的花边新闻可能比较感兴趣。他们不喜欢独处，喜欢和很多人在一起，所以他们常常参加一些团队活动，不止于健身会。

喜欢自己编排运动项目的人

这类人对自己、对别人的要求都非常高。他们做任何事都非常认真，讲求质量、效率，追求完美。

喜欢钓鱼的人

这类人往往善于思考，遇事沉着冷静，所谓“泰山崩于前而面不改色”。城府非常深，善于掩饰自己的情感，喜怒哀乐从不流露出来，即使遭遇不公平的待遇也不会立即发作，而是等待恰当的时机反抗或者让不愉快的情绪在时间的流逝中消失。他们爱好和平，拒绝任何形式的暴力，主张任何纠纷都应该通过谈判的方式解决。

这类人在做一件事情的时候，比较重视过程。在他们心里，整个做事的过程就是一个自我肯定的过程，在那里他们能体会到满足和快乐，即使失败了也无所谓，因为他们努力了，问心无愧。他们平时常常给人一种散漫的印象，但是该出力的时候，他们绝对不遗余力，而且具有很强的毅力。

喜欢独自提高技巧的运动项目

可以用数字清楚地确认自己技能的运动，如高尔夫、田径、游泳与保龄球等都算是这一类。高尔夫的分数，田径和游泳的时间与距离，都是以技术和实力为衡量标准的。虽然也有胜负的竞赛，但是基本上个人练习时还是以在分数和时间上获得更好的成绩为主。喜欢这类运动的人，总是在别人不知道的地方孜孜不倦地奋斗。他们喜欢独立自主，自制力强，自律甚严。他们可能对于吃苦以及跟自己战斗感到愉悦。从希望得到简单的报酬这一点，也可看出他们孩子气的一面。

喜欢一对一比赛的运动项目

喜欢网球、羽毛球和桌球等一对一比赛的人，也喜欢竞争胜负和赌输赢，而且，比赛的结果与责任，只能自己一个人扛起，无法归咎于他人。这种人喜欢干脆利落的结果、清楚明白地做事；在竞赛中营造一种氛围，表示他们希望能有深厚的人际关系。喜欢让人提心吊胆、忐忑不安的事物，是会直接表达情感的人。

喜欢团队运动项目

棒球、足球、橄榄球、排球等团队项目，各球员的责任划分非常清楚，每个人都被要求做适宜的动作。也就是说，球员是“组织下的运动员”。就像在一个公司中每个成员的认同感与想法一样。喜欢团队运动的人重视秩序及上下级关系，为了团队（也就是公司），即使是不符合自己能力与期望的任务仍会去执行。不论是悲是喜，都是集体行动，全体人员一起分享，所以也可以说他们“想与人同在”的亲近欲求相当高。

益智游戏表露出的微妙心理学

闲暇的时候，我们会在手机或者在电脑上玩游戏。“益智游戏”就是运用新方法旧知识来解决问题。经常接触与之相关的游戏，会使一个人逐渐地变得更加聪明和智慧。心理学家经过多年研究证实，一个人喜欢的益智游戏能真实地表露出其某些个性和心理。

1. 喜欢拼图游戏的人。这一类型的人具有一定的忍耐力和信心。他们的生活也像拼图一样，稍不留心，就会被一些意外的事情所干扰和左右。但他们能在不如意面前，保持自己再奋斗的精神，一切重新开始。

2. 喜欢纵横字谜的人。这种人性格外向，自信，有坚强的意志和较强的责任心，做事非常看重效率，他们希望在最短的时间内花费最少的精力最大限度地完成某件事情，可这在某些时候是不现实的。他们很有礼貌和修养，在与人相处时彬彬有礼，显示出十足的绅士风度。能从容自若地面对生活中许多始料不及的困难和灾难。

3. 喜欢魔术方块的人。这种人的自主意识比较强，具有恒久的耐性，他们不希望别人把一切都准备好，而自己不需要花费什么力气或心思，他们也不喜欢把别人的思想和意见据为己有，而是热衷于自己去钻研和探索，哪怕这需要漫长的过程和付出昂贵的代价，也不改初衷。对某一件事情，他人在感觉不耐烦的时候，他们也还能坚持如一。他们心思灵巧，触觉相当灵敏，喜欢自己动手制作一些小玩意。

4. 喜欢玩几何图形游戏的人。这种人性格外向，比较聪明和智慧，为人深沉而内敛，十分自信。他们对某一事物，常常会有自己独到的见解，而不是人云亦云。他们有很强的自信，生活态度积极乐观，在思想上比较成熟，在做某一件事情之前，他们多是要经过深思熟虑，前前后后把该想的都想到，在心里有了大致的把握以后，才会行动。这样即使出现什么变故，也能很快地找到应对的策略。

5. 喜欢将某一单词的字母随意颠倒顺序，组成新的单词的人。这一类型的人思维反应相当灵敏，随机应变能力很强，对不同环境下的事情能在最短时间内与人协调一致。而且他们在对人的观察这方面也有一些独到之处，能够很快又非常准确地洞察一个人的内心世界。

6. 喜欢数字类益智游戏的人。这种人的逻辑思维能力比较强，他们的生活多是极有规律的，有时候甚至达到了死板的程度。他们在为人处世等各个方面并不圆滑也不世故，而是过分地有棱有角。结果，既易伤到别人，也会给自己带来伤害。

7. 喜欢智力测验的人。这种人性格外向，活泼开朗，对生活的态度非常积极乐观，但有时候并不了解生活的实质是什么。他们的生活没有什么规律，而且对于各种事物的轻重缓急并没有一个清楚的认识，常常会将时间、精力甚至财力浪费在没有任何意义的事情上，结果反倒将正经事情耽误了，可是他们并不为此而懊恼或后悔，相反却还找各种理由劝导和安慰自己。

8. 喜欢神秘类益智游戏的人。这种人性格内向，疑心比较重。在他们看来，这个世界上好像没有一样东西是可信的，他们不相信任何事物，但怀疑常常又没有任何依据。他们对某些细节及一些细微的差别表现得很敏感，而这往往又会成为他们为自己的怀疑所找到的依据。他们会不断地对他人进行指控，但紧接着又会为没有充分的证据进行说明而感到苦恼。

9. 喜欢在一张照片中寻找错误的游戏的人。这种人性格外向，但爱钻牛角尖，因此，他们活得很累，常常会被一些没有任何理由的烦恼困扰着，目前的现状是一片大好，可他们却往往要朝着不好的方面想。他们想事太多，又放不开，对他人的优点不在意，却总是盯着缺点不放。

10. 喜欢下棋、玩纸牌的人。这种人性格内向，聪明，有较强的想象力。逻辑思维和分析思考能力都相当强。智力上往往要胜人一筹。他们常把自己的聪明才智发挥得淋漓尽致，从而把对手逼得走投无路。他们常常能够以比其他人相对更集中的精力投入到某件事情当中，所以他们做事成功的几率会比较大。

11. 喜欢飞机模型的人。这种人性格急躁，自我意识并不强烈，安分守己，乐于听命于他人的领导和安排，这样他们就不会感到无所适从了。他们缺少必要的冒险精神，凡事把安全保险放在第一位。在遇到困难的时候，他们的情绪往往会显得相当暴躁，这时候，只有出现一个领导者，指导着他们去做什么，怎样做，他们才会逐渐地稳定下来。

12. 喜欢乐器的人。这种人多是感性成分比较多的人，他们的敏感度是非常高的，总是能够在不经意间捕捉到一些好的坏的感觉，这为他们带来快乐的同时也带来了苦恼。他们的性格并不是特别的坚强，反而相对比较脆弱，有时简直是不堪一击。他们希望得到别人的关心和爱护，但却并不一定能够去关心和爱护他人。

Chapter 4　透视举止奥秘，窥探人性天机

——从行为中窥探人心洞悉人性

慢走，这类人凡事讲求稳重，“三思而后行”，绝不好高骛远，“癞蛤蟆想吃天鹅肉”的情况一般不会发生在这种人身上。如果他们在事业上得到提拔和重视的话，也许并不是他们有什么“后台”，而是他们那种务实的精神给自己创造了条件。

行走姿势是个性的速写

通过行走姿势也可以对一个人进行观察、了解和认识，知道他们的某些性格特点和此时此刻的内心状态。我们可以从一个人行走的姿势中，了解到他的快乐或悲痛，勤奋或懒惰，以及是否受欢迎等内心感触。从走路的姿势上看准一个人，有许多种方法。

比如说，一个人如果整天优哉游哉，在很大程度上说明这是一个无所事事、不务正业的人。这种人性情迟缓，思维迟钝，对自己要求不严格，凡事得过且过，顺其自然，缺乏必要的进取心。

然而，一个人昂首挺胸，高视阔步，说明这个人比较自信、自尊，或者是有些自负，好妄自尊大，同时在性格中也有清高、孤傲的成分，可能虚荣心和表现欲比较强，希望能够向他人显示自己的得意之作。

其实，如果想从走路的姿势上判断人，可以有多种方法使用。但是这会受到观察人心态的影响，所以还是多积累一些资料，以使自己的判断更准确。

曾经有一位心理学家对 193 个人做过三项不同的研究，研究发现，不但某种性格或某种心情的人曾用不同的步姿走路，而且观察者通常都能由人的步姿探测出他的性格。

比如：大步走路，步子有弹力及用力摆动手臂显示一个人自信、快乐、友善及有雄心，走路时拖着步子，步伐小或速度时快时慢则相反。喜欢支配人者，走路时倾向于脚向后踢高。性格冲动的人，则像鸭子一样低头急走。而拖着脚走路的人，通常是不快乐及内心苦闷。女性走路时手臂摆得愈高，愈显示出她精力充沛和快乐。精神沮丧、苦闷、愤怒及思绪混乱时女性走路很少摆动手臂。走路习惯摆动手臂者往往会有成就。

我们列举一些例子，认识一下从走姿上分辨一个人的性格的方法：

步伐急促的人

疾行，这是一种脚步沉重而快速的行走方式，几近于行军，但不那么正式，留给人的印象是：控制得住心里的焦急。

急走，这是焦虑的女性常有的步态，她们以细碎的步伐优柔寡断地急速运动，不仅显得慌张，而且经常改换方向。如果一个男人的步态也是如此，那么这将显示此人喜欢吹毛求疵，而且个性比较阴柔。

而慌张地走则是一种脚步快而轻的走法，行走的人还会经常变换方向，心情焦虑地到处乱窜。

这类人是典型的行动主义者，大多精力充沛，精明能干，敢于面对现实生活中的各种挑战。如果你的下属职工里有这样的人，对他说你再怎样怎样我会开除你的话，他会若无其事地继续干下去，一定让你气愤不小。

对于这种人，应该努力发现他们的优点。他们的适应能力特别强，尤其是凡事讲求效率，从不拖泥带水等。如果你去让他给你完成某项工作（不要带威胁的口气），他一定会在最少的时间里使你满意。他们的另一个特点是敢于承担责任。因此，很多人愿意把他们作为可靠的朋友，其实就算“终身”委托于他们也一定不会错。不过在这个问题上你得有所准备：他们十有九个不会陪你散步。如果硬是要这种人陪你出去溜达一番的话，别忘了把他手臂抱紧一点，不然你只有练习跑步了。

步伐平缓者

慢走，这是一种缓慢而又控制得住速度的行走，最常以这种方式走路的人多半属于健康情况欠佳或年事已高者。

这类人走路时总是一副慢腾腾的样子，就如人们常说的“生怕踩死蚂蚁”的东郭先生一样，你无论说得如何急他都不在乎似的，这是典型的实用主义走法，有些我行我素的处世态度。

他们凡事讲求稳重，“三思而后行”，绝不好高骛远，“癞蛤蟆想吃天鹅肉”的情况一般不会发生在这种人身上。如果他们在事业上得到提拔和重视的话，也许并不是他们有什么“后台”，而是他们那种务实的精神给自己创造了条件。

这类人的观点是“眼见为实”，因为他们一般不轻易相信别人，不知道这算是他们的优点还是弱点。但把他们作为朋友应该不错，因为他们特别重信义、守承诺。不过你要是失信于他们的话，最好别和他来往，否则有朝一日发生矛盾，他会发誓一辈子都忌恨你。

另类行走者

散步，这种松懈的步态常是用来消磨时间的。

闲逛，信步而走，没有固定方向而且大方地显出他们心情的闲逸。

游手好闲的步调是踌躇不前，时断时续，这是一种懒散、徘徊的步态。

步态蹒跚，这是一种双腿沉重的步态，当一个人觉得疲倦或心情郁闷时，则出现这种步态。

无精打采地走，这是另一种疲惫的步态，身体略为前倾，上身有点弯腰驼背，身体前倾来帮助行走，这种弯腰驼背的步态最常见于卑屈的小人物身上。

慢吞吞地走，这是生病或精神憔悴时拖着两脚走路的步态。医院里，动过手术的病人最常出现这种步态；大街上，则可看到流落街头的老人慢吞吞地走。

蹑足行走，这是一种过分谨慎或是不光明磊落的步态，当一个人不希望自己的行为被他人察觉的时候，会采用这种步态。

碎步，走得很快但步伐很小。这是一种用于舞台上表现女性心理夸张的走路方式，多见于有复杂内心的女人身上。

以跳跃的方式走路。每跨出一步就要身体向前跃出一步，这是一种充满欢乐的步态，显示动作者的健康与乐观。这是儿童或青年人心理很光明的步态。

脸上藏得住，手却不说谎

将双臂交叉抱于胸前，是一种防御性的姿势，防御来自眼前人的威胁感，保护自己不产生恐惧，这是一种心理上的防卫，也代表对眼前人的排斥感。

这个动作似乎在传达着“我不赞成你的意见”“嗯……你所说的我完全不明白”“我就是不欣赏你这个人”。当对方将双臂交叉抱于胸前与你谈话时，即使不断点头，其内心其实对你的意见并不赞同。

也有一些人在思考事情时，习惯将双臂交叉抱于胸前，但是一般来说，有这种习惯的人，基本上是属于警戒心强的类型。在自己与他人之间画下一道防线，不习惯对别人敞开心胸，永远和对方保持适当的距离，冷漠地观察对方。

防卫心强的人，大多数在幼儿时期没有得到父母亲充分的爱，例如：母亲没有亲自喂母乳、总是被寄放在托儿所、缺乏一些温暖的身体接触。在这种环境之下长大的人，特别容易表现出此种习性。

著名的日本演员田村正和，在电视剧中常摆出双臂交叉抱于胸前的姿势，因此他给观众的感觉，绝不是亲切坦率的邻家大哥，而是高不可攀的绅士。他不是那种会把感情投入对方所说的话题中，陪着流泪或开怀大笑的类型。他心中似乎永远藏有心事，在自己与他人之间筑起一道看不见的墙。这种形象和他习惯将双臂交叉抱于胸前的姿势，似乎非常符合。

个性直率的人通常肢体语言也较为自然放得开。当父母对孩子说“到这儿来”，想给孩子一个拥抱时，一定会张开双臂，拥他入怀。试试看将双臂交叉抱于胸前对孩子说“到这儿来”，孩子们绝不会认为你要拥抱他，而是担心自己是否惹你生气，准备挨骂了。

观察一下对方，是习惯将双臂交叉抱于胸前、还是自然地放于两旁呢？自然放于两旁的人，较为友善易于亲近，并且可以很快和你成为好朋友。不过，若你有不想告诉他人的秘密，又想找人商量时，请选择习惯将双臂抱于胸前的人。因为太过直率的人守不住秘密。而习惯于双臂抱胸的人会对你的秘密守口如瓶。但是，要和这种人成为亲密的朋友，可能要花上很长一段时间。

心里越着急，脚下的动作就越多

抖脚是紧张和不满的表现。当脚部微微地颤抖时，会将微弱的刺激传达至脑部，对于精神上的紧张具有缓和的作用。因此有些人便借助抖脚，设法消除紧张感。若说是为了要将刺激传达至脑部的话，其实晃动手也有同样效果，何以大多数人都喜欢抖脚呢？主要是因为脚的部位没有手来得明显。为了不想让他人察觉自己的紧张，尽量隐藏这种情绪，使得两脚不由自主地抖起来。

加州大学罗勃特·索曼博士所做的研究中，有这样一个例子。在某些情况下，若有人过于靠近自己，或感觉到自己的势力空间被他人侵犯时，脚尖便会开始敲打地面。这是人体面临威胁而感到焦虑不安时，所作出的一种抗拒对方的信号。

倘若与你说话的对象不停地抖脚，即代表他的内心正处于紧张不安之中。很有可能是你不小心碰触到他的禁忌所致，应设法改变话题使对方松懈下来。

有不停抖脚习惯的人，不仅容易紧张，而且也对日常生活感到不满，是无法克服焦躁的人。正因为凡事要求过高，在无法如愿地达到自己要求的程度时，便产生了不满的情绪，是属于以自我为中心的人。

这一类型的人孩子气也较重，似乎脱离不了母亲的羽翼，经常需要呵护才能稳定下来。孩子气个性使然，使这种人外表看起来没耐性、容易厌烦，很难定下心来好好将一件事情做完，每当脑中涌出新的想法时，兴趣很快就会转移到别处去。

如果你是老板，若想重用这类型的人，绝不要用不需创意的日常性工作拴住他，如此才能将他的才华源源不绝地激发出来，许多精彩的企划将因此不断涌出。可惜的是这种人通常只拥有企划的头脑，欠缺执行的毅力。

从小动作来观察人心

“近来如何？”“好久不见，最近过得好吗？”边寒暄，边将手搭在对方肩上，另一只手则紧紧握住对方的手，这种习惯以碰触他人身体表示友好的人，一般人的印象多半是政治家或是中小企业董事长的身份。虽说此举是为了表现亲和力，但难免令人感觉过度亲昵而浑身不自在，那是因为我们并没有借着身体接触来表示友好的习惯，所以如果你有这种习性、又不懂得分寸的拿捏，是会被贴上不受欢迎的标签的，尤其是当男性对女性朋友做出这类动作的时候，很可能被认定为性骚扰。

如果对方是自己不讨厌的人，那还不算严重，若是被自己没有好感的人碰触到身体的话，不但觉得是被侵犯了，甚至还想破口大骂说：“你这人怎么搞的，真是恶心死了！”

站在碰触者的立场来看，他无非是想将好意传达给对方，借以拉近彼此的距离罢了。一般以外形来分类的话，通常体型较胖的人善于社交，喜欢热情地碰触他人，而体型瘦小的人，较为拘谨，既厌恶被人碰触，也不喜欢碰触别人。

初次见面就以碰触对方身体来打招呼的人，通常是过分自信的人。这种人完全不在乎对方的感受，单凭直觉认为这种举动可拉近彼此的距离，把他人当作自己的部属来照顾，就像爱护宠物一样。

若你乐于接受这种人的举动，便会得到很好的照顾；反之，他则会认为你“背叛”了他，翻脸就像翻书似的，轻易地将你赶出他的势力范围。

和这种人相处，如果一开始你就甘心以部属的身份跟随他左右，便永远无法翻身，一直都得看人眼色，在人屋檐下不得不低头。如果你不希望如此，刚开始交往就必须有技巧地与这种人保持适当的距离，避免成为他的“身边人”。因为时日一久，当你不想再追随他时，他便会有“被自己饲养的狗咬了一口”的感觉，因而与你反目成仇，甚至把你视为敌人。

如果突然之间，他不再像以往那样对你勾肩搭背时，你就应该小心为妙，因为肢体语言告诉你，他已经将你排除在朋友之外了。

姿势中展现的心理活动

习惯用手碰触身体的人很多，而调查报告也显示，大约有54%的男性和70%的女性有这种习性。而碰触自己身体的行为，一般称作“自我亲密性”，“以手托腮”即是其中一种。

无论任何人，当他们处于悲伤寂寞、情绪不安时，都希望得到别人的慰藉。借助温柔的拥抱、身体的接触，来抚慰自己的心灵。即使是喜欢独处的人，还是会期盼温情的慰藉。一个人从出生以来，母亲抱着你入眠，父亲牵着你的手玩耍，兄弟朋友和你玩在一起，身体上的碰触绝对是有助于成长的。

大多数人在孩提时都有过类似的经历，当你号啕大哭时，母亲会将你拉到身边抱着你、摸着你的头安慰你，如此你激动的情绪便会逐渐平息下来，停止哭泣。即便长大成人后，每当心绪烦躁不安时，心中还是会期望所爱的人能通过碰触给予自己鼓励与安慰，这是非常自然的心理反应。

许多独居在外的人喜欢饲养宠物来搂抱爱抚，甚至睡觉时喜欢“抱枕”，无非都是希望在其中得到安慰，这是因为他们无法得到自己所喜爱的人的慰藉，转而追求这些替代品。

而自己触碰自己，也是替代行为的一种。有时，当我们遭遇挫败、感到羞耻以致情绪不稳定时，无意识地借助碰触自己的身体安慰自己，情绪便能随之安定下来。

在这些行为中，也包含了“玩弄头发、拉扯头发”。当情绪不稳定时，有些人常会出现这些小动作。没有爱人的人，很渴望有人对自己说一些温柔的话语，就会借助不停地玩弄自己的头发来得到慰藉。

如果不只是轻轻玩弄头发，而是“拉扯”它的话，则是一种对自己的攻击，对自己的无能的责备。仿佛在说：“你这家伙到底在做什么？不勤奋努力是不行的！”一边在心里激励自己，另一方面却在身体上折磨自己。

就像小时候被父母责罚一样，现在等于是自己代替父母来惩罚自己。更严重的自虐狂还会不停地将自己的头发一撮撮揪下来呢！

不管是上述的哪一类人，喜欢拉扯自己头发的人皆为完美主义者，任何事都会要求自己做到最好。

因为习惯于责备自己，情绪总是无法安定，所以非常期盼有人可以抱着自己说："你已经做得很好了！"所以有"玩弄头发、拉扯头发"习性的人，其心理层面是渴望有人可以依赖的。

不断地搓鼻子是心理紧张的表现

说谎话者最担心害怕的事，无疑就是谎言被拆穿。只要心中存在秘密，便会有害怕被对方看穿的恐惧，当你越心怀恐惧时，脸上的表情也就越不自然起来。

为了掩饰不自然的表情，就会借助频频搓鼻子、揉眼睛，来转移别人的注意力。经常触摸脸部的人也给人不稳重的感觉，这是一种内心不安的外显动作，不想让人在自己的脸上读到企图隐瞒的事情。心虚地这里摸那里碰，反而更容易引起别人的注意。因为无法自如地控制身体各部位的小动作，手才会不自觉地移到脸上，想借此来蒙蔽对方的视线。

但是，这个动作也未必就是代表心中有鬼、蓄意撒谎。例如，朋友生日时，悄悄地准备生日礼物，想让对方惊喜一番。这时候，也有可能会出现摸脸搓鼻子的动作。

又或者是，对某位异性深具好感，却羞于表达，这种情况称作"害羞的隐瞒"。也就是说心中明明深藏爱意，却不敢大方地表白出来，于是便不知不觉地频频搓鼻子摸脸颊，这也是隐瞒的一种。

另外还有一种人，边摸鼻子边客气地说："哪里哪里，这只不过是不足挂齿的小事罢了。”其实心中暗想：“怎么样？我很厉害吧！”这是想隐藏“自满心理”的另一种表现。

还有一种是当事者并不是刻意想隐瞒事情，只是时机尚未成熟，但又不小心说漏了嘴，这时，便会惊惶失措地将手伸向自己的脸。

只要心中坦荡，不想隐藏任何事情，无须提心吊胆怕对方看穿自己的心思时，摸脸的小动作自然是不会出现的。

也有人为了不想让人发现自己有所隐瞒，十分克制地控制住自己的手，让它们乖乖地放在下方，但却万万没想到，这时双脚竟开始不安定起来了。总之，想要毫无破绽地隐瞒事情，不让自己的小动作泄漏真相是不太可能的。

通过行为来透视人心

一般而言，指手画脚的动作幅度大的人个性大方，感情也丰富。和身体僵硬、言行拘谨的人正好相反，这类人的肢体动作，和自己情感、情绪的表达有非常密切的关系。当情绪高昂时，身体的动作便很自然多了起来，若心中有不吐不快的事情时，手的动作也会不自觉地夸张起来。

这种人总是急于表达自己的情感、宣泄自己的情绪，因而忽略了他人的感受，是属于个性较为强势的人。缺乏主见者若是和他们在一起，将会被其强势的气焰压制住。正因为他们只考虑自己而忽视他人的感受，基本上是属于较自私的个性。

但是，这类型的人在工作上大多相当有能力，由于个性积极，对自己想说的话、想做的事，都能通过流畅的表达能力，轻易地传达给他人。再加上说服能力够强，办事的成功率也就提高不少。他们的动作夸大，好像在演戏似的，以致自己情绪的兴奋、低落，很容易影响周围的人，在工作职场上或团体中，可带动他人和自己一起往前冲，是创造活跃气氛、使大家团结为一体的高手。

特别是那种连打电话时都会夸张地指手画脚的人，明明看不到对方，却好像对方就在眼前似的，这种人若对一件事物热衷起来，其他的事便不会放在眼里。除此之外，他们也是好胜心非常强的人，若有强劲对手出现的话，他们一定会使出浑身解数，绝不愿输给对方。

这类型的人，不仅在工作上，对于玩乐和商场上的应酬，也毫不含糊，样样事都拿捏得十分恰当。可是一旦遭遇挫折，却会变得异常脆弱，若再加上没有赏识自己的上司，缺乏适时激励自己的对手时，也会令他们油尽灯枯，欲振乏力。因此，他们也常常需要看一些励志性的书籍，借以鞭策自己。当他们感到失落时，与其对他们说一些鼓励的话，还不如制造一个新的环境，让他们重新投入到一个自己主演的剧情中，反而会让他们振作起来。

细小动作中显露出来的心理状态

以手托腮的动作，是一种替代的行为。用自己的手，代替母亲或是情人的手，来拥抱自己，安慰自己。

在精神抖擞毫无烦恼的人身上，是不常看见这样的举动的，只有在心中不满、心事重重时，才会托着腮沉浸于自己的思绪中，借此填补心中的空虚与不安。

若你眼前的人，正用手托腮听你说话时，那就表示他觉得话题很无趣，你的谈话内容无法吸引他。或者他正在思考自己的事，希望你听他说话。而如果你的情人出现这样的举动，也许他正厌倦于沉闷的聊天，希望你给他一个热情的拥抱呢！

若平日就习惯于以手托腮的话，表示此人经常心不在焉，对现实生活感到不满、空虚，期待新鲜的事物，梦想着在某处找到幸福。

想抓住幸福的话，不能只是用手托着腮幻想而什么都不做。守株待兔便是这类型的人最佳的写照。

有这种个性的人在谈恋爱时，会强烈渴望被爱，总是祈求得到更多的爱，很难得到满足，处于欲求得不到满足的状态。

从另一个角度来看，这种人因为觉得日常生活了无新意，而惯于沉浸在自己编织的世界中，偏离了现实，脑中净是罗曼蒂克的情怀，与之交谈，往往会有一些意想不到的有趣话题出现。

这种人就像一个爱撒娇的孩子一样，随时需要呵护，但太过于溺爱也不是好事。拿捏好尺度，适度地满足他的需求才是上策。而经常做出托腮动作的人，除了要自我检讨这种行为是否是因内心空虚产生的反射动作外，也应尽量充实自己，减轻内心的不安，试着通过心态的调整，改善表现在外的肢体动作。

人的一举一动都在“泄漏天机”

1. 边说边笑：这种人与你交谈时你会觉得非常轻松愉快。他们大都性格开朗，对生活要求从不苛刻，很注意“知足常乐”，富有人情味。感情专一，对友情、亲情特别珍惜。人缘较好，喜爱平静的生活。

2. 掰手指节：这种人习惯于把自己的手指掰得咯嗒咯嗒地响。他们通常精力旺盛，非常健谈，喜欢钻“牛角尖”。对事业、工作环境比较挑剔，如果是他喜欢干的事，他会不计任何代价而踏实努力地去干。

3. 腿脚抖动：这类人总是喜欢用脚或脚尖使整个腿部抖动；最明显的表现是自私，很少考虑别人，凡事从利己出发，对别人很吝啬，对自己却很知足。但是很善于思考，能经常提出一些意想不到的问题。

4. 拍打头部：这个动作是表示懊悔和自我谴责。这种人对人苛刻，但对事业有一种开拓进取的精神。他们一般心直口快，为人真诚，富有同情心，愿意帮助他人，但守不住秘密。

5. 摆弄饰物：这种人多为女性，一般都比较内向，不轻易使感情外露。

她们的另一个特点是做事认真踏实，大凡有座谈会、晚会或舞会，人们都散了，但最后收拾打扫会场的总是她们。

6. 耸肩摊手：这种动作是表示自己无所谓。这类人大都为人热情，而且诚恳，富有想象力，会创造生活，也会享受生活，他们追求的最大幸福是生活在和睦、舒畅的环境中。

7. 抹嘴捏鼻：习惯于抹嘴捏鼻的人，大都喜欢捉弄别人，却又不敢“敢做敢当”，爱好哗众取宠。这种人最终是被人支配的人，别人要他做什么，他就可能做什么，购物时常拿不定主意。

8. 常常低头：慎重派。讨厌过分激烈、轻浮的事，孜孜勤劳，交朋友也很慎重。

9. 托腮：服务精神旺盛，讨厌错误的事情，工作时对松懈型的合作对象会很反感。

10. 两手腕交叉：对事情保持着独特的看法，常给人以冷漠的感觉，属于易吃亏型的人，稍微有些自我主义。

11. 摸弄头发：这是一个情绪化的，常常感到郁闷焦躁的人物。对流行很敏感，但忽冷忽热。

12. 把手放在嘴上：属于敏感型，是秘密主义者，常常嘴上逞强，但内心却很温柔。

13. 手握着手臂：保守派非理性的人，因为不太拒绝别人的要求，有遭致吃亏的可能。

14. 靠着某样物体：冷酷的性格，有责任感和韧性，属独自奋斗型。

15. 到处张望：具有社交性格的乐天派，有顺应性，对什么事都有兴趣，对人有明显的好恶感。

16. 摇头晃脑：这种人特别自信，以至于唯我独尊。他们在社交场合很会表现自己，对事业一往无前的精神常受人赞叹。

中篇

克敌制胜，“你”要比对手高一点——强人先强己

如果希望自己在一场博弈中能收到最高的利益，就必须学会利用对手的弱点，高瞻远瞩地对待面前的事。当然，也要小心被他人遥控，被别人抓住弱点牵着鼻子走，得不偿失。

Chapter 5　识破谎言

——让虚伪欺诈者显露真形

及时地获取信息，正确地判断信息，才能让你成为一个智者，否则你将很难摆脱被别人利用的境地。

一眼看穿他，从而识破他人的心理诡计

可能大家小时候都曾经读过这样一则寓言故事：

两只小熊在家里玩，熊妈妈去外婆家送东西，中午了还没有回家。熊宝宝们开始饥饿起来，他们觉得与其等妈妈回来做饭，还不如自己到森林里找食物吃，这样既可以给妈妈一个惊喜，也能证明一下自己的能力。于是，两只小熊开始行动，幸运的是，他们找到一大块奶酪，正准备吃的时候问题出现了，怎么分奶酪才对双方都公平呢？熊宝宝们坐在地上，实在想不出什么好办法。这时候忽然走过来一只狐狸，“亲爱的小熊们，你们在做什么呢？”狐狸“和蔼”地看着两只小熊。

“我们找到了一块奶酪，但不知道怎么才能分成相等的两份。”一只小熊很为难地说。“要不狐狸伯伯帮你们分奶酪吧，你们觉得怎么样？”狐狸建议道。小熊同意了，然后，狐狸分给熊哥哥一半熊弟弟一半。但弟弟发现自己的那份比较少，于是十分不满，狐狸笑着说：“没事，我有办法。”他拿过哥哥手中的奶酪大大咬了一口。弟弟一看自己的奶酪现在比哥哥的多了，正准备高兴地吃，哥哥不满意了。于是，狐狸又把弟弟的奶酪咬了一口，于是哥哥的又比弟弟的多了。直到最后，奶酪快要被狐狸吃完了熊宝宝们才发现自己上当了，只好吃剩下的一丁点充饥。可这时，狐狸早已扬长而去了。

寓言中的狐狸就是一个高手，它能利用分奶酪的机会喂饱自己，可以说，这是分奶酪的最高境界：牵着熊宝宝们的鼻子走。因为小熊都希望自己比对方分得的奶酪多一些，所以几乎忘记了奶酪在狐狸的手中已经变得越来越少了。

当然，现实中不会有这么天真可爱的熊宝宝，但狐狸的这种“博弈哲学”广泛存在。

在分“奶酪”过程中，两只小熊（双方）都会为自己的利益不懈努力，但“奶酪”是有限的，如果一方获得的多，另一方肯定就会少。如果再有“狡猾”的第三者出现分一杯羹，或者分多杯羹，那原来的双方必定吃了“哑巴亏”。无论如何，双方的最终目的都是希望达成一致的协议，保证双方都是有利可图。

比如：哥哥和弟弟获得一块蛋糕，弟弟很想多吃点，哥哥就做出了退让：“好吧，你都吃了吧，以后有了我再吃。”弟弟很高兴，但还是分给哥哥一些，尽管很少，哥哥也尝到了蛋糕的香甜。事后弟弟觉得哥哥对自己很好，便开始储蓄自己的零花钱，终于在几天后弟弟捧回了两块蛋糕：“哥哥一块，我一块，谢谢哥哥上次让我多吃了好多！”

很显然，哥哥的谦让使得他比预期多得了一些报酬，本来只能获得半块，而现在却得到了一块加一少半，这种分法是在注重长远利益，高瞻远瞩的基础上产生的。

唐代有个叫夏彪之的人，到新昌做县令。刚上任的时候，夏彪之问当地村官：“鸡蛋一文钱可以买几个？”村官答道：“三个。”这位县官就掏出十吊一万文钱来，叫村官替他买三万个鸡蛋。然后说：“这些鸡蛋今天我不便带走，你让各家母鸡代为孵一下吧，”于是三万个鸡蛋一下子就成了三万只小鸡。过几个月，小鸡长大了，县官又吩咐手下把它们都卖掉，一只三十文，一下子擅刮民财九十万文。

夏彪之到了另一个村子的时候，又问村官，“竹笋一文钱可以买几根？”村官答道：“一文钱可买五根。”于是又拿出一万文钱来，委托村官帮他买五万根竹笋继而对村官说：“我也不需要那么多笋，就先养在竹林里吧。”到了秋天，竹子已经都长大了，一根可以卖到十文钱，这次又搜刮了五十万。

通过上面的故事，我们可以悟出一些道理，如果希望自己在一场博弈中能收到最高的利益，就必须学会利用对手的弱点，高瞻远瞩地对待面前的事。当然，也要小心被他人遥控，被别人抓住弱点牵着鼻子走，得不偿失。

看透人心，让欺诈陷阱显露真形

一个古董商人到村里收古董。在一个农夫的庭院里，他以商人敏锐的眼光看见一个装猫食的碟子是价值不菲的古董。他内心兴奋不已，表面上却不动声色，安静地看着农夫在慢吞吞地喂着猫，心里却盘算着怎样才能拿下这个古董。

他优雅地和农夫打了个招呼："嗨！你养的猫咪真可爱呀，能让我看一下吗？"

农夫斜着眼打量了他一番，然后点了点头，

"哦，好可爱的猫咪，我太太一直要买一只这样乖巧的猫咪，哦，问一下，你这猫咪卖吗？"

"卖！"农夫干脆地回答。

"多少钱啊？"

"80"。

商人吃了一惊，高出市场价好多倍，心中直骂这个农夫的贪婪，脸上却笑眯眯的。"哦，多么可爱乖巧的猫咪，值呀，值！我买了！"

银货两兑，商人认真地向农夫请教这个可爱乖巧的猫咪的饮食习惯，农夫很有耐心地一一回答。

"我想，"商人听过后，"这可爱乖巧的猫咪一定很聪明，和人一样有感情，我担心它到一个陌生的地方会不习惯，你看这样行吗？把喂食的碟子让我也带走吧，这可爱乖巧的猫咪看见这个碟，可能会减轻思乡的感觉。再说，你猫咪都卖了，留着这碟也没有用处，而且看到它你就会想起这可爱乖巧的猫咪，留着它不是徒增烦恼嘛！"

农夫笑了，笑得一脸灿烂。

"出个价，我买也行，"商人以为，农夫又想捞一笔，急忙表明自己的态度，"我不愿意这可爱乖巧的猫咪受委屈。"

农夫笑着可是却非常坚定地摇头："我就是靠这个碟才卖掉很多不值钱的猫的。你说，我能卖它吗？"

古董商人掌握了"碟子是古董"的信息，他认为猫的主人不知道这个信息，于是，在古董商看来，这是一种"信息的不对称"。而实际上，猫的主人不但知道"碟子是古董"的信息，还知道"古董商以为自己不知道碟子是古董"的信息。由此，形成了真正的"信息不对称"，猫的主人因此大赚了一笔。

猫的主人充分利用了"信息不对称"的原理，为自己创造着一笔笔的财富，我们不能不说这是一种信息中的智慧。所以，对于类似古董商的这类人，在行动之前要尽可能地掌握相关的信息。如果没有掌握正确的信息，却仍在想当然，那会尝到苦头的。

一个宋国人，他家世代以漂洗丝絮为生。为了预防在寒冷的冬天把手冻伤，他家制造了一种不冻手的灵药，然后在漂丝的时候涂在手上。

一位外地人听说了这件事，就找到这位宋国人，对他说："我愿意用一百两黄金购买你的药方。"

这位漂丝人听后很高兴，于是他把全家人召集起来，对他们说："我们家世代以漂洗为生，只不过赚了几两黄金，今天卖了药方，马上就可以得到一百两黄金，为什么不卖呢？"

这位外地人得到药方之后，就献给了吴王。这年冬天，正好吴国和越国发生了一场大规模的战争，吴王最担心的就是士兵们因气候寒冷而冻伤。

吴国使用宋国人的药，和越国展开水战。结果越国士兵的手因为冻裂而无法使用武器，可是吴国的士兵因为有了灵药的帮助，手没有任何冻伤，结果吴兵大获全胜。

吴王非常高兴，就拿出一块土地来赏赐这位外地人，结果他被封为"万户侯"。

同样是一种药膏，有人世代拥有它，却只能做漂洗的苦活，而有人拥有它就轻而易举地成为令人瞩目的"万户侯"。

这就显示出了人们在信息利用上的智慧。首先，买了药方的外地人，是知道宋国有人拥有此方才前去购买的。掌握了这条信息，是他发达的前提，如果没有这种药方，后事就无从谈起；其次，买药方的外地人是在得到吴王常常为冬天打仗冻伤士兵而担心的信息后，把药方献给吴王的。这个信息的利用更使这位外地人成为雪中送炭的功臣，被封为万户侯就不足为奇了。

我们再来看看卖药方的人。作为一个商人，必须明白世界上没有天上掉馅饼的好事。突然间的好事，往往蕴含着一个信息，那就是别人对你拥有的某些东西心存不轨，企图用眼前的小利来蒙蔽你的眼睛。如果卖药方的人不能及时发觉这条信息，那他就只有眼睁睁地看着别人用一成的成本，换取了十成的利益，甚至更多。

所以，想在信息的分辨与运用上做一个聪明的人，你就必须明白：天下没有免费的午餐。当别人以相当诱人的条件同你作交换时，你应该想到，通过自己的努力，你会得到更大的利益。总之，在你尚未获取足够的信息时，你需要做的就是拒绝诱惑。

一个商人贴出一张告示，想招一名伙计。有两个人来应征，他们都很勤快，商人不知道该用哪一个。后来他想出了一个办法，来测试哪个伙计更聪明。

他把这两人叫到面前，然后取出5顶帽子，两顶是红色的，三顶是黑色的。他要求他们都蒙上眼睛，然后各自取一顶帽子戴在自己头上。他告诉两个人：摘下眼罩之后，谁先说出自己所戴帽子的颜色，谁就留下来。

眼罩摘下来之后，两个人看见商人戴了一顶红帽子，他们又互相看了一眼，其中一个抢先说道："我戴了黑色的帽子。"

商人非常满意，问他是如何知道的，他说："你戴了一顶红色的帽子，如果我的帽子也是红色的，他一定知道自己戴的是黑色的帽子，可他并没有说话。因此我知道，我戴的帽子是黑色的"。

这也是一个充分利用当前信息的例子，不能不说这个伙计也是一个充满智慧的人。其实正是对方的表现帮了这个伙计的大忙，如果对手也是一个聪明的人，他就不会把自己的想法暴露出来，或者干脆不摘眼罩，或者不去看对方的帽子。因为，只要其中一人表现出对别人有利的信息，那对方就一定会胜过自己。聪明的伙计从对方的表现上获取了一丝有利的信息，从而做出正确的判断，淘汰了对方。

总之，及时地获取信息，正确地判断信息，才能让你成为一个智者，否则你将很难摆脱被别人利用的境地。

掌握读心妙术，让居心叵测者显露真形

也许你曾有过这样的经历：公司即将举行一个重要的活动，与你平常关系不错的一位同事向你提出建议，两人合作设计一个关于这次活动的主题方案。虽然这样一来，你需要接连好几天加班加点才能完成，但这却是一次表现自己才华的大好机会，可以博取上司的好感，增添自己升职和加薪的筹码。

于是你对这样的提议大为欢迎，每天心甘情愿地加班加点，为完成额外的工作甚至彻夜不眠也没有丝毫怨言，你心里想，那个同事也一定像你一样如此拼命。

经过一番努力，设计方案获得了老总的赞赏。你心里很高兴：这一来，升职加薪在望了！

但是，令你连想都没想过的是，你心里比较信任的那位同事，居然把全部功劳据为己有！在上司面前邀功，结果他得到了奖赏，获得了提拔。你却一点功劳都没有！

为避免日后不再发生此类情况，你应该怎样应付呢？

常言道：害人之心不可有，防人之心不可无。如果再碰到这种事情，你可以接受提议，但同时还应当保留一手，把各自所负责完成的工作清楚地记录下来，留待日后作为参考。

如果别人突然向你大送高帽，称赞你的工作能力如何惊人，原来无非是想让你帮他完成工作，你不要被对方的甜言蜜语所打动。你可以指导他如何处理工作上的难题，但你不必亲自去替他动手完成。

而如果你对于同事的行为与意图有所怀疑，你可以先去了解一下公司的

计划，看同事的行动是否在公司计划范围之内，还可以直接找上司谈一谈，避免徒劳无功。

即使是在与上司一起完成个别的合作项目时，为了保护自己的利益，你也要“先小人后君子”，提防一二，这对双方都有利。你可以将你所做的事情记录下来，有些必要的资料也要做个备份，以免有个别品行不正的上司将功劳全部据为己有，你白白替人做事了。你也可以在必要时请第三者在场作个见证。

如果事情太多，一同做事时上司将繁重的任务都交给你做，或者分配大部分工作给你，这时候，你就要看情况了。能够在工作时间内做完自然没话可说，如果加班加点拼命苦干累得要死要活的话，你就得动些心思维护自己的正当权益了。不妨请个中间人从中代为周旋，或从其他角度委婉地提醒上司，这样才不至于白白成为别人利用的工具。

此外，一旦遇上人事问题，你的态度最好是保持中立、客观。

譬如，有个主管犯了大错，公司的高层都大为震惊，又是开会讨论，又是私下商议，甚至老板还可能私下问你对各方面的看法，其他受牵连或不受牵连的部门主管也有可能找你谈话。遇上这种种情况，你不能一一回避，那该选择如何面对呢？你不妨这样说：“老板，您究竟对这件事情有何高见？我很想跟您学学呢！”

你这样说，他也就再没什么话要问的了。这样，既保护了自己，又不致伤害别人。

中立的态度，在非常时刻是“以不变应万变”的重要原则。如果是平日与你关系密切的某部门发生一些争执之类的很不愉快的事情，你也可持此类态度。

不单在职场，而且在生活上，事业上，在任何场合，利用和被利用之事都会发生。当然，被人“利用”未必就是坏事。一个人要是根本就不能被人利用了，那才是真正的无能。能够利用他人的力量，自然是好事；而在被人利用时，如果自己的付出得到了适当的报酬，自然也是好事。只是，对于那种不安好心的小人，其居心不良的利用行为，我们应该断然拒绝。

怎么样才能从根本上防止这一类事情的发生呢？我们不妨来看两则故事。

晋国的文子遭人陷害，在躲避国君的抓捕而出逃时，如丧家之犬经过一个县邑。恰巧县令啬夫是文子昔日的好友。已疲惫不堪的手下，知道文子好友在这儿做官，便建议文子在此歇歇脚，顺便等等走在后面的两辆车子。

文子是否接受这个再自然不过的建议呢？不，他坚决不肯。他说："这个啬夫可是个靠不住的小人。我当年权重势大时，他知我爱好乐器，便送我上等的好琴，我喜欢各种佩戴之物，他便送我玉环。由此看来，这一定是个很会投其所好的奸佞伪君子，他能在我当权时讨好我，便也可能在我落难时出卖我再去向别人邀宠。"

果然不出文子所料，文子一行刚刚离开，那啬夫便派人追杀过来，意欲捉拿文子，献给晋国国君。

幸而文子慧眼识人，及早离开而躲过了这一劫。

另一则故事也有深刻的警示意义。

许多年前，一位聪明的老国王召集了一批聪明的大臣，给了他们一个任务："我要你们编一本《古今智慧录》，以便把它留传给子孙。"

这些聪明的大臣离开国王以后，工作了很长一般时间，最后完成了一部洋洋十二卷的巨作。国王看了后说："各位先生，我相信这是古今智慧的结晶，然而，它太厚了，我怕人们没那么多时间来阅读它。把它浓缩一下吧！"

这些聪明的大臣又进行了长期的努力工作，几经删减后，变成了一卷书。然而，国王还是认为太长了，又命令他们再浓缩。结果这些聪明人把一本书浓缩为一章，然后缩为一页，再变为一段，直到最后只变成了一句话。

聪明的国王看到这句话时，很是满意。"各位爱卿，"他说，"这真是古今智慧的结晶，我们全国各地的人一旦知道这个真理，我们大部分的问题就可以解决了。"

这句话到底是什么样的一句话呢？

原来是这么一句话：天下没有白吃的午餐。

我们如果要吃他人宴请的午餐，这个答案至少告诉我们要注意这样两点：第一，要看主人是什么样的人；第二，主人请你这个客人吃午餐的用意。

避免走入“囚徒困境”的心理战术

两个人因为触犯了法律，被警察发现后抓了起来，并分别关在两间独立的房间里，无法互通信息，等着接受审讯。在这样的情况下，两个人有两种选择：一是供出同伙（即与警察合作，背叛同伙）；二是保持沉默（即与同伙合作）。其实两个人都知道，如果都保持沉默，拒不开口，就都被释放，因为这样警方无法给他们定罪。但警方比他们更为聪明，所以就施实了这么一种办法刺激：如果他们中的一个人告发同伙，那么就可以宣布无罪释放；另外还可以拿到一笔数目很大的奖金。而他的同伙就会被按最重的罪名来量刑，还要对他施以罚款。当然，有一点需要明白的是：如果这两个人互相背叛的话，他们都会被按最重的罪名来量刑，当然，也就不会得到奖赏。

那么，这两个人应该怎么办呢？是选择背叛还是合作？他们如果互相合作，保持沉默，就能得到对于他们最有利的结果：无罪释放。但必须考虑一个问题：即对方可能采取什么选择。A 犯不是个傻子，他马上意识到，他的同伙可能会背叛他，然后无罪释放，并带走一笔数目巨大的奖赏，而让他独自坐牢。这种想法是非常有可能的。但他清楚，同伙也明白这一点。所以 A 犯的结论是，唯一理性的选择就是背叛同伙。因为如果他的同伙选择沉默，那么他是那个带奖出狱的幸运者了。而如果他的同伙也选择背叛，那么，A 犯反正也得服刑，并不会损失什么。所以选择了背叛，最终的结果就是，这两个囚犯都受到了应得的惩罚——坐牢。

这是 1950 年数学家塔克任斯坦福大学客座教授在一次讲演时举的一个十分形象的例子。我们常会说：“聪明反被聪明误”，现实生活中，每个人都希望自己比别人精明一点，聪明一点，使自己不受损失。然而，这种自以为聪明的想法，反而会使自己受到更大的损失。

在教授所讲的事例中，囚徒们如果彼此合作，坚不吐实，可为两人带来最佳利益，两人均得到无罪开释，但在信息不明的情况下，因为出卖同伙可为自己带来利益，也因为同伙把自己招出来可为他带来利益，为自己带来不良的后果，因此，彼此出卖虽违反最佳共同利益，但却是自己最大利益所在。

于是，囚徒双方都是基于自私的角度考虑，本想获得利益，却换来合作失败、双方都坐牢的结果。其实客观地分析，无论如何，出卖对方都会对自己有利，都会是你最好的选择，但正是这种想法使双方均陷入了困境——囚徒困境。

有两位出去旅行的女孩小李与小张，她们彼此并不认识，但审美眼光颇为相似，都在景德镇同一个瓷器店买了一个一模一样的瓷器。当她们在首都国际机场离机后，发现托运的瓷器在运输途中意外破碎，于是向航空公司提出索赔。但不巧的是物品没有发票等证明价格的凭证，航空公司评估人员估算瓷器的价值应该在 1000 元以内。于是，航空公司想了这么一招：分别告诉这两位小姐，让她们把购买的价格分别写出来，然后告诉航空公司。

航空公司认为，如果这两位小姐都是诚实可信的，那么她们写下来的价格应该一样，否则必然有人在说谎。而说谎的人目的很明确，为了获得更多的赔偿、所以这样一来，申报价格较低的那位小姐应该相对可信。此时，公司按低价赔偿，并额外支付给那个报价较低的小姐 200 元奖金。

这时，两位小姐都会想到，航空公司估算瓷器价值在 1000 元以内，如果自己给出的损失价格比另一个人低的话，就可以额外再得到 200 元，而瓷器的实际价格是 888 元。

小李姑娘想，“航空公司不知道具体价格、小张肯定会认为多报损失多得益，只要不超过 1000 元即可，那么她最有可能报的价格是 900 元到 1000 元之间的某一个价格。所以，我就报 890 元，这样航空公司肯定采取我的价格，奖励我 200 元，我实际就可以获得 1090 元，而她就只能拿到 890 元。”

小张姑娘也想，“小李是个精明的姑娘，我绝不能上当，所以我就报原价.”

而小李姑娘又想，“那个家伙肯定不简单，我应该来个以退为攻的战略，我填 880 元，她肯定想不到了吧！”

而小张却报了个 800 元的价格。这样想来想去，最后她们却一致填了 689 元，因为她们认为再加上 200 元奖金，正好是原价，不会吃亏。她们都暗自为自己最终填了689元而兴奋不已。结果,航空公司收到她们的申报损失，发现两个人都填了 689 元，航空公司于是按每人 689 元进行赔偿。

而这两位超级聪明的姑娘最后各自只能拿到 689 元，还不够原价。本来她们俩可以商量好都填 1000 元，这样她们各自都可以拿到 1000 元的赔偿金，但因为算计对方，结果搞得自己吃亏，最后搞得大家都不得益。

显然，这个故事也是“囚徒困境”带给博弈双方的负面结局，博弈者都在为自己的利益策划。就好像下棋一样，如果你想赢得最后的胜利，就必须学会考虑对方的想法与决策，然后再灵活应对。而此时对方也在揣测你的心理，于是在两个聪明绝顶的人之间展开了一场不见硝烟的博弈战，结果却是不尽如人意，双方皆为此付出代价。

所以，在生活中要尽量避免自己走入“囚徒困境”之中，在没有与他人合作的情况下，你不可能摆脱悲惨的结局。因此，在利益面前，除了为自己考虑之外，还要学会顾及别人，放眼长远的利益，不要过于算计，过于精明，最后“聪明反被聪明误”。

小心被别人牵着鼻子走

小天的妈妈给她买了一架两千多元的电子琴，希望能激发小天对音乐的热情。可小天偏是一个爱动的孩子，一分钟也闲不下来，她根本没有办法静下心来弹电子琴。结果，电子琴根本没机会使用，不久，上面布满了灰尘。

小天的妈妈看到电子琴从买来到现在几乎没有弹过，心里非常心疼，她整天想着怎样才能让电子琴派上用场。恰好，小天妈妈的一位同事说有一位音乐学院钢琴专业的老师愿意给小天做家教，教她弹电子琴，问她是否同意。小琴妈妈想："花这么多钱买的电子琴，不学岂不浪费了，还是请个家教吧。"因此，小天的妈妈又不惜重金，以一个月一千多元的代价给小天请了一个家教，每个周末上一节课。可是半年之后，小天妈妈不得不辞退了家教，因为小天对电子琴根本没有任何兴趣。因为心疼两千多元的电子琴，小天的妈妈又花费了五千多元的家教费。

如果你发现某种现状很难改变，就不要继续在它上面花费更多的财力、物力，因为很可能你的众多投入都会像以往一样打了水漂。如果你已经对某个项目进行了投资，但当你用发展的眼光去衡量这个项目时，发现它并不能给你带来利益，反而会让你亏损，那么，你现在最好的选择是及时放弃，不要惋惜自己曾经投下去的资金、精力等。如果你希望用加大投资力度的方式来拯救这个项目的话，可能赔得会更多。

20 世纪 60 年代，英、法两国共同投资，准备开发大型超音速客机，即协和飞机。该机不但机身大，而且装饰豪华、速度快。其研发过程可以称得上是一场豪赌，光是设计一个新引擎的成本就可能需要数亿元。项目开展后不久，两国政府发现，如果继续投资开发的话，费用太大，可是这样的设计定位究竟能否适应市场还不知道；不过停止研制也不可能，否则以前的投资都会付诸东流，

虽然协和飞机最后研制成功，可是飞机的自身缺陷（耗油大，噪音大，污染严重等）较多以及运营成本过高，不适应市场竞争，英、法政府因此遭受了巨大的损失。

假如两国政府能及早放弃，本来能使损失减少，可是他们没有这么做。最后，两国航空公司不得不宣布协和飞机退出民航市场，这才从这个无底洞中脱身而出，可以说是"壮士断腕"的无奈之举。

我们往往会陷入类似的误区。如果你面对的是一项投资巨大的工作，而一旦继续投资，你就会发现并无太大的意义。但是已经花费的资金却覆水难收，如果希望以前的财力、人力不至于白费，人们往往选择继续投资，把事情坚持到底，可到最后却赔得血本无归。即使事情成功，却没有任何现实意义。

我们把那些已经发生，不可收回的支出，如时间、精力、金钱称为“沉没成本”。沉没的意思是说，如果你在正式完成交易之前投入成本，一旦交易不成，就会白白损失。但如果对沉没成本过分眷恋，就会继续原来的错误，造成更大的损失。

现实中还有诸如此类的例子，比如：如果你预订了一张电影票，已经付了票款且假设不能退票。此时你付的价钱已经不能收回，就算你不看电影钱也收不回来，电影票的价钱算作你的沉没成本。如果你是理性的，那就不该在做决策时考虑沉没成本。比如看电影的例子中，会有两种可能结果：

付钱后发觉电影不好看，但忍受着看完；

付钱后发觉电影不好看，退场去做别的事情。

两种情况下你都已经付钱，所以应该不考虑这件事情。如果你后悔买票了，那么你当前的决定应该是基于你是否想继续看这部电影，而不是你为这部电影付了多少钱。此时的决定不应该考虑到买票的事，而应该以看免费电影的心态来作判断。建议你选择后者，这样你只是花了点冤枉钱，而选择前者你还要继续受冤枉罪。

我们应该尽量避免这种一错再错的现象，如果发现事情并不像想象中的那么有利可图，继续坚持下去也没有任何现实意义，那么你最好放弃这种无谓的坚持，把损失降到最低。

洞悉人心奥妙，把握心理脉搏

游览名山古刹的时候，我们常常会碰到看手相、相面的算命师。在他们周围总有几个游客围着要算命，有的人还不时地点头：“嗯，真准。”神情虔诚至极。

为什么我们会相信算命师呢？

日本心理学教授多湖辉对算命现象进行过深刻地研究后发现：几乎所有

的算命先生都了解人的心理，他们最惯用的心理招数就是："人们在听到对方语意不明确的几句话时，往往向自己理解的方向去推敲，从而产生'对方深知我'的错觉。"这是一种自我求证的心理现象。

事实上，每一个人都有自我求证的心理，自我求证的过程，对大部分人来说是一个自我麻醉和变相强化的过程。

比如：

一个女孩买了件衣服，她自己觉得这件衣服很漂亮。

当有人赞美这件衣服漂亮的时候，她会比平时更加信以为真，平时可能能判断对方评价的真伪度，可是现在在自我求证的心理作用下觉得对方说的一定是真话。从而使她觉得自己的衣服的确漂亮，毋庸置疑。

当有人说不好的时候，她可能想法设法把对方的评价当作是嫉妒、没有欣赏水平等，总感觉是绝对不可以信的，不值得信，相反她会觉得更正确了，因为引起了别人的妒嫉。

她问妈妈，衣服漂亮么？妈妈说漂亮，问姐姐，姐姐说，不漂亮。她在自我求证的心理作用下，记住了妈妈的话，抛弃了姐姐的话……

再比如：小时候，当你听到了恐怖的故事之后，晚上一个人独自走路回家，时常会感觉后面有个人跟着自己。当你紧张地回头张望时，黑暗中好像真的有个人影闪过，此时，你的心"嘭嘭"地跳出喉咙，如果你因害怕而跑起来，就会越跑越快，越跑越怕。

还有，生活中的"恋爱错觉"也是因为自我求证的心理作怪。如某男对某女有意，于是他往往会"我见青山真妩媚，料青山见我也如是"，有意无意地寻找某些现象来证明自己的看法或者想法是对的。只要那位女士偶然地看他一眼，他就会认为这是"心有灵犀一点通"，于是神魂颠倒，想入非非，造成"恋爱错觉"。

同理，老板在楼道见到你时，会拍拍你的肩膀说："你最近很忙，好好干吧。"你顿时感到老板很了解自己，有一种被理解的宽慰感，工作起来很卖力。其实，老板只是运用了你的自我求证心理而已。

自我求证根源于我们以自己为中心的思维方式。从古希腊哲学家苏格拉底“认识自己”开始，我们就从来没有停止过对自我的追寻，但我们常常迷失在自我当中，很容易受到周围信息的暗示。当看到别人的一段经验总结，或者别人生活中遇到的问题时，我们会从内在去寻找，找到相似之处，然后就以为我们也有过这样的感慨或者这样的问题。

所以，你应该恍然大悟了，这就是为什么平时当我们看到一段笼统的、一般性的人格描述时，都倾向于认为这段描述特别适合自己。

很多时候，人们如果得到某种模糊的信息，就会从自己的各个方面推测，越想越多，从而变得疑神疑鬼。信人算命就是其中陷阱之一。所以，认识到了“自我求证”的心理暗示作用，就能避免生活中的很多“骗局”“诱惑”，就不会在现实生活中被蛊惑欺骗。

看穿商家的心理诡计

女人天生爱逛街，逛完后大包小包提着回家后才发现，有些东西并不需要，而此时，后悔晚矣，钱包空矣。只能对着那极瘦的非纯毛毛衣，昂贵的牛仔裤，一洗就缩水的真丝晚礼服，十公分的高跟鞋……发呆。

看吧，冬天穿的白裤子不仅很难和其他衣服搭配，还特别爱脏；下雪的时候绝对不能穿，刮风的时候最好也别穿，家里养宠物不要穿，乘坐地铁也不要穿。总之，一个冬天只穿了两次，还没出门就被门边的灰尘印上一条黑印。更不要说里面愚蠢的标签：不可机洗，不可干洗，不可手洗，不可用刷子刷。烧了它？当初是谁买的呢？

还有那些无袖高领毛衫，当然，它非常漂亮，幸好如此，因为它的功效仅仅是挂在衣橱里供人欣赏；天热的时候，受不了它的层层高领子，天冷的时候胳膊上都是鸡皮疙瘩，反正什么时候穿也不舒服——但为什么买呢？

很多时候，20 元一件的 T-shirt 或小衬衣，看上去还不错，怎能错过？

打 1 折的 D&G 长裙，腰身好像肥了一些……可这有什么关系，太值了！于是柜子里充斥着这些便宜货和有瑕疵的打折货。可到后来终于发现，不愿意穿这 20 元一件的衬衣上街，也不愿意穿紫红色的过时长裤去见客户，那怕它出自 VERSACE 家族。除了把它们送人，还能有别的办法吗？

当打折季节到来的时候，节省钱财的渴望变成了对尺码的宽容。他们往往断码了——可断的恰恰就是自己需要的那个码。没关系，不是正想减掉两公斤吗？下个星期不要吃巧克力和蛋糕就是了。可结果是，永远也减不掉这两公斤。同样的问题还出在鞋子上，平时穿 37 号鞋，可只剩下 36 号的一双漂亮短靴。导购小姐保证说这种皮质非常合脚，越穿越松快。被“对折”的标签刺花了双眼，心甘情愿地相信她的话。可结果是，只要站着……

更糟糕的是：比如看到一件漂亮的黄色衬衣，价格也够合算，试穿之后喜不自胜，为了防止日后再也买不到这么合适的衬衣，一口气买四件，黄色，紫色，蓝色和绿色。下场可想而知：谁都不愿意总穿一个款式的衬衣出门，哪怕它们的颜色不同。

当然，在我们这些糟糕的购物经历中，导购小姐负有不可推卸的责任。当我们从试衣间里走出来，如果衣服紧绷绷地贴在身上，她们会说：“这料子穿穿就松快了”。如果衣服肥大，她们又说：“这料子洗后会缩一些。”有时候她们还会利用其他顾客达到自己的目的：“先生，你说说看，这位女士穿这条裙子好看吗？”那位可怜的先生又能说什么呢？

于是，一件又一件根本用不着的衣物填满了衣柜，而大部分时候，只是因为它“便宜”“划算”……

更甚者，在面对“免费”赠送的时候，就不只是女人们疯狂了，所有的人都会疯狂。

“买高清 DVD 机免费赠送影碟。”

“购买巧克力，赠送泰迪熊。”

“在该商场购买商品满 80 元，免费赠送食用油一瓶。”

这种时候，人们通常会为了得到免费赠送的东西而购买指定的商品，不惜花时间，排长队，疯狂抢购，然而到最后却发现这些东西，其实自己并不需要。

刘先生和妻子一起逛商场，恰好该商场搞活动。在家电专柜，有一项优惠活动是“买高清数字电视，免费赠送最新款超强纠错 DVD 影碟机”。看到免费的商品，刘太太很是高兴，因为自己一直想要一台 DVD 机，刘先生也很高兴，于是就马上决定买回家去。当把电视和 DVD 都搬回家时，才突然醒悟过来，其实自己并不需要电视机，家里的电视机也刚买没几年。为了买 DVD，反而多买了一台电视机，真是亏大了。

看来，免费对人们有着超乎想象的吸引力，以至让人会产生一种非理性的冲动，见到免费的东西，不管需要不需要，就会不顾一切地向前冲。贪图便宜是人们常见的一种心理倾向，我们在日常生活中经常会遇到这样的现象，特别是在购买商品时，很多顾客对打折的商品、免费的商品趋之若鹜。

这种不理性的消费掏空了钱包，却换来了一堆不实用的东西。

问问你自己，在那么多人惨痛的教训前，你是否会戒掉如此不理智的消费行为呢？小心了，那些商家设置的“圈套”，可正等着你钻呢。

即使你胜了，其实也是败了

只要是针锋相对的争论，无论你说得多么精彩，多么富有哲理，也很难让对方心服口服、甘拜下风。。

有一种人，反应快，口才好，心思灵敏，在生活或工作中和别人有利益或意见的冲突时，往往能充分发挥辩才，把对方辩得脸红脖子粗，哑口无言。

长此以往，这种人就形成了一种习惯：不管自己有理无理，一用到嘴巴，他绝不会认输，而且也不会输，因为他有本事抓住你语言上的漏洞，也会转移战场，四处攻击，让你毫无招架之力；虽然你有理，他无理，但你就是拿他没办法。

在辩论会、谈判桌上，这种人也许是个人才，但在日常生活和工作场合中，这种人反而会吃亏，因为日常生活和工作场合不是辩论场，也不是会议室和谈判桌，你面对的可能是能力强但口才差，或是能力差口才也差的人，你辩赢了前者，并不表示你的观点是对的，你辩赢了后者，只凸显你是个好辩之徒。

而一般常见的情形是，人们虽然不敢在言语上和你交锋，但大家心知肚明，反而会同情“辩”输的那个人，你的意见并不一定会得到支持，而且别人因为怕和你在言语上交锋，只好尽量回避你。如果你得理还不饶人，把对方“赶尽杀绝”，让他没有台阶下，那么你已种下一颗仇恨的种子，这对你绝对不是好事。

有好口才不是坏事，但运用不当则会坏事，因此你若有好口才，建议你：

把口才用来说明事理，而不是用来战斗。不过当有人攻击你时，你当然可以“自卫”。

有好的口才，也必须要有相对应的内涵，否则别人会笑你全身只有舌头最发达。

要驳倒对方，保卫自己的意见时，点到为止即可，切莫让对方“无地自容”，换句话说，要给对方台阶下。

别人得罪你时，你虽理直气壮，但也不必把对方骂得狗血淋头。

若自己的观点有错，要勇于认错，并接受对方的观点，切莫用辩论的技巧死命反击，因为黑就是黑，白就是白，硬辩只会让人看不起你。

空有好口才而不知收敛带来的损失是巨大的。把“逞口舌之快”当成一种“快乐”的人，最后吃亏的肯定是自己。千万不要为了逞口舌之快和他人强辩，这在很大程度上无疑是孤立自己，将自我陷入众矢之的的境地。

Chapter 6　潜移默化
——莫让心理效应破坏生活平衡

未雨绸缪、居安思危、有危机意识是我们应该从中领悟的。在生活和职业上都是如此，逆水行舟，不进则退。回顾一下过去，当我们遇上猛烈的挫折和困难时，常常激发出了自己的潜能；可一旦趋向平静，便耽于安逸、享乐、奢靡、挥霍的生活，而不断遭遇失败。

不要做“温水中的青蛙”

美国康奈尔大学曾进行过一次著名的“青蛙试验”：他们将一只青蛙放在煮沸的大锅里，青蛙触电般地立即窜了出去。后来，人们又把它放在一个装满凉水的大锅里，任其自由游动。然后用小火慢慢加热，青蛙虽然可以感觉到外界温度的变化，却因惰性而没有立即往外跳，直到后来热度难忍失去逃生能力而被煮熟。

科学家经过分析认为，这只青蛙第一次之所以能“逃离险境”，是因为它受到了沸水的剧烈刺激，于是便使出全部的力量跳了出来，第二次由于没有明显感觉到刺激，因此，这只青蛙便失去了警惕，没有了危机意识，它觉得这一温度正适合，然而当它感觉到危机时，已经没有能力从水里逃出来了。

青蛙效应强调的便是“生于忧患，死于安乐”的道理。人天生就是有惰性的，总愿意安于现状，不到迫不得已多半不愿意去改变已有的生活。若一个人久久沉迷于这种无变化、安逸的生活时，就往往忽略了周遭环境等等变化，当危机到来时就像那青蛙一样只能坐以待毙。

未雨绸缪、居安思危、有危机意识是我们应该从中领悟的。在生活和职业上都是如此，逆水行舟，不进则退。回顾一下过去，当我们遇上猛烈的挫折和困难时，常常激发了自己的潜能；可一旦趋向平静，便耽于安逸、享乐、奢靡、挥霍的生活，而不断遭遇失败。

青蛙效应适于个人反省，更适于企业管理。“微软离破产永远只有 18 个月”，比尔·盖茨的危机意识铸就了微软的不败神话。“在这瞬息万变的信息社会，惟有惶者才能生存”，因此，对于企业管理层来说，要避免“温水煮蛙”现象，首先要具备危机意识，企业才不至于在战略上迷失方向。在最高管理层具备危机意识的基础上，企业要善于将这种危机意识向所有的员工灌输，使每位员工都具备居安思危的思想，提高员工对危机发生的警惕性，使危机管理能够落实到每位员工的实际行动中，做到防微杜渐、临危不乱。一个人就像一个公司，如果他陶醉在已有的“卓越”中，那么他就只会走下坡路。可口可乐，作为世界软饮料行业的最卓越的公司，当 RobertoGoizueta 接任可口可乐的 CEO 时，他向高层主管们提出了这么几个问题：

“世界上 44 亿人口每人每天消耗的液体饮料平均是多少？”

“64 盎司。”（1 盎司约为 31 克）

“那么，每人每天消费的可口可乐又是多少呢？”

“不足 2 盎司。”

“那么，在人们的肚子里，我们市场份额是多少？”

RobertoGoizueta 这一系列问题正是说明一个公司和个人都应该时刻充满危机感和不满足感。今天的成功并不意味着明天的成功。你只有不断地保持自己的饥饿意识，设定远大的目标，才不会在生活的方方面面的竞争中被打败；你只有时刻保持有面临着危机的心态，才能在真正危机到来时，临危不乱。

我们要牢记“青蛙试验”给我们的启示：对渐变的适应性会使人失去戒备而招灾，要防微杜渐，居安思危，才能长治久安。强敌会使人奋起反击，甚至超常发挥战斗力，可怕的是在安逸的环境中，坏人利用小恩小惠、长时间的慢性腐蚀，使人放松警惕，丧失斗志。让我们共同牢记吧，不要做“温水中的青蛙”！

善意的谎言和夸奖可以造就一个人

为了调查研究各种工作条件对生产率的影响，美国西方电器公司霍桑工厂一个大车间的六名女工被选为被实验者。实验持续了一年多。这些女工的工作是装配电话机中的继电器。首先让她们在一个一般的车间里工作两星期，测出她们的正常生产率。然后把她们安排到一个特殊的测量室工作五星期，这里除了可以测量每个女工的生产情况外，其他条件都与一般车间相同，即工作条件没有变化。接着进入第三个时期，改变了对女工们支付工资的方法。以前女工的薪水依赖于整个车间工人的生产量，现在只依赖于她们六个人的生产量。在第四个时期，在工作中安排女工上午、下午各一次 5 分钟的时间休息。

第五个时期，把工间休息延长为 10 分钟。第六个时期，建立了六个 5 分钟休息时间制度。第七个时期，公司为女工提供一顿简单的午餐。在随后的三个时期每天让女工提前半小时下班。第十一个时期，建立了每周工作五天的制度。最后第十二个时期，原来的一切工作条件又全恢复了，重新回到第一个时期。

老板是想通过这一实验来寻找一种提高工人生产效率的生产方式。的确，工作效率会受工作条件的影响，然而，出乎意料的是不管条件怎么改变，如增加或减少工间休息，延长或缩短工作日，每一个实验时期的生产率都比前一个时期要高，女工们的工作越来越努力，效率越来越高，根本就没关注过生产条件的变化。

之所以会这样，一个重要的原因就是女工们感到自己是特殊人物，受到了格外好的待遇，她们引起了人们极大的注意，因而感到愉快，便遵照老板想要她们做的那样去做。她们知道这样做主要是为了测量她们的生产效率，这是人们关注的事情，因此，生产条件发生什么变化无关紧要，她们总把这些变化设想成为有利的，所以，她们工作越来越努力，每一次的改变都刺激着她们去提高生产效率。

通过操纵一个人的环境，让他与众人分离，特别密切地关注他，使他感到很特别，都会对他产生很大的压力。如果他知道人们期望他干什么，只要没有想要拒绝的特别理由，他会尽一切努力按人们的期望去干好每一件事。霍桑工厂的女工们知道自己正在被研究，尽管她们想到的并不是老板期望的，但她们会尽自己最大的努力产生适当的效果。所以对个人施加压力说服他去做某件事的最有效方法之一就是使他愉快，向他显示出他正被关心着，被期待着做好某件事。这在心理学上被称为“霍桑效应”。

有一所国外的学校，在入学的时候会对每个学生进行智力测验，以智力测验的结果将学生分为优秀班和普通班。结果有一次在例行检查时发现，一年前入学的一批学生的测验结果由于某种失误被颠倒了，也就是说现在的优秀班其实是普通的孩子，而真正聪明的孩子却在普通班。但是这一年的课程成绩却如同往年一样，优秀班明显高于普通班，并未出现异常。原本普通的孩子被当作优等生关注，他们自己也就认为自己是优秀的，额外的关注加上心理暗示使得丑小鸭真的成了白天鹅。

这就是霍桑效应的显著成果。

由此，在“霍桑效应”中，我们可以得到如下启示：从旁人的角度，善意的谎言和夸奖真的可以造就一个人；从自我的角度，你认为自己是什么样的人，你就能成为什么样的人。

学会独立思考，才会使自己少受其消极影响

美国心理学家们曾经做过一个实验：在给某大学心理学系的学生们讲课时，向学生介绍一位从外校请来的德语教师，说这位德语教师是从德国来的著名化学家。试验中这位“化学家”煞有其事地拿出了一个装有蒸馏水的瓶子，说这是他新发现的一种化学物质，有些气味，请在座的学生闻到气味时就举手，结果多数学生都举起了手。对于本来没有气味的蒸馏水，由于这位“权威”的心理学家的语言暗示而让多数学生都认为它有气味。

人们都有一种“安全心理”，即人们总认为权威人物的思想、行为和语言往往是正确的，服从他们会使自己有种安全感，增加不会出错的“保险系数”。同时，人们还有一种“认可心理”，即人们总认为权威人物的要求往往和社会要求相一致，按照权威人物的要求去做，会得到各方面的认可。因此，这两种心理就诞生了权威效应。

权威效应，又称为权威暗示效应，是指一个人要是地位高，有威信，受

人敬重，那他所说的话及所做的事就容易引起别人重视，并让他们相信其正确性，即“人微言轻、人贵言重”。

当然，一个人应该尊重他人（包括权威在内），但不应该迷信权威，唯“他”是从。陷入迷信的结果只能是愚蠢和愚昧。权威是有的，各行各业都有，我们在学习他们的同时，似乎也不必画地为牢。

北宋年间，大文豪苏东坡有一次去看济南监镇宋保国。宋保国将王安石写的《华严经注解》拿出来展示。苏东坡说：“华严经本来有八十一卷，现在却只有一卷，这是怎么回事呀？”宋保国说：“荆公（指王安石）注解的这一卷才是佛语，非常精妙，其他卷都是菩萨语（指废话）。”

苏东坡见他这么崇拜王安石，就说：“我从经书中，取出几句佛语，夹杂在菩萨语中，再找出几句菩萨语，夹杂到佛语中，你能分辨清楚吗？”宋保国说：“不能。”

东坡又说：“我以前曾住在岐下的那个地方，听说附近河阳县的猪肉味道很好，就叫人去买。这人回来的路上喝醉了酒，猪夜间逃走了，于是他就另买了一头普通的猪来顶替。客人们尝了这猪肉后，都赞不绝口，连说好吃，认为比一般的猪肉好吃。后来，这件用假猪顶替的事败露了，客人们知道后，都为自己当初的表态感到惭愧。今天荆公写的假话就如同那头假猪一样，只是没有败露罢了。如果你用心去体会，就会发现墙壁瓦砾，都昭示着很精妙的佛法。至于说什么佛语精妙，不是菩萨语能比得上的，这难道不是梦话吗？”宋保国惭愧地说：“您说得有道理。”

其实，苏东坡正是用“假猪事件”对宋保国的盲从权威进行了绝妙的讽刺。

伯乐是相马的名师，大家都认为他相马绝对不会走眼，只要他认可的马一定是好马。有一次有人来求见他，说：“我有一匹马卖不掉，请您到马市上走一遭，在我这匹马旁边走一走，看一看，成吗？”伯乐答应了。果然，他去看了那么一眼，这匹马就卖了高价。

在现实生活中，有些人头上总是戴着奇妙的光环，“某某大师”，“某某专家”，不一而足。这些称号，在普通人的耳朵里，总是“具有权威”的代名词，可事实真是这样吗？

迷信则轻信，盲目必盲从，作为一个有理性的现代人，适度地相信权威，但又不迷信权威，学会独立思考，才会使自己少受其消极影响。

将“别人的期待”与“自我价值”分开

曾经有一名叫詹森的运动员，平时训练有素，实力雄厚，但在体育赛场上却连连失利，让自己和他人失望。不难看出这主要是压力过大，紧张过度所致。由此人们把这种平时表现良好，但由于缺乏应有的心理素质而导致正式比赛失败的现象称为詹森效应。

詹森效应发生在许多运动员身上，相信很多人都不会忘记雅典奥运会男子 50 米步枪决赛埃蒙斯那惊世一枪。当时所有人都认为埃蒙斯将会夺得他射击生涯中的奥运首金，但当他最后一枪击出的时候，打到别人靶上的成绩竟然是 8—1 环。就是这样一次“诡异无比”的脱靶让他把近在咫尺的奥运金牌“免费”送给了贾占波。难以置信的是，4 年后北京奥运会埃蒙斯竟然重演雅典一幕，他在最后一枪前领先 3—3 环的大好优势下，仅打出 4—4 环，眼看就要到手的金牌又一次拱手相让。

詹森效应在中国的运动员身上也曾经出现过。2004 年雅典奥运会前被寄予夺金厚望的中国男子体操世界冠军李小鹏在男子单项比赛中发挥失常，仅获得一枚双杠铜牌。而同样是他，在 2003 年世界体操锦标赛却获得了这两个项目的冠军，而且也是 2000 年悉尼奥运会的双杠金牌得主。由此我们不能说他没有夺金的实力，事实上，他在赛后接受采访时表示，这次发挥失常的主要原因是某些特殊情况给自己带来了较大的压力。

同样是在雅典奥运会上，中国女排以 3 ∶ 2 战胜俄罗斯队，赢得了奥运冠军。当中华人民共和国国歌奏响，国旗升起的时候，有多少人为此落泪。这不只是因为我们赢了，更多的是因为在这过程中表现出来的女排精神。事实上，她们起先负于俄罗斯队两局，不能再失局的中国队在第三局并没有出现人们意料中的慌乱，打得依然有板有眼，除了其间出现一次 1 2 平外，比分更是一路压着对手。就这样，赢回信心的中国姑娘笑到了最后。由此，我们不得不说是中国女排良好的心理素质赢了这场比赛。还有乒乓女将邓亚萍，虽然已经隐退，但每每提起她，我们总会想到她在赛场上胜败取决于最后几个球的关键时刻，总能沉着冷静，最终赢得胜利。她自己也曾经说过，其实技术有时是不分上下的，这时靠的就是心理素质。

有些实力相当强的运动员却在赛场上发挥异常，饮恨败北等等。细细听来，“实力雄厚”与“赛场失误”之间的惟一解释只能是心理素质问题，主要原因是得失心过重和自信心不足而造成。当然，失败的因素应该是综合的，但当我们离目标越来越近，周围的人对自己期待越来越高，随之承受的心理压力也会越来越大。在高期待下的落差确实是一个不可忽视的因素。

当别人对我们抱有期待的时候，首先传递给我们这样一个信息，即你是优秀的，有能力的。这样的信息能满足我们自尊的需要，使我们产生价值感与满足感。趋利避害是人的本能，当这种价值感产生的同时，随之而来的便是不想失去。而维系别人肯定、承认与赞赏最直接有效的手段便是把事情做成功，不能失败。从这个角度来讲，我们会对所做的事情更加重视，更加认真对待，过程中付出更多的努力。心理学上有一个动机与效率的倒 U 曲线理论，即当人的动机过强或过弱的时候都不能达到好的效果，只有动机适中，才能达到最高的做事效率。所以，当人们害怕“辜负”别人的动机过强的时候，则会由于担心做不好而陷入焦虑状态。

实际上，无论别人的期待怎样，你本身的能力、水平、价值都是客观的存在，因此，首先要在理性上将“别人的期待”与“自我价值”分开。尽量按照自己的频率和步骤做事，展现真实的自我，做到心态超然，不要让别人的期待成为羁绊，这样才不会在关键时刻掉了链子。

捂紧钱包，不为所动，做一个“聪明”的人

古希腊有个神话，说宙斯给一个名叫潘多拉的女孩一个盒子，告诉她绝对不能打开。“为什么不能打开？还要‘绝对’？里面该不会是稀世珍宝吧？”潘多拉越想越好奇，越想揭开真相。憋了一段时间后，她终于把盒子打开了。谁知盒子里装的是人类的全部罪恶，结果让它们都跑到人间了。心理学把这种“不禁不为、愈禁愈为”的现象，叫做“潘多拉效应”。

倘若宙斯给潘多拉盒子时，告诉她盒子里装的是人类的罪恶，想必潘多拉是不会打开盒子的，反之，倘若不加令人信服的说明和解释，或说明和解释不能为人们所领会，只是简单地“禁止”，那么，禁止的结果必然引起人们各种各样的疑虑、揣度、猜测，并为探究其原因而跨越禁区，结果是人们偏偏要犯禁。

在现实生活中，潘多拉效应也比比皆是，屡见不鲜。最为著名的要算马铃薯传种的神奇故事了。在法国，马铃薯有很长一个时期得不到人们的青睐。这是因为教师称它为“魔鬼的苹果”。医生认为它们有害于身体，农学家认为它会枯竭土壤。著名法国农学家巴蒙蒂埃在德国做俘虏时，曾吃过马铃薯，释放归国时将它带到法国来，但他在很长一段时间里，没有说服任何人栽种马铃薯，于是他决定采取一个计策即潘多拉效应术。1787 年，国王批准他在一块以贫瘠著称的土地上种植马铃薯。他要求国王派遣全副武装的士兵守在田野上，白天守卫，一到傍晚就撤兵。于是被禁止的马铃薯引起了人们的好奇，他们开始在晚上偷偷地把马铃薯挖去，种到自己的菜园里。这正是巴蒙蒂埃所企求的。就这样，马铃薯很快在法国传播开了。

有的学者认为，潘多拉现象的产生有以下几个因素：

一般而言，新异的对象、反常的现象、禁止的东西，等等，对人们都会产生强烈的好奇心，引起他们追根究底的欲望，从而产生与禁止行为相反的现象。

二是禁止的资源与信息的有限作用。例如，某物品一被禁止出售后，在

社会上就所存无几，这种资源就立刻显得珍贵，“物以稀为贵”。因此，人们就会产生一种以拥有该物品为荣为贵的错误思想，再加上人们好奇心的驱使，因此，使更多的人卷入，从而使有限资源显得更加宝贵，这样就产生了潘多拉效应。信息也是如此，越被禁止传播的，要保密的，越被人打探偷听。这就是有限资源、有限信息的诱惑所在。

三是与一个人的自尊心有关。人都是有自尊需要的，并且力求得到满足。许多行为被硬性禁止后，人们会认为这是侵犯了他个人的权利，是一种不尊重他、不相信他的行为，因此，极易产生逆反行为，潘多拉效应就自然而然产生了。

四是社会心理的传染作用。社会中有这样一种消极心理，认为禁止的、批判的、批评的东西是最好的广告。这种消极的社会心理就会在社会中传染开来。

说到底，潘多拉效应的实质是好奇心和逆反心理在起作用。

据传，苏轼和苏辙小时候非常顽皮，不爱读书。为了培养他们读书的兴趣，他们的父亲苏洵不仅晓之以理，喻之以义，而且煞费苦心地采用了“假禁”的手法：每当儿子们玩耍得不肯收场的时候，做父亲的就故意躲在角落里读书，说是躲吧，他又时不时冲儿子们咳嗽几声以引起他们的注意，神色上还装得慌慌张张的。儿子们一走过来，他就故意把书“藏起来”，还将自己夸张的动作让儿子们看得真真切切。父亲“偷偷摸摸”、“神秘兮兮”的举动让儿子们颇感好奇，他们猜想父亲一定在瞒着他们阅读什么好书，那书肯定是不想让他们看到的。满怀追根究底的欲念，苏氏兄弟乘父亲不在家时，把父亲藏起来的书“偷”出来读。日复一日，读书竟成了苏轼和苏辙的乐趣。再后来，他们终于成为著名的文学家，与父亲苏洵被誉为“三苏”，都被列入“唐宋八大家”。

除此之外，我国古代章回小说往往将故事的高潮作为每一章的结尾，刻意安排，制造悬念，且加上一句“预知后事如何（来人是谁），且听下回分解。”这更加勾起读者阅读的欲望；过去电视连续剧往往在剧情的关键处突然插播广告，这一是提高广告收视率；二是吊观众的胃口，不是停播不让观众看下去，而是像钓鱼一样希望观众长时间追着看。

所以，知道了“潘多拉效应”存在的心理依据，在日常生活中，我们除了被动地受“潘多拉效应”的影响，还可以主动地运用“潘多拉效应”来达到自己的目的，或是避开“潘多拉效应”，如拒绝商家的“饥饿营销法”的蛊惑，捂紧钱包，不为所动，做一个“聪明”的人。

发挥优点是走向成功的金钥匙

有个人讲了自己的这样一番感受：四年前，我刚回国时，首先想到要买一辆车。经过一段时间的评估后，我决定买一辆墨绿色的中型轿车。当时我的印象是，一般人都买白色或黑色的车，所以认为自己的选择很独特，而且很有品位。正在为自己能买到一辆与众不同的车而沾沾自喜的时候，我突然发现：不论是高速公路上，还是小巷子里，甚至我住的大楼的停车场中，都能看到许多和我同型，而且是墨绿色的轿车。

我开始觉得奇怪，为什么大家突然间都开始买墨绿色的车呢？所以我就把我的观察与同事们分享。有一位女同事正好怀孕，听我讲完后就说：“我倒是没看见很多墨绿色的车。可是最近我发现，无论在哪里都会看到孕妇。我记得上个星期天在逛百货公司时，短短的两个小时就看到 6 个孕妇，人口出生率最近是不是有提高呢？”我与其他同事异口同声地说没发现孕妇有增加的现象，她看到那么多大概是很凑巧。后来，我有一次在国外听演讲，才了解到这种现象在心理学上叫“视网膜效应”。

确实，令他们感到困惑的现象在心理学中就是“视网膜效应”：当我们自己拥有一件东西或一项特征时，我们就会比平常人更加注意到别人是否跟我们一样具备这种特征。

正如一个人所说：由于做了近 10 年的饲料，一走进农村，我就能够很轻松地找到哪里有鸡场，哪里有猪场，行驶在公路上，映入眼帘的到处都是饲料广告，去年去西藏时，竟然在拉萨的大街上找到了饲料店，在日喀则的扎什伦布寺内看到了某一厂家的饲料包装袋!

在现实生活中，“视网膜效应”会对人的心理和行为产生很大的影响，美国的戴尔·卡耐基先生很久以前就提出一个论点，那就是每个人的特质中大约有 80% 是长处和优点，而 20% 左右是我们的缺点。当一个人只知道自己的缺点是什么，而不知道发掘自己的优点时，“视网膜效应”就会促使这个人发现他身边也有许多人拥有类似的缺点，进而使他的人际关系无法改善，生活也不会快乐。

你有没有发现，那些常常骂别人很凶的仁兄，其实自己就是一位脾气很坏的人？这就是“视网膜效应”的消极影响。

一个人要人缘好，要受人欢迎，一定要养成欣赏自己与肯定自己的能力。因为在“视网膜效应”的作用下，一个看到自己优点的人，才有能力看到他人的可取之处。能用积极的态度看待他人，往往是良好人际关系的必备条件。当我们能发现自身的优点，肯定自己时，我们也会以包容积极的态度对待他人，就像一个乐于助人的人，会觉得别人和自己一样善良。这是视网膜效应的积极影响。也正如英国文学家萨克雷先生所言：生活好比一面镜子，你对它哭，它就对你哭；你对它笑，它就对你笑！只有当我们笑着面对这个世界时，这个世界才能笑着面对我们。包容自己的缺点、肯定自己的优点，以一种欣赏的眼光面对周围的一切，我们的生活才能更快乐！

视网膜效应不仅对人有很大的影响，对企业亦然。平时在运作我们的企业时，我们的经理人都在做什么、关注什么，哪个地方做得差，他们就到哪里去；哪件事情做得不好，他们就去抓哪件事。经理人都在关注企业的缺点、关注企业的问题，关注员工的缺点、关注员工的问题，以便弥补企业的不足，淘汰掉有问题的员工。

成功学中有一句话：改变缺点不能导致成功，发挥优点才可以导致成功。

所以，在企业的运作与经营过程中，经理人只有关注优秀的东西，并有效地支持他们，才能发挥优点的潜能，才容易获得更大的成功。

Chapter 7　藏巧于拙、锋芒不露

——不是阴险狡诈，而是一种策略

在职场上，你工作出色，业绩卓著；在商场上，你生意红火，财兴人旺；在仕途上，你平步青云，春风得意……这自然是你得天独厚的优势。然而，这种优势也容易成为众矢之的。正如在战场上，敌人的炮火总是先对准暴露的目标。

在对手未曾警觉之前悄然抵达目标

在职场上，你工作出色，业绩卓著；在商场上，你生意红火，财兴人旺；在仕途上，你平步青云，春风得意……这自然是你得天独厚的优势。然而，这种优势也容易成为众矢之的。正如在战场上，敌人的炮火总是先对准暴露的目标。

凡事更多地暴露自己，就会更多地经受世间的风吹雨打。相对于隐蔽处的椽子来说，“出头的椽子先烂”，这是一句老话，这在客观世界中是不争的事实。

庄子说:“山上的树木长大了,自然用来做燃料;肉桂能食,所以遭到砍伐;胶漆有益，所以受到割取；人们都知道有用的作用，而不知道无用的作用。”他还总结说，河蚌因珍珠珍贵稀少而受伤害，狐狸因皮毛珍贵而被猎取。

一个人在社会上，如果不合时宜地过分张扬、卖弄，那么不管他多么优秀，都难免会遭到明枪暗箭的打击和攻讦。清末一代权臣曾国藩年轻时曾锋芒太露，因此处处遭人忌妒，受人暗算，连咸丰皇帝也不信任他，因此招来了种种指责与非议。南宋英雄岳飞，忠心可鉴，却惨遭杀害。细究之，岳飞面对的是一个无能的皇帝，秦桧又是个卖国宰相，人家一门心思求和自保，岳飞却要“直捣黄龙”，如此锋芒毕露，又怎能躲过“风波亭”之劫?

锋芒既然使那么多的人身败名裂，家破人亡，那么如何才能既保有自己的优势，又避免成为攻击的目标，就需要一套特别的处世谋略。

在战争题材的影片中，我们看到当敌机扔下炸弹时，或者当敌人打炮时，战士们都要迅速卧倒，如果不及时卧倒，便很容易成为敌人射击的目标，该匍匐时且匍匐。

有许多时候，动物是人类的老师。比如说，人类通过观察老虎捕猎的动作，体会到进攻时要注意隐藏，或装出病态，显示出无能力进攻的样子，来蒙蔽对方。尔后在对方毫无警觉和防范之时，突然出击，致敌于死地。这不止在动物界，就是在人类社会也是最厉害的一招狠棋。

美国著名的玉蜀黍大王史坦雷在16岁的时候，是一家五金公司的收银员。他每天都卖力工作，希望能通过自己的辛勤劳动步步高升。他做起事来，永远都抱着学习的态度，处处留意，一心想把工作做得最好。他希望以此能获得经理的信任，提升他为推销员，可他万万没想到经理并不欣赏他，也没满足他的要求，而对于史坦雷来说，凭自己的现有条件，到外面去找工作也很困难。因此，他只有忍气吞声继续沉默下去以期学到更多的本事，挣到干事业的资本，希望有朝一日开创自己的事业。他这样苦干了两年，终于有了信心，也觉得自己可以单独做事了，就在这时，他被唤进经理室遭到了一顿斥责，经理说：“老实说，你这种人根本不配做生意，我这里用不着你了。”

这番话对于史坦雷来说，无异于平地响雷，可史坦雷却平静地对经理说：“你说我无用，这是你的自由，但这并不减损我丝毫的能力，无法磨灭我的意志，看着吧！迟早我要开一家公司，规模比你的大10倍。”

史坦雷在挫折中匍匐前行，并借着这一次挫折的激励，努力上进，几年后，果然创造了惊人的成就。

该匍匐时且匍匐，并不是无原则无骨气，而是识时务的理智之举。匍匐前进是一门斗争艺术，可以在对手未曾警觉之前悄然抵达目标。

不是阴险狡诈，而是一种策略

《孙子兵法》中说：兵者，诡道也。故能而示之不能，用而示之不用，近而示之远，远而示之近。

两军对垒，聪明的将领常以假象造成对方之错觉，能而示敌以不能，使敌人松懈戒心，而自身却在积极准备，伺机制敌。本来能攻则守，有战斗力，却故意佯装不能攻、不能守、没有战斗力的样子，只是为了最后一举成功。

古时有“扮猪吃虎”的计谋，以此计施于强劲的敌手，在其面前尽量把自己的锋芒收敛，“若愚”到像猪一样，表面上百依百顺，装出一副为奴为婢的卑恭，使对方不起疑心，一旦时机成熟，即一举把对手消灭了。

能而示之以不能，是相互关联，互为条件的。有能示不能，不能是假，能是本质，是基础。这样才能在敌方麻痹时伺机攻击，战而胜之。运用这一大智若愚术，是建立在对战争全局的全面把握基础之上的，不是消极的，而是积极主动的。在现实生活中，为了达到“制敌而不制于敌”的目的，也常采用这种方法。

生活中的智者一般都是善于示弱者。

小陈和小张一起进了公司。小陈是农村孩子，辛辛苦苦考上了上海的大学。据说他第一次坐火车上学时，是他爸爸骑自行车把他送到车站的；小张是上海小囡，学习优秀，技能多样，一看就是精干的样子。两人进了一个部门，遇到的是同一个部门经理，待遇却大相径庭。

经理觉得小陈实在是不容易，所以不忍心打击这个艰难长大的孩子，小陈效率低，因为他不熟悉上海；小陈业绩差，因为他在上海没有根基。而小陈谦虚、诚恳，看见部门经理立刻把她当成了大人物，态度恭敬，为人热情。这些都在安慰着部门经理在职场上已经沧桑的心。

小张很敬业，工作上手很快，成绩斐然，可是经理觉得这是应该的，遇到小张犯了一点错误，经理会说：“小张，这种错误你也会犯？聪明面孔白长了？”小张有点娇气，且大二就开始在大公司实习的她见过不少大人物，一个小小的部门经理还不在她崇拜的名单上，所以遇到经理批评她时，脸色就有点难看。她的脸色难看，经理的脸色自然也好看不了。

于是经理每次派给小陈的活总比小张的简单，因为他能力有限。工作业绩评估的时候，小张听见的赞扬也没有小陈多，因为小陈的态度好，主观能动性强。小张很有点不甘心，其实小张应该看开一点。

看过《射雕英雄传》的细心者都会发现，郭靖之所以成为郭靖，并不只是因为黄蓉，而是他的傻与弱。在他成功的道路上，有无数的善良人心甘情愿地为他当铺路石，黄蓉只是最大的那一块而已。

想想吧，他四肢发达，头脑简单，所有的聪明人都把他当成弱者，忙不迭地为他出谋划策，江南七怪为他贡献了下半辈子，全真派老道守着内功心法不肯指点梅超风，可是却不惜千里到他身边手把手地教他；九阴真经、降龙十八掌是人人都想要的，却无一例外地落到他的手上。而黄蓉的资质很好，洪七公硬是没有把降龙十八掌传给她，到了《神雕侠侣》的时候，还差点儿成了一个坏人，她不是比小张还冤？

人们常说：傻人有傻福。为什么？因为无论是聪明人还是傻人，都喜欢关照示弱者。

看似精明的人成功起来的确会难一些，因为你还未开口，别人已经把你当成了假想敌，和防备着你的人合作总会有点难。或者周围的人觉得你有不错的资质，对你的期望过高也是一种阻力，因此你让他们失望的概率会更高。

如此看来，人还是表现弱一点好，示弱，看似愚笨，实则聪明。人立身处事，不矜功自夸，自然就会很好地保护自己。

如果对方很刚硬，你可运用柔的策略

一个人再聪明也不宜锋芒毕露，不妨谦虚一点；即使非常清楚明白也不宜过于表现，宁可用谦虚来收敛自己，再有能力也不宜过于激进，宁可以退为进。如果能够做到表面笨拙内心精明，外表含糊内心清楚，遇事以退为进，那就掌握了处事保身的法宝。

明朝时，况钟最初以小吏的低微身份追随尚书吕震左右。况钟虽是小吏，但头脑精明，办事忠诚。吕震十分欣赏他的才能，推荐他当主管，升郎中，最后出任苏州知府。

初到苏州，况钟假装对政务一窍不通，凡事问这问那。府里的小吏们怀抱公文，个个围着况钟转悠，请他批示。况钟佯装不知，瞻前顾后地询问小吏，小吏说可行就批准，不行就不批准，一切听从下属的安排。这样一来，许多官吏乐得手舞足蹈，各个眉开眼笑，说况钟是个大笨蛋。过了三天，况钟召集全府上下官员，一改往日温柔愚笨之态，大声责骂道："你们这些人中，有许多奸佞之徒，某某事可行，他却阻止我去办；某某事不可行，他则怂恿我，以为我是个糊涂虫，耍弄我，实在太可恶了！"况钟下令，将其中的几个小吏捆绑起来一顿狠揍，鞭挞后扔到街上。

此举使余下的几个下属胆战心惊，原来知府大人心里明亮着呢！各个一改拖拉、懒散之风，积极地工作，从此苏州得到大治，百姓安居乐业。

况钟用外愚蒙蔽了对手，待到时机成熟，内智喷薄而出，好似伪装成不会武功的叫花子，探明了对手的虚实后拔剑而出，一招制敌，干净利落。

还有这样一段地方志记载：古时候在我国北方边陲，两个部落之间发生争战，结果一个部落被打败，胜利者决定杀死被打败部落里的十岁以上的所有男人，但有一个十四岁男孩却幸免于难。

当一个首领将矛刺向卧伏在草丛中的这个男孩的时候，却被另一个头目制止住了，原因是这个大男孩看起来很愚钝，当矛刺向他的时候，他仍然傻乎乎地看热闹，也不知求饶，更不知反抗和逃跑。于是，这个男孩侥幸活命，他与其他十岁以下的男童，被当做未来的奴隶留了下来。

但事实上，那个十四岁的男孩非但不傻，而且智慧超群，他的名字叫关山，在他二十九岁的时候，他率领本族人最终杀败了他的仇敌，报了血海深仇。当初若不是他装出很呆滞、很柔弱的样子，早就死于非命了。可见，在处境不利于自己生存和发展的时候，让自己不引人注意或者不使人关注就能保全自己的有生力量，以图东山再起，另谋大计。

我国历史上的荀攸，出身于士族家庭，从小失去父母，是跟着祖父和叔父长大的。他外表愚钝懦弱，内心却机智勇敢。

十三岁时，祖父去世。过去祖父手下一个叫张权的官吏，主动找来要求为祖父守基（孝）。荀攸对叔父说："这个人脸上的神色反常，我猜他是做了什么奸滑的事情！"叔父似乎明白了，就趁机盘问。果然张权是因杀了人，逃亡在外，想以守墓隐藏自身。

这件事传了出去，大家对荀攸都另眼相看。后来荀攸在朝廷做了黄门侍郎。董卓作乱，荀攸参与了谋划杀死董卓的事件，被关入狱。董卓被除掉后，荀攸才出狱。

当时天下大乱，他有意寻找能够安定天下的人主。曹操迎献帝建都许昌后，听说荀攸是个十分有才智的人，于是征为汝南太守，后又拜为军师。

荀攸觉得曹操是个可以与之共事的人，便甘愿为其所用。曹操得到了他，经常高兴地对人夸奖荀攸说："公达，不是一般的人！我能够得与他议事，天下有什么可忧虑的呢！"

这表现了曹操对他的嘉许和信任。

荀攸有着超人的智慧和谋略，不仅表现在政治斗争和军事斗争中，也表现在安身立业、处理人际关系等方面。他在朝二十余年，能够从容自如地处理政治漩涡中上下左右的复杂关系，在极其残酷的人事倾轧中，始终地位稳定，立于不败之地。

三国时代，群雄并起，军阀割据，以臣谋主，盗用旗号的事情时有发生。更有一些奸佞小人，专靠搬弄是非而取宠于人。在这种风云变幻的政治舞台上，曹操固然以爱才著称，但作为封建统治阶级的铁腕人物，铲除功高盖主和略有离心倾向的人，却从不犹豫和手软。荀攸身为第一号谋臣，因为死保汉室而不支持曹操做魏公，一样被逼迫自杀，别人又当如何呢？荀攸则很注意将超人的智谋应用到防身固宠、确保个人安危的方面，正如史书所载"他深密有智防"。

那么，荀攸是如何处世安身的呢？曹操有一段话很形象也很精辟地反映了荀攸的这一特别的谋略："公达外愚内智，外怯内勇，外弱内强，不伐善，无施劳，智可及，愚不可及，虽颜子、宁武不能过也。"

建安十九年，荀攸在从征孙权的途中善终而死。曹操知道后痛哭流涕，对他的品行推崇备至，荀攸被曹操赞誉为谦虚的君子和完美的贤人，这都是他以智谋而明哲保身的结果。

所以，做人不必过于暴露锋芒，要善于守拙。以守为攻，以退为进，同样能够把主动权掌握在手中，胜券在握。以愚示人，守拙处世，才是真正的大智慧。

藏巧于拙锋芒不露，韬光养晦

《阴符经》上说：“性有巧拙，可以伏藏。”它告诉我们，善于伏藏是智者制胜的关键。一个不懂得伏藏的人，即使能力再强、智商再高也难以战胜对手，甚至还会招来杀身之祸。

一个人在世上，气焰是不能过于张扬的。三国时期的名士祢衡，年少轻狂，自诩天下名士，自以为怀才不遇，自认为胸怀有治国安邦之策，是经天纬地之才。但他骨子里更多地是鄙视他人，孤高自傲。

祢衡先是大骂曹操，后又对被视为上宾、待之大礼的黄祖出言不逊，恶语相伤。而当时群雄逐鹿，龙争虎斗大浪淘沙，正值用人之际，以祢衡之才，而不被见用于曹操、刘表，反而身死名丧，这就是因为他不懂得收敛锋芒。做人切忌恃才狂放，恃才自傲，不知饶人。锋芒太露容易遭人嫉恨，更容易树敌。功高震主不知给多少人招来杀身大祸。

常言道：“满瓶水不响、半瓶水响叮当”，一个有真才实学的人绝不会自诩夸耀，一个具有才华的人，最好是能保持深藏不露的态度。

中国旧时的店铺，在店面上是不陈列贵重货物的，店主总是把它们收藏起来。只有遇到有钱又识货的人，才告诉他们好东西在里面。倘若随便将上等商品摆放在明面上，岂有贼不惦记之理？不仅是商品，人的才能也是如此。俗话说“满招损，谦受益”，才华出众而又喜欢自我炫耀的人，必然会招致别人的反感，吃大亏而不自知。所以，无论才能有多高，都要善于隐匿，即达到“似无实有”的境界。

李白有一句耐人寻味的诗，叫“大贤虎变愚不测，当年颇似寻常人”，揭示了另一种意义上的保藏用晦的处世法。这是指在一些特殊的场合，人要有猛虎伏林、蛟龙沉潭那样的伸屈变化之胸怀，让他人难以预测，而自己则可在此期间从容行事。生活中常见到这种深藏不露者，他们对任何事情都不会做出明确的表示，对任何人的态度都是大致相同的，这就叫做有城府。城府深的人不愿意叫别人知道自己的心思，并且善于通过各种各样的方式来保护自己，人们管这种人叫做深藏不露的人。

洪应明在《菜根谭》中说："藏巧于拙，用晦而明，寓清于浊，以屈为伸，真涉世之一壶，藏身之三窟也。"

一个人要想拥有足以藏身的三窟，作为自己处世的安全之道，第一除了要藏巧于拙锋芒不露之外，第二还要有韬光养晦不使人知道自己才华的修养功夫。善于在心灵深处修炼之人都会严格要求自己提高心性，说话做事皆合乎道与义，不自夸其智，不露其才，不妄加评论他人之长短，凡事忍让，不骄不馁，这是一种远远高出世人的处世境界。

在暗中修炼自己的心理战术

在一个群体或团队中，人人都希望自己首先"迈出众人行列"，成为脱颖而出的佼佼者。但社会竞争又暗藏着一个法则：如果一个羽翼未丰的人积贮的能量尚不够，是万不可轻易崭露头角、过早卷入残酷的社会竞争的。在这种时候，做事不需要尽在明处用劲，需要"暗功夫"。

社会越是发展，竞争就越是激烈。而竞争一方面靠本事，一方面也靠做人的姿态；没本事固然难以在竞争中取胜，但光有本事而没有合适的姿态，也可能导致"出师未捷身先死"的悲剧。

不妨看看许多成功者，成功前默默奋斗了几十年，他们的秘诀是：在暗中修炼自己，做人不张扬。不张扬做人，往往无人打搅你，你尽可以静心地做你想做的事。

她是从一个不被关注的职位上成长起来的，二十年前她的工作是洗厕所。

有人认为马桶脏，马桶中的水是不可以喝的；但她认为马桶不脏，只要仔细清洗，马桶里的水照样可以喝，也就是说，只有马桶中的水达到可以喝的洁净程度，才算是把马桶抹洗得“光洁如新”了。

“就算一生洗厕所，也要做一名最出色的洗厕人！”

这是她的誓言，正是由于这样的信念，她的工作质量也达到了前所未有的高水平，当然她也多次喝过厕水。从此，她很漂亮地迈好了人生第一步；从此，她踏了成功之路，开始了不断走向成功的人生历程。

几十年光阴一瞬而过，如今她已是日本一家著名商社的董事长。她的名字叫家田惠子。

在这里，她受到了锻炼，也经受了考验，正是在这个卑微的位置上，她长成了参天大树。

在不被人关注的岗位上工作，很少与别人发生矛盾，你的秘密也不容易被人知晓，你可以节省许多宝贵的时间——用来应付不必要的烦恼的时间，来静心地做自己的事，而不会有人来妨碍你。

有些大作家、大学者怕的就是经常有人来打扰自己，有时不得不挂上“谢绝来访”的牌子，才能免去那些被骚扰的烦恼。

历史上的苏秦、张良、诸葛亮大都是在这样的环境中修炼成旷世之才的。所以我们要干一项事业，在实力和规模还不足以搏击长空的时候，就不能与人家硬拼，而应该在不显山不露水中悄然发展。

因此，无论我们是身在职场，还是商场，有时老板和上司会将我们安排到不被人关注的地方，千万不要认为这是对自己的贬谪或惩罚，殊不知这恰好为我们提供了一个打造意志、养精蓄锐的契机，谁说这不是一种福分呢？

利用沉默让对手畏惧

大多数时候，话说得多了，人就会智穷辞穷，莫不如守住心中的想法什么也不说更有力量，因为沉默能让人觉得充满暗示。

《红楼梦》中的女主角之一薛宝钗，她的沉默就让她博得了贾府上上下下一致的喜爱，人多谓黛玉所不及，而且宝钗行为豁达，随份从时，不比黛玉孤高自许，目无下尘，故比黛玉大得下人之心。便是那些小丫头们，亦多喜与宝钗去玩。在最后为宝玉选妻的时候，这一点也成为两人分高下、论条件的一个内容。

沉默可以让人进退自如。因为沉默能够全面正确地观察和洞悉周围的一切；能够远离你死我活的龙争虎斗；能够不得罪任何人，不给自己树敌；能够修炼自己的心性，成就人生美德；能够让对手摸不清自己的实力；能够在主动出击时让敌人措手不及……

沉默为金。只有懂得沉默，适时地保持沉默，才能平安地在诡谲的社会中生存下去。

综观历史长河，我们会发现，那厚重的史书是用鲜血写就的。沉默的反面——多言的结果往往就是一个字“死”。通常一个人把别人说赢了，并没有什么巨大的意义，却会把对方逼急了，做出暴力行为。很多人讲话滔滔不绝，好像天下公理都被他们说尽了，殊不知他们在最得意的时候往往会遭到迎头一击。

三国时期的著名才子杨修，思维敏捷，才华过人。但是有一个最大的毛病——恃才狂放，不懂得沉默是福、寡言保身的道理，最终招致杀身之祸。

在曹刘两军在汉水一带对峙，曹操进退两难的时候，适逢庖官送来鸡汤。看到碗底有鸡肋，曹操有感于怀，正在沉吟间，夏侯惇入帐询问夜间号令。

曹操随口说：“鸡肋！鸡肋！”

时任行军主簿的杨修听到口令后，就叫随行军士收拾行装，准备归程。夏侯惇大惊忙前去询问。杨修解释说：“鸡肋者，食之无肉，弃之有味，今进不能胜，退恐人笑，在此无益，来日魏王必班师矣。”

夏侯惇很是信服，于是营中诸将纷纷打点行李。曹操知道后，勃然大怒以扰乱军心之罪，把杨修斩了。

当然，杨修的死不仅仅是因为这一件事，他屡次猜中曹操的心思，犯了人臣之大忌。杨修之死，给后人留下了重要的启示。那就是越有才华就越要沉默守拙，尤其是面对领导时，就更要小心翼翼，永远不要让领导觉得你处处在他之上，他处处不如你。当然，还有一点启示，即无论在什么场合，只有你一个人看明白的事情，最好不要点破。有很多事情都是知道得越少越好。

在大智者看来，杨修其实只是小聪明。大智者虽心里明白而不随便表露出来，绝不是表现得比别人聪明。

自古以来，无智者无罪，很多时候，正是因为知道得太多，又不懂得藏拙，才招致祸患的。

我们都知道沉默是金，但是很多人却往往做不到这一点，而酿成无法弥补的错误。老子说“多言数穷”，一个“穷”字道出了话多之人的窘迫——话越多，就越窘迫。那又何必逼自己窘迫呢？所以大多数时候多言是不必要的，多言必多心，多言必多事，多言必多祸。

Chapter 8　掌握为人处世的策略

——抢占主动权，从而掌控人生

苛刻地责备自己，使人怜悯就不会招致大的祸害了。因为把自己放低了，别人自然就会松手。被人陷害是人生中常有的现象，聪明的人就要把精力放在大事化小，小事化了上。

小人不可不防，但打击小人须不露痕迹

宋代的大文豪苏轼本是个十分倔强的人，他为人刚烈，不附权贵，出言无忌，由于他反对王安石的变法主张，为朝中新贵们所不容，被赶出朝廷，到外地为官。

苏轼本性不改，不时上书朝廷，流露出不满情绪。他还在诗文之中，隐含讥讽，表达他对国事的担忧。苏轼的举动，新贵们自不能容忍。他们摘取苏轼诗文中的只言片语，附会歪曲，不惜上纲上线，说他诽谤朝廷，意图不轨，要将他陷于不赦的境地，杀一儆百。

苏轼凛然不屈，他写好了绝命诗，只想舍生取义。苏轼的朋友和家人见此惶急，他们劝说他不可轻生，不如暂时忍下屈辱，以待他日东山再起。苏轼对此漠然一笑，说："男子汉大丈夫，死有何惧？要我干这种见不得人的事，我宁愿死去。"

苏轼不肯低头，一般人又劝说不住，所有人都认为他太不识趣，必死无疑了。这时他的一个远方朋友听到此讯，特地快马来见苏轼，一见面便说："听说你要自寻死路，还自以为荣，我深以为耻，特来见你最后一面，和你绝交。"

苏轼大惊失色，忙道："你我交往多年，情同手足，你怎会也学那小人模样，以至如此呢？"

他的朋友冷冷一笑，说："你的行为就是君子所为吗？君子求生，不念己欲，乃为天下。小人求死，不过不忍屈辱，以求解脱。如今你遇小小挫折，便是自暴自弃，反让小人不费手脚，便遂其愿，如此之人，真是枉让天下看重了，你又怎配做我的朋友呢？"苏轼汗流浃背，立时清醒。他对朋友一躬到底，作谢说："如没你点醒，我可真铸成大错了。有何妙法，还请不吝赐教。"

他的朋友便说："以你的名望和个性，只要认错服罪，自责难当，陷害你的人也就满足了。这一点他们万万想不到，也会引发他们的怜悯之心，不致对你下毒手。不过他们是轻易不会相信你的，还需你暂弃脸面，抛开事实，只要不涉谋反，别的你尽可承认下来，深刻检查，万勿浅尝辄止，应付了事。"

苏轼虽觉难为，可是为了保存自己，他便依此行事。审讯时，他不待人家开口，苏轼就主动招认所有"罪行"了。为了逼真可信，苏轼故意编造有关细节，还特别强调说："我在朝廷多年，也未得到升迁，可那些年轻人却比我升官快，捞的油水也比我多，我能没有怨言吗？我说他们坏话，目的就是为了把他们压下去；我写诗文攻击他们，也是为了让人同情我，自己好爬上高位，尽情享受荣华富贵。我现在什么也没捞到，反是小官也当不成了，这就是报应啊，也是罪有应得。我决心伏法，再不会执迷不悟了。"

他说得声泪俱下，审讯他的人也不禁为之动容，不便相强。朝中的新贵见苏轼态度如此老实，都笑他原是个不堪一击之人，不足为患，便免他一死，只把他贬到黄州，交地方官监督。

苏轼终于逃过了这一场大劫。

苛刻地责备自己，使人怜悯就不会招致大的祸害了。因为把自己放低了，别人自然就会松手。被人陷害是人生中常有的现象，聪明的人就要把精力放在大事化小，小事化了上。如果只是激愤难耐，不加思考，事情便会越闹越大，损及根本。不管有罪无罪，整人者的目的是将人打倒，施以精神和肉体的双重惩罚。在无力抗辩的情况下，主动承认错误，甚至违心地认下罪名，不失为摆脱厄运，获得新生的一条途径。你认错了，把自己骂得狗血喷头，不仅证明你失败了，也证明整人者整对了，事情也许就到此为止。否则，你死犟硬辩，不肯低头，在整人者的眼里就是顽抗到底，毫无悔改，他们便会变本加厉，置人死地，再无丝毫手软，后果由此也会更加严重了。

瞬间透视自尊心理深处的光束

我们提倡助人为乐，别人没要求我们帮忙的时候，如果我们力所能及的话就应该自告奋勇地伸出援手，更何况别人对你提出了帮忙的请求呢？但是，对于别人的请求，你得先思量一番。别人的请求是否合情理，你的能力和精力是否足够，帮倒忙的事情只会让双方都尴尬不已。所以，帮人的时候也要看看具体情况，该帮能帮可以帮的时候就帮，反之，只有拒绝帮忙。

本杰明·富兰克林深受世人的敬仰，不仅因为他是美国的开国元勋和杰出的科学家、政治家，更因为他一直被后人推崇为人类精神最完美的典范。

一天，富兰克林和年轻的助手一道外出办事，来到办公楼的出口处时，看见前面不远处正走着一位妙龄女郎。也许是她步履太匆忙，突然脚下一个趔趄，身体失去平衡，一下子就跌坐在地上。富兰克林一眼就认出了她，她是一位平时很注重自己外在形象的职员，总是修饰得大方得体、光彩照人。助手见状，刚要迈开大步，上前去扶她，却被富兰克林一把拉住，并示意他暂时回避。

于是，两人很快折回到走廊的拐角处，悄悄地关注着那位女职员的动静。面对助手满脸困惑的神情，富兰克林只轻轻地告诉他：不是不要帮她，但现在还不是时候，再等等看吧。一会儿，那位女职员就站起来，她环顾四周，掸去身上的尘土，很快恢复了常态，若无其事地继续前行。

等那位女职员渐行渐远，助手仍有些不解。富兰克林淡淡一笑，反问道："年轻人，你难道就愿意让人看到自己摔跤时那副倒霉的样子吗？"助手听后，顿时恍然大悟。

行走在人生的旅途上，谁都会有"摔跤"的时候，当初的尴尬、狼狈，暂时的脆弱、痛楚也在所难免。这个时候，一个人最需要的是有一个独自抚平创伤、恢复自尊的时间和空间。诚然，这世界需要爱，并因为爱而充满希望。但当你向对方表达善意、施予关爱的同时，千万别误伤了对方的自尊，哪怕他是你最亲近的人。富兰克林说：彼此的自尊是人际交往的底线。

有个人家里很穷。在一个大雪天，他去向村里的首富借钱。恰好那天首富兴致很高，便爽快地答应借他两块大洋，末了还大方地说："拿去开销吧，不用还了！"那人接过钱，小心翼翼地包好，就匆匆往等着急用的家里赶。首富冲他的背影又喊了一遍："不用还了！"

第二天大清早，首富打开院门，发现自家院内的积雪已被人扫过，连屋瓦也扫得干干净净。他让人在村里打听后，得知这事是昨天借钱的人干的。这使首富明白了：给别人一份施舍，只能将别人变成乞丐。于是他前去让那人写那一份借契，那人因而流出了感激的泪水。

那人用扫雪的行动来维护自己的尊严，而首富多长了个心眼，通过向他讨债极大地成全了他的尊严。

有时候，一个人若破了点财，丢失了一些金钱，尚还无关紧要，而一旦他的自尊心受到了严重的挫伤，则后果可能不堪设想。金钱上的损失犹可补偿，而心灵受到的伤害，并不是一朝一夕就可痊愈的。

法国的伏尔泰说："自尊心是膨胀的气球，戳上一针就会发出大风暴来的。"因自尊心受到伤害而爆发的战争史载有之，因为自尊心而造成的人与人之间的伤害古今有之。

理解和尊重他人，维护他人的自尊心，就可以帮助他人进步和快乐，谁都不愿意自己的人格遭到侵犯，谁都不愿意自己的自尊心受到他人的伤害，既然人人都渴望自尊，何不先去尊重他人的人格，维护他人的自尊，同时也得到自己所渴望和需求的东西呢？

所以，帮人的时候得看情况，看会不会伤了人家的自尊心。别让自己的好心帮忙变成有意伤人自尊，从而给自己惹来祸害。

黑红脸背后的真实世界

1963 年，因父亲遗产问题，曾宪梓在远在泰国的哥哥曾宪概的多次催促下，动身来到了泰国。曾宪梓的叔父曾桃发闻之以为曾宪梓定是与其哥哥联手来对付他。于是便有了这么一个场面：一天早上，三个笑容可掬的客家长辈来到了曾宪梓的小店铺里，执意要请曾宪梓去“喝喝茶、吃吃饭”。曾宪梓客气了一番后随他们来到了曾桃发的公司里。待所有人严肃就位以后，叔父们便一改初始亲切温和之相，对曾宪梓纷纷大加指责：“你看你，像什么话，一点道理也不懂。来了泰国这么久，也不来拜见叔父、叔母。你这算什么？真没规矩！”

其实，曾宪梓来泰国的当天便执晚辈之礼拜见了叔父叔母。因此，叔公们的劈面训斥令曾宪梓一头雾水。叔公们见曾宪梓无言以对，认为其真的是那么大逆不道，毫不留情地把曾宪梓骂个“狗血淋头”。原本极富自尊心且血气方刚的曾宪梓终于忍耐不住，作了黑脸的莽汉，大发雷霆：“你们简直是太不像话了！我本来应该尊重你们，因为你们是叔公，但是从你们这番血口喷人的话里，从你们玩弄的这些骗人的把戏里，你们就再也不配得到我的尊重。”曾宪梓指着刚好从他们面前走过的一个小孩说道，“我这个人，对于讲道理的人，从来都是尊重的。就是这样的小孩子，知道做人应该讲道理，应该明白事理，我也会很尊重他。但对于像你们这样的老前辈，一点道理都不懂，只会嫌贫爱富，昧着良心拍有钱人的马屁，你们这样做，令我更加瞧不起你们，我也有理由不尊重你们！”

曾宪梓一番理正辞严的刚言相向，令原本气势汹汹的叔公们顿时气萎势缩，百口莫辩。但是，倘任其怒火信马由缰，刚言怒语如决堤洪水一泄不收，便有可能使原本已有的胜势转瞬即逝。于是，曾宪梓又有一番有理有据的摆事实、讲道理，扮起了红脸好人，不失时机地给叔公找台阶，进入了收场的好戏。“叔父只有凭着自己的劳动，凭着自己的智慧，才能一点一滴地建立了像今天这样庞大的事业。现在叔父有钱有势，那是叔父的能耐，叔父的本事，我只会从心里感到佩服。叔父现在大可不必为了这些财产的事情绞尽脑汁，你是我叔父，你有话跟我说，喊一个小孩把我叫来就可以了。”

曾宪梓这番赞美，既充分肯定了叔父于商场中之本事，又由衷地表明了自己对叔父的佩服之意。言不巧语不媚，不坏刚直不阿之节，不涉阿谀奉承之嫌，从而拉近了两代人之间的心理距离，令叔父叔母激动得喃喃而语：“好侄子，好侄子！”原本剑拔弩张的气氛已化为乌有。

曾宪梓在人际交往、家庭纠纷中，对于人情操纵自如，红黑脸相间恰当这种深厚功夫，反观历史，也不乏善用此法之高手。

东魏时独揽大权的宰相高欢临死前，把儿子高澄叫到床前，谈了许多辅佐他成就霸业的人事安排，特别提出当朝唯一能和他的心腹大患侯景相抗衡的人才是慕容绍宗。说：“我故不贵之，留以遗汝。”当父亲的故意扮黑脸，做恶人，不提拔这个对高家极有用处的良才，目的是把好事留给儿子去做。

高澄继任后，照既定方针办，给慕容绍宗高官厚禄，人情自然是儿子的，慕容绍宗感谢的是高澄，顺理成章儿子唱的是红脸。

朱元璋上台后，也想把这出红黑脸戏再演一回，可惜太子是一个心慈面善之人，他见父亲朱元璋大开杀戒，诛杀开国有功之臣，时常苦劝。

为教育儿子，朱元璋准备了一个满是荆棘的木杖，扔到地上，叫太子去那里拿起。太子显得为难，朱元璋得意地教训他说：“你拿不了吧？让我把刺儿先替你修剪干净，再传给你，这难道不好吗？我如今所杀之人，都是天下最危险的人。把这些人除掉，传给你一个稳稳当当的江山，这是你的福分。”

没想到太子并不领情，还说“上有尧舜之民”。气得朱元璋操起坐着的竹榻，向儿子砸去。朱元璋的黑脸唱过了头，后边的红脸也就无法唱了。儿子没等登基就死了，等到朱元璋长孙继位后，满朝的能人都被斩尽杀绝，实在找不出“带荆棘”的人来对付燕王朱棣的“靖难之师”了。

去过寺庙的人都知道，一进庙门，首先是弥陀佛，笑脸迎客，而在他的北面，则是黑口黑脸的韦陀。

但相传在很久以前，他们并不在同一个庙里，而是分别掌管不同的庙。

弥乐佛热情快乐，所以来的人非常多，但他什么都不在乎，丢三落四，没有好好的管理账务，所以依然入不敷出。

而韦陀虽然管账是一把好手，但成天阴着个脸，太过严肃，搞得人越来越少，最后香火断绝。

佛祖在查香火的时候发现了这个问题，就将他们俩放在同一个庙里，由弥乐佛负责公关，笑迎八方客，于是香火大旺。

正所谓，红脸黑脸一起唱，效果才会不一样。

软与硬是一种策略，也是一种手段

人生在世，待人接物，应当和颜悦色，与人为善，因为在大多数情况下，大家还是和和气气地相处为好。当然，工作生活中少不了各种各样的矛盾，但矛盾只要不是很尖锐，最好还是相安无事。所谓凡事好商量，有话好好说，都是人们待人接物中常有的温和态度和常用的退让方法。但是并不是所有的时候温和的手段都灵验，社会上有的人就是欺软怕硬，得寸进尺，把妥协退让当成软弱可欺。你越是好言相劝，苦口婆心地讲道理，他越是不依不饶。在这样的情况下，就必须采取强硬的态度和手段了。

《水浒传》中大相国寺菜地中的一群泼皮无赖就属于这样一类人。他们整天偷鸡摸狗，不务正业，以到大相国寺的菜地中偷菜为生，还欺负寺中的和尚。鲁智深知道后，原本还想好好给他们讲讲为人处世的道理，可是他们欺负鲁智深是新来的，又不了解他的底细，想一来就给他一个下马威。结果一群人被鲁智深打入了粪坑，吃了大亏，最后终于服了软。如果鲁智深还是像以前那些管理菜园的和尚一样，没有一些拳脚手段，把这帮人打得服服帖帖，最后那就只能自己吃亏。

在人际交往活动中，软与硬两手是相辅相成、密切联系的。如果有所偏倚，自己便要吃亏。为人不能太软，那样会给人以废物点心的感觉，都觉得你好欺负，于是就自然而然地会经常受到别人举止、言语、态度的戏弄与伤害。由于人性中有着天然的缺陷，人们总多少有点欺善怕恶的毛病。因此，人可以温和，但不可以软弱。

然而我们也不能走到事物的反面，不可以总是态度强硬，好勇斗狠。一个人太强硬，必然使人觉得他头角峥嵘，浑身是刺。这种强硬积累到一定程度，会导致难以预料的后果，以至于弄得千夫所指，触犯众怒，到时候谁也救不了他。

在平时人们更多的还是要软硬兼施，因为生活是复杂的，人们的心情是多变的，在不同的事情上，人们会采取不同的态度和策略。所以，我们还是要表现得灵活一点，针对不同的情况，随机应变，采用多样的方法。涉世不深、初入社会的人，或者过分软弱、过分善良，或者是态度固执、目空一切，因此更有必要了解软硬兼施的效用，心理上要有点软硬两手交替使用的谋略与机变。

《三国演义》中诸葛亮借荆州就充分运用了软硬兼施的手段，而且运用得非常高明。诸葛亮是运用武力占据了荆州，但是他非要和东吴说是暂借荆州，这就是软的一手，用这一招给东吴以幻想，让他们以为还能够通过和平手段取得荆州，所以难以下决心和刘备、诸葛亮动武。可是当东吴催讨荆州的时候，诸葛亮一方面赖着不还，另一方面又威胁东吴，把东吴弄得打不是，不打也不是。运用这一手，诸葛亮达到了长期霸占荆州的战略目的。

所以，软与硬，作为一种策略，或者作为一种交际手段，无论何种场合，不可偏颇。从理论上讲，软，体现友善、涵养、通情达理；硬，则显示尊严、原则和力量。还要根据形势变化，灵活运用。

为人要灵活处世趋利避害

木秀于林，风必摧之。一个人在社会中不可强出风头。你的言谈举止——你的朋友、同事——都在观察你、品评你；你有成就，你肯努力，你待人宽厚，别人自会欣赏，用不着强求注意。强出风头，反而引起别人的反感。

人心叵测，世事无常。要想有一个稳妥的人生，你就要学会韬光养晦、不露锋芒、不动声色。因为，风头出尽的人容易遭人妒，容易首先受到攻击。

现实中，确有那么一些人，虽说其能力、才学的确令人钦佩，可正因为他们比别人所起的作用大一些，便总以为一切高、精、难的工作必须自己插手才会马到成功，他人纯属“跑龙套”的配角，俨然离了他地球就会不转。难怪“枪手们”总忍不住先打这样的“出头鸟”。在这里我们并不是否定那些勇往直前、万事当先的人，只是强调前与后的分寸，古人不也是说“始作俑者，其无后乎”吗？

工作中，先掂一掂自己在工作中的位置和在单位中的角色。属于自己工作职责范围内的事情，则责无旁贷，必须尽心尽力去完成。自己工作之外的事情，则以“多一事不如少一事”为原则，不该涉及的尽量不去涉及，尤其不要以“内行人”、“明白人”或者其他居高临下的姿态去对同事、领导指手画脚。即使人家请你去帮忙，也应以谦逊的态度诚恳待人。

其次，在名誉、利益面前，尽量不要表现得过于热衷，以避免成为众人妒忌、排挤的对象。即使有所追求，也应该在表面上含而不露，应该通过为人与处世的技巧去赢得大家和领导的认同。要知道，很多事情的成功，正如战场上作战一样，迂回包抄要比正面直接进攻有效得多。

保持低调，不前不后是一种处世哲学，更是一种处世技巧，它的根本点就在于明哲保身。这种策略可以保证你在一个群体之中四平八稳、步步为营地向前推进。

不前不后是欲望控制的结果，是理智的化身。它要求你在工作办事过程中沉着、稳定，不以情绪支配言行，不受心理欲望蛊惑。“非淡泊无以明志，非宁静无以志远”，正是这种不前不后处世态度的体现。

任何事情都是一分为二，不前不后只是说在同事之中，在利益与荣誉面前，不过分张扬自己，不踩着别人的肩膀向上攀登。

不前不后只是一种过程，但从结果——自己的前途与事业而言，则必须是在他人的前头，必须从同事之中脱颖而出。到那时，其情势将不是“木秀于林，风必摧之”，而是“众星捧月”、“众望所归”。这正是恰当地把握了不前不后的分寸，从而为自己赢得人缘与机缘，也为自己赢得巨大的生存空间。

解开面纱，看穿背后的心理玄机

俗话说，“人心隔肚皮”，知人知面未必就能知心，而知心才是最重要的。一个人被陌生人捅了一刀那叫皮肉伤，而要是被自己认为是最亲密的朋友给捅了一刀，就犹如万箭穿心，那才叫心痛，有可能成为愈合不了的伤口。

《伊索寓言》中有这样一则故事：鹿口渴得难受，来到一处泉水边。它喝水时，望着自己在水里的影子，看见自己的角长而优美，洋洋得意，但看见自己的腿似乎细而无力，又闷闷不乐。鹿正自思量，一头狮子出来追他。它转身逃跑，把狮子落下好远，因为鹿的力量在腿上，而狮子的力量在心里。这样，在空旷的平原上，鹿一直跑在前头，保住了性命；到了丛林地带，它的角被树枝绊住，再也跑不动，就被狮子捉住了。鹿临死时对自己说道：“我真倒霉，我原以为会败坏我的救了我，我十分信赖的，却使我丧命。”

希腊有句古话，“很多显得像朋友的人其实不是朋友，而很多是朋友的倒并不显得像朋友”。很多人在危难的时候才发现，背叛自己、出卖自己的往往是十分信赖的朋友，而曾被怀疑的朋友却成了自己的救星，真是可笑又可悲。

越王勾践，为了报仇雪恨卧薪尝胆，留下了一段千古佳话，但是其个人品质却为人所不齿。勾践在极端困苦之下，多亏了文种和范蠡两位大臣为他出谋划策，然而，成就大业之后，两位功臣一个被杀，一个逃跑。

生活中，有的人自觉人微言轻，能与伙伴们亲同手足，同喜共忧。可一旦升官发财了，对过去那“穷朋友”、“俗朋友”便羞于与他们为伍，保持一定距离。比如，有两位战友在战争年代他们同甘共苦，后来一位因犯错误离开部队。在“文革”中，他的这段历史被当成严重历史问题进行批斗。为了说清问题，他去找当年的战友为自己作个证明，可是这位当了领导的战友却怕连累自己，拒而不见，说不认识他。这位老兵伤心地掉下眼泪。

一个你刚认识的人，一般是没法通过第一眼就看出他的真心。但岁月可以成为真正公正的法官，帮我们辨别人心。有些人很善于掩饰和伪装，他们在一时一事上可以跟你称朋友，但日子一长，共事时间久了就会更深刻地了解他们的为人、他们的人品，隐藏的狐狸尾巴就会露出来。“路遥知马力，日久见人心”，说的就是这个意思。如此长期交往，长期观察，便会达到这样的境界：知人知面也知心。

当某朋友对你，尤其你正处高位时，刻意投你所好，那他多半是因你的地位而结交，而不是看中你这个人本身，时间久了，答案自然在你心中。这类朋友是很难在你危难之中施以援手的，所以不可深交。

朋友多了路好走，但也要看什么样的朋友，要知人知面更知心。这样才能在需要朋友的时候不会孤立无援，甚至反遭其害。

害人之心不可有，防人之心不可无

不可否认，成功之人必定经历过风风雨雨，见过各种各样的场面，内心会变得圆滑。尤其是在官场，所谓的势利，更是屡见不鲜。但是，一旦自己得势，万不可盛气凌人，不可一世。

曾国藩酷爱读书，志在功名。功与名，是曾国藩毕生所执著追求的。他认为，古人称立德、立功、立言为三不朽。为保持自己来之不易的功名富贵，他又事事谨慎，处处谦卑，坚持“花未全开月未圆”的观点。因为月盈则亏，日中则昃，鲜花完全开放了，便是凋落的征兆。因此，他常对家人说，有福不可享尽，有势不可使尽。

此外，他“常存冰渊惴惴之心”，为人处世，必须常常如履薄冰，如临深渊，时时处处谨言慎行，才不致铸成大错，招来大祸。他总结自己的经验教训，说道：“余自经咸丰八年一番磨炼，始知畏天命、畏人言、畏君父之训诫。”

还有，他始终认为："天地间唯谦谨是载福之道。"他深刻指出："趋事赴公，则当强矫；争名逐利，则当谦退。开创家业，则当强矫；守成安乐，则当谦退。出与人物应接，则当强自顾不暇；人与妻奴享受，则当谦退。若一面建功立业，外享大名，一面求田问舍，内图厚实，二者皆盈满之象，全无谦退之意，则断不能长久。"

人在得志得势利时，切莫忘乎所以，要内敛自谦；人在有福可享时，不要虚掷钱财，应克勤克俭，这便是立身处世的不败法则。

1991 年 7 月 1 日晚，在法国阿斯克新城举行的国际田径赛，吸引了 10 万多观众，作为汉城奥运会后首场100米赛，他们主要是来观看美国的卡尔·刘易斯和加拿大的本·约翰逊究竟谁快谁慢。本·约翰逊在汉城奥运会上，因服用违禁药物被取消了成绩，判罚停赛两年。今年复出，两人再次同赛角逐，格外引人注目。

但比赛结果出人意料，冠军易人，美国另一名好手米切尔摘取了桂冠，卡尔·刘易斯获亚军，而本·约翰逊只列第 7 名。尽管如此，曾获 6 枚奥运会金牌的卡尔·刘易斯对能击败本·约翰逊而感到满意。

赛后，本·约翰逊想跟卡尔·刘易斯握手，但遭到拒绝，本·约翰逊大失面子。

众所周知，在 1988 年汉城奥运会上，本·约翰逊以 9 秒 79 的惊人成绩，创造了"下世纪的纪录"。当时，也是这次 100 米决赛的终点处，卡尔·刘易斯走上前来同他握手，表示祝贺，但他却有意视而不见，傲慢地一扭头擦肩而过。

细心的观众都会记得这段经过，这一次轮到自己头上了，卡尔·刘易斯失败后，被本·约翰逊还以颜色，也可谓"以其人之道，还治其人之身"。

一个人，无论是身处多高的位置，都不可过于得意，乱用其势。当然，在自我警醒的同时还应防范那些两面三刀的人。

俗话说："人心隔肚皮。"有些人心怀叵测，当面一套，背后一套，对这样的人应慎而又慎，更谈不上结交为朋友了。

《红楼梦》里的王熙凤，被人称为"明里一盆火，暗里一把刀"，表面上对尤二姐客套亲切，背地里却想把她置于死地。与这样的人交往时，应多注意他周围的人对他的反应，在短期交往中很难发现这种性格特征，但接触时间长了便会清楚明白了。

我国宋代的名相王安石就曾为我们做出过表率。王安石在变法期间屡受非议，有一个叫李师中的小人乘机写了一篇长长的《巷议》，说街头巷尾都在说新法好，宰相好，为王安石变法提供雪中送炭般的舆论支持。但王安石一眼就看出了《巷议》中的伪诈成分，于是开始提防这个姓李的小人。

生活中往往有两面三刀者，他们采取各种欺骗方法，迷惑对方，使对方落入陷阱，达成自己的企图。他们会给你带来无尽的麻烦和灾难，在与人交往时需要时刻提防这类人。

下篇

鹿死谁手的对决
——人际关系中的操纵与生存心理博弈策略

对方和你交流的时候，只是随声附和或者沉默，不表示自己的意见。或者专门对无关紧要的事情问个不停，又或者表现得始终客客气气。类似这种时候就该注意了，对方已表现出相当的戒备心。

Chapter 9　洞悉对方深处潜藏的玄机

——进入到他人内心世界的最底层

有句话说："交朋友要保持距离。"戒备心理，可以从距离的远近上表现出来。凡是喜欢坐得很远，且半个屁股坐在外面的人，他的潜意识行为于无意之中就表示了强烈的戒备心。

反复给予暗示，消除对方防范心理

每个人都有戒备心，在看到、发现一些自己不认识或者无法理解的现象之后，会本能地加以防御，产生戒备心。

初次会面的人尤其如此。即使是熟人，当知道你的目的时，也会抱着戒备心。

这时候，他就像一个戴着面具且像刺猬般表现出高度防卫姿态的人，他的真意，深深地藏在面具的背后，完全看不出端倪，对方下一步将如何行动，完全无法捉摸，根本就无法接近。

比如：对方和你交流的时候，只是随声附和或者沉默，不表示自己的意见。或者专门对无关紧要的事情问个不停，又或者表现得始终客客气气。类似这种时候就该注意了，对方已表现出相当的戒备心。

凡是抱着戒备心的人，都会刻意隐藏自己的防御心理，在言语和动作方面，尽量避免表示明确的意见，所以，在寒暄和谈话时，丝毫不会带有感情，千篇一律都是客套。你只要稍微和对方谈几句话，就会发觉毫无意义。

双方在谈话的时候，即使之前显得非常投机，但之后，对方可能会突然改变语气，敷衍地说：“你所讲的我都懂了，让我回公司考虑一下吧！”开始时你是抱着无限的希望，结果一切竟都落空，这是对方故意把戒备心隐藏起来的一种做法。越是神经质的人，越容易有戒备心，而要打破别人的戒备心，首先就要拉近和对方的距离，让他知道自己是朋友而不是敌人。

有个女司机把一男青年送到指定地点时，对方却掏出尖刀逼她把钱都交出来，她装作害怕的样子交给歹徒 300 元钱，说：“今天就挣这么点儿，要嫌少就把零钱也给你吧。”说完，她又拿出 20 元找零用的钱。见歹徒有些发愣，她趁机又说：“你家在哪儿住？我送你回家吧。这么晚了，家人该等着急了。”

不知不觉，歹徒便把刀收了起来。气氛缓和了，她又不失时机地启发歹徒："我家里原来也非常困难，咱又没啥技术，后来就跟人家学开车，干起这一行来。虽然挣钱不算多，可日子过得也不错。何况自食其力，穷点儿谁还能笑话我呢！"见歹徒沉默不语，她继续说："唉，男子汉四肢健全，干点儿啥都差不了，走上这条路一辈子就毁了。"

一直不说话的歹徒听罢，突然哭了，把300多元钱往她手里一塞，说："大姐，我以后饿死也不干这事了。"说完，低着头走了

当要解决某些问题时，一般来说，对方都有一种防范心理，尤其是在危急关头，我们更要注意消除对方的防范心理。从潜意识来说，防范心理的产生是一种自卫，也就是当人们把对方当作假想敌时产生的一种自卫心理，那么消除防范心理的最有效方法就是反复给予暗示，表示自己是朋友而不是敌人。一旦对方消除了对自己的防范，问题就会迎刃而解。

在动作上一样可以暴露对方有没有戒备心

很多时候，戒备心并不一定只是表现在言语上，在动作上一样可以暴露对方有没有戒备心。

最简单的方法，就是观察对方坐的位置。

有句话说："交朋友要保持距离。"戒备心理，可以从距离的远近上表现出来。凡是喜欢坐得很远，且半个屁股坐在外面的人，他的潜意识行为于无意之中就表示了强烈的戒备心。

不单是坐的位置，姿势也是有力的表示。

某服装公司的人事主管曾经告诉我，当公司招考职员时，应征者的姿势也是录取的标准之一。当然姿势不能太随便，可是太拘谨的人——笔直地坐着、双手放在双膝上、身体始终保持不动的，也不合格。

问他理由，他回答："经营服装这项业务，经常和各式各样的人直接交

际来往，所以希望录取的职员，是一些能随时洞察对方心理动向的人才。凡是姿势拘谨的人，和别人之间经常有一种距离，是始终存有戒备心的证明，自然不容易和别人接近，像这种人当然不适宜从事服装这个行业。”这位人事主管的话，的确有他的道理。

心理学家在辅导他人的时候，认为须特别注意的也是坐的位置和姿势。第一，要和对方保持适当的距离；第二，自己经常要保持舒畅的姿势；第三，视线尽可能不要直视对方。这些动作都是为了消除对方的戒备心。

在国际外交活动中，饶富趣味的是，参加晚宴者的座位如何编排呢？正式会议场合中，两国人员各列一排，双方面对面而坐；而在晚宴中，席位的安置为两国人员穿插着并排坐。

这种依照聚会的目的不同，座位安排也随之变化的外交方式，是从长远的历史中演变而来的，同时也有它的心理依据。人类在协力合作时，有喜欢并排而坐的倾向，而互相产生竞争心理时，又往往是相向而坐。反过来说，两人并排而坐时，容易产生彼此的紧密关系。外交活动中，开会讨论时相向对坐，晚宴时相邻而坐等形式，就是巧妙地运用了人类合作与竞争的心理变化。

如此说来，如果能与他人相邻而坐，较容易与对方建立友好关系，因为，并排而坐时，不必担心对方正面投来的眼光，视线较为自然。对方坐得近，心中也易产生亲近感。

另外，一般戒备心特别强的人，都不喜欢对方用灵魂之窗的眼睛去窥测他的内心，而会故意避开视线。于是你如果想透过视线从头到脚去观察对方，且不要让眼睛转个不停的话，则必须坐远一点，这样当你转动视线的时候，角度不会太大，就不容易引起对方的注意。

由此说来，坐的位置和姿势以及视线和态度，都会自然地表现出内在的戒备心。所以，只要注意对方这方面微妙的动作，就可以抢先一步取胜对方。

窥视他人情绪变化的差异，辨别他人气色蕴藏的内涵，洞悉他人内心潜藏的玄机，才能更好地制其人、攻其心，让自己在人生的旅途上左右逢源，运筹帷幄。

故意示弱，松懈对方戒备心

在与人打交道时，故意显露某些缺点，可以使其放心。

有些男明星似乎特别受到女性观众的喜爱，这种现象并非什么新倾向，因为自古以来讨好女性观众的秘诀，就是在她们面前毫不掩饰自己的缺点，使其产生安心感。这些演员除了容貌与演技等条件不错外，还善于运用与生俱来的缺点，以赢得女人的欢心。英俊小生虽然是女性崇拜、迷恋的对象，却没有丑角来得有亲和力。原因是小生们常常意识到自己不容毁损的形象，所以，虽然同为大明星，却非人人喜爱。

话说回来，面对谨言慎行的初见面者，不妨故意显露自己的缺点，以松懈对方的戒心。这项战略的目的是打破你在对方心目中的完美形象，给予他安心感。

日本著名拳击手轮岛功一在一次不幸的败北后，拱手让出拳王的宝座，于是他悄悄下定决心，要在下一次的比赛中雪耻，重新赢回掌声与宝座。

于是他一方面苦练功夫，另一方面放出风声，说他已经年纪大了，并且体弱多病，好以此误导对方，使对方失去戒心。

然后，他还故意安排一次与对方不期而遇的机会，他身着厚重的大衣，戴着口罩，走在路上还频频咳嗽。那位战胜他的拳手正好在附近散步，很“巧合”地碰到他，他立刻表现出一副很虚弱的样子，上气不接下气地和对方打了个招呼便匆匆离开，只听见后头传来那人的叹息声：“可怜的人，病到这种地步。”

过了一段时间，他已经确信自己有把握夺回拳王的宝座，便宣布要向当时的拳王挑战。在赛前的记者招待会上，轮岛功一看着对手说：“我要让你趴在地上求饶，我要打得你无还手之力。”

对方当然也不是泛泛之辈，立即毫不示弱地说：“轮岛功一先生，我看你是病得太厉害了，或是发高烧胡言乱语吧？”

轮岛这时一反过去的病态，中气十足地说：“我自信现在的实力足以打倒任何一位拳王，就是拳王阿里也不例外。此外，我还知道你整天花天酒地，根本没有练拳，你应该被那些女人掏空了吧！真是太不幸了，你的下半辈子恐怕就要靠女人来伺候了。”

等到比赛一开始，轮岛功一的双拳便如狂风骤雨般地向对方挥去，果然如他所说，几个回合下来对方就支撑不住，最后不得不交出冠军金腰带。

许多人往往就是因为轻敌，而使对方有机可乘。因此，要想取得胜利，就必须懂得先让对方放松防备，然后你再乘虚而入。

洞悉人心奥妙，把握心理脉搏

当你发觉对方存有戒备心理或者心存芥蒂时，不妨向别人表示一下关心，融化别人内心的隔阂，没准还能唤起对方相同的回应。

某电机制造业者对于工人们屡次怠工感到无限烦恼。工人则对厂方不满，正协商派代表向厂长反映，但是始终提不出具体的文案向上呈报。

此时，一位副经理挺身而出发言说：“工厂应该改善照明设备，虽然车间里光线不十分暗，但是，如果能够像家里起居室般明亮，心情也会较为开朗。工厂应该给员工们一个更舒适的工作环境。”员工们对副经理这番话虽然不太赞同，但自己也没有更好的提案，也就默认了。

上层领导很快地接受了这个提案，工厂比以前倍加明亮，工人们也不再怠工，比以往更加卖力工作，生产量激增。但是，不久后总务科反映，电费可观，希望降低用电量，而领导层则担心因此会引起员工不满而再度怠工。但是出乎人意料的是，员工仍然认真工作，丝毫不受影响。

不堪电费负荷的总务科人员在不知不觉中掌握了员工的心理：人们一旦明白对方对他的关心，也会同样有回报之心。为了尽量消除受关切的心理负担，下意识中也想将此负担加诸对方。工厂内的照明强弱并不是员工们怠工的主要原因。员工只是感激企业做出了“改善照明设备”这样的关心姿态。

无独有偶，在演艺界，有位深受观众喜爱的魔术师，曾在美国纽约的百老汇名噪一时，40 年中吸引了 60 万观众，赚进了惊人的财富。事实上，他并没有什么了不起的技术，只不过他对观众的态度和其他艺人不同。极个别的艺人心里都是这样想：“欺骗这些外行人还不简单。”可是，这位魔术师每当登台以前，心里总是反复地想着：“我爱我的观众。”日本著名的一位男歌星在表演的时候，看见人山人海的听众，会自然地脱口而出：“听众是菩萨。”这并非只是歌词，而是和歌迷之间心的桥梁，非常符合心理学上的法则。

“观众至上”这句话在文艺界常被奉为警示自己的座右铭。艺人如果不懂得尊重观众，即使技术如何纯熟，也无法受到观众的爱戴而大放异彩。正如前面所讲的魔术师，或许他和自己的观众都不清楚，为何自己如此受欢迎？这是因为，在魔术师的潜意识中，不断告诉自己一个信念：“喜爱观众！”于是，在一举手一投足之间，便有一份敬意与爱心自然地流露，观众在不知不觉中对他产生了好感。

或许有人对这种微妙的心理作用感到怀疑，但事实是，在心理学领域中，这是常见的现象。例如，老师认为他的某位学生非常优秀，这位原来不怎么出色的学生不但真的成绩进步，其它方面也跟着迎头赶上。在希腊神话中，热爱雕刻的塞浦路斯王——皮古马利旺认为，他完成的作品雕像，犹如一位美丽的女郎，不禁对“她”百般爱恋，到最后真的望见雕像变成一位活生生的美女出来与他相会。这种心理作用，我们称之为“皮古马利旺效果”，可充分运用于人际关系技巧中。

例如，当你面对一位初见者时，反复在心里默想：“他是好人！”这种感觉不知不觉地也会感染给对方，使其心胸敞开。相反的，当我们心想：“真是个讨厌的人”时，原本不怀敌意的对方真的如我们所想，变成讨厌的人，就会对我们怀起敌意。

你怎样对待别人，别人就会怎样对待你。

人与人在初次见面时，表现出关心对方重视对方的态度，将会唤起对方相同的回应，以此形成良好的互动关系。

从对方无意识的行为入手可让其开口说话

美国心理学家奥克曼，曾举行过一次成功的试验：他对反对死刑制度的学生，自始至终反复不断地，只使用“很好”这一句话，最后改变了学生的意见。这是因为当你什么都接受对方的话，你的想法亦会被对方所接受。

怎样有技巧地引出对方的话，使谈话变成很投机？顺着对方的话来搭腔，亦不失为方法之一。

假设一下，譬如你碰到了一位一开始不肯接受你的邀请的女性，你要怎样才能打动她的心？

“今天刚巧家里还有事……同时我也有点不舒服。”

“那真不巧。到晚上一直都有事吗？那可真够您累的了。”

“倒没有什么要紧的事，不过——”

“那么，打个电话回去，问一声不是很好吗？”

“好吧！打个电话吧！——还是不要打，随它去吧。”

“如果不怎么重要，只要早点回去就可以了吧？”

只要顺着对方的语气，对方就没有选择下一句话的时间，语气自然就会改变。这个时候你如果用言语去反驳她，对方的态度反而会变得强硬。不如用微笑、点头或者顺着她的话，表示接受对方的意见。这时对方的心里反而会想：反正没有什么重要的事情，就答应你吧。对方这种接受的态度，并非是基于理智，而是情感的作用，所以效果特别大。

不过，有的时候对方即使打算接受你的意见，却不肯干脆地表示，只是沉默不响。遇到这种情形，你就必须直接打动对方的内心，将话题改变为对方手中拿着的东西，或穿着的服装，会是个不错的方法。譬如手表、项链、领巾等等，都足以表示这个人的嗜好和个性，只要这些东西引起别人的注目，他自然就会开口。

此外，拿对方无意识的行为作为话题，亦是打破沉默的方法之一。譬如对方只是一味抽烟，你发现他在熄火柴时有某种特别的习惯，就立刻问他：“你熄火柴的动作很有趣，轻轻一弹就熄灭了。”看到对方在咖啡里加两勺半的砂糖，也可发问：“对不起，为什么你非要放两勺半砂糖？……”

当对方发现这种无意识的行为，引起了你的注意，与其说对你有戒备心，不如说反而觉得你是在对她表示关心，于是就容易开始交谈。

街头卖艺的人在开始表演以前，一定先在路面画个圆形或三角形，然后喃喃自语。当路上经过的人以好奇的心理驻足看他时，他看见聚集的人一多，就开腔了。

对付沉默不响的人，故意做出动作，引起对方的好奇心，亦是方法之一。

这是从一位新闻记者处听来的故事：有一次，他去采访传言即将倒闭的某大企业，可是这家公司的公关主任，对他有戒备心，守口如瓶，什么都不肯透露。最后没有办法，只好吸烟吧！哪知手向口袋里一摸，香烟大概忘记在什么地方，找来找去就是找不着。当他正把大衣的口袋都翻出来找时，这位主任带着奇怪的口吻问他：“你在找什么？”说明了原因以后，主任就把自己的香烟递给了他，于是他就趁这个机会谈起了采访，而且非常投机，结果达到了采访的目的。这虽然可以说是他的侥幸，但往往由于某种动作，无意之中会去除对方的戒备心理，则是不容否认的事实。

熟记对方的姓名，是件不能疏忽的事

人的社会是复杂的，和人打交道是一件很奇妙的事情。有很多方法可以让我们在和别人交往时游刃有余，得心应手。记住别人的名字并在适当的时候叫出来，也是需要我们把握的一项和人交往的技巧。这是人际交往中最基本的礼貌，我们会因记得对方的名字而获得他人的好感，而且有时还会得到意想不到的收获。

美国总统罗斯福的座车送到白宫时有一段插曲。

制造罗斯福总统座车的机械工人把车送进白宫时，马上被引见给总统，但是因为有点胆怯害羞，他见了总统以后，便一声不响地站在角落里，总统则非常高兴地和来看车的人欢谈。当这位工人将要离去的时候，罗斯福总统突然把这位工人唤到自己的面前，叫着工人的名字，向他表示谢意，并且和他握了手。而这位工人的名字，只不过在引见时，向总统通报过一次而已。

机械工人的激动，自然不在话下，假使罗斯福总统不喊他的名字，只是说一声“谢谢”而握握手，这个故事恐怕不会流传到今天吧？

当你听到别人喊着自从出生以来，就已经听惯、感觉非常亲切的自己的名字时，你一定有某种特别亲切的感觉吧？无意识中，就会打开心扉。当再次听见这种声音，心境更会变得开朗，对叫你名字的人产生好感。

这就是因为叫别人的名字，是打开坚厚的戒备心之门的重要钥匙。所以你在谈话之中，不妨经常加入对方的名字，譬如：“先生也认为这样就可以吗？”“正如先生所说的。”此外，即使只是使用“你”这个称呼，但经常在谈话中出现的话，亦同样会削弱对方的戒备心，而把对方拉向自己这边。

只要能够记牢对方的姓名，就能使对方对你产生良好印象。这种方法，在交际场合更是有用。别人对你十分熟悉，你偏叫不出他的姓名，虽然可以用含糊的方法敷衍过去，但心里终究觉得不安。有时因为地位的关系，你原本该先招呼他，但如果记不清他的姓名，无法招呼他，会被误认为自大傲慢、目中无人。所以，熟记对方的姓名，在任何时间，都是件不能疏忽的事。

亲近人心，消除对方心理戒备

当美国前总统威尔逊刚刚就任纽泽塞州的州长时，曾经参加了一次纽约南社的午宴。宴会的主席对大家介绍说:“威尔逊将成为未来的美国大总统!”当然啦,主席先生是不可能有这样的预测力的,这不过是他的溢美之词而已。

这时,威尔逊在称颂之下登上了讲台,简短的开场白之后,他对众人说:“我希望自己不要像从前别人给我讲的故事中的人物一样。在加拿大,一群游客正在溪边垂钓,其中有一名叫强森的人,大着胆子饮用了某种具有危险性的酒。他喝了不少这种酒,然后就和同伴们准备搭火车回去了,可是他并没有搭北上的火车,反而是坐上了南下的火车。于是,同伴们急着找他回来,就给南下的那趟火车的列车长发去电报:‘请将一位名叫强森的矮个子送往北上的火车,他已经喝醉了。’很快,他们就收到了列车长的回电:‘请将其特征描述得再详细些。本列车上有十三名醉酒的乘客,他们既不知道自己的姓名,也不知道自己的目的地。’而我威尔逊,虽然知道自己的姓名,却不能像你们的主席先生一样,确知我将来的目的地在哪里。”在座的客人一听哄然大笑,宴会的气氛也一下子变得愉快和活跃。

那些听了威尔逊的故事而发笑的人,大多都认为,能够让人捧腹大笑的趣闻,通常都是源自说笑话的人的自我打趣。但是,听众之中却很少有人明白威尔逊所说的故事,其实正是根据他们曾经经历过的事情改编的。

难道威尔逊的用意仅仅是为了博人一笑吗?当然不是,事实上他是运用了一种最有力的方式获取他人对他表示善意和支持的态度,而且也把在这之前的隔阂消除了。威尔逊的这个策略就是牺牲个人的“自我”,以提升他人的“自我”,使自己的形象在他人心目中能更人性化。从心理学角度来说,威尔逊的这种做法含有一种亲善心理,让人体会到他的和善与平易近人,难怪他后来真的做了美国的总统。

Chapter 10　让对方放下心理包袱
——获取对方信任的心理策略

真心实意地认错、道歉，不必再推托其词，寻找客观原因，作过多辩解。即使的确有非解释不可的原因，也必须在诚恳道歉之后再解释一下，不应该一开始就为自己申辩。否则这种道歉不但不会弥合裂痕，反而会加深你们之间的隔阂。

你的真诚别人读得懂

我们知道马克思与恩格斯之间的伟大友谊，却很少有人知道他们也曾经产生过疙瘩误解，马克思向恩格斯的道歉方法也是值得我们效仿的。

恩格斯的夫人玛丽·白恩士因病逝世。恩格斯怀着极其悲痛的心情，写信通知马克思。马克思当时正处于严重的家庭经济危机中，他在回信中除了开头的“关于玛丽的噩耗，使我感到极为意外，也极为震惊”外，没有表现出恩格斯所期待的同情与安慰，反而大念自己的苦经。恩格斯读完信，又气愤、又伤心，几天后给马克思写了封信：“你自然明白，这次我自己的不幸和你对此冷冰冰的态度，使我完全不可能早些给你回信。我的一切朋友，包括相识的人在内，在这种使我极其悲痛的时刻对我表示的同情和友谊，都超出了我的预料，而你却认为这正是表现你那冷静的思维方式的卓越性的时刻，那就悉听尊便吧！”

马克思收到这封措辞严厉的信后，心里像压了一块大石头那样沉重，眼看二十年的友谊发生裂痕，他深深感到自己写的那封信是大错特错，而现在又不是马上能解释清楚的时候。过了十天，他估计朋友已“冷静”下来了，就写信认错，解释情况，表明心迹：“在给你回信以前，我想还是稍微等一等为好。一方面是你的情况，另一方面是我的情况，都妨碍我们‘冷静地’考虑问题。”

“从我这方面来说，给你写那封信是个大错，信一发出我就后悔了。而这绝不是出于冷酷无情。我的妻子和孩子都可以作证：我收到你的那封信（清晨收到的）时极其震惊，就像我最亲近的一个人去世一样。而到晚上给你写信的时候，则是处于完全绝望的状态之中。”

恩格斯接到这封信，气就消了，心头的疙瘩解开了，他立刻深情地写信告诉马克思："你最近的这封信已经把前一封信所留下的印象消除了，而且我感到高兴的是，我没有在失去玛丽的同时再失去自己最老和最好的朋友。"

就这样，两位伟大人物的一次小小隔膜，在相互开诚布公、坦率交换意见之下清除了。

即使再好的朋友，偶尔也会"拌嘴"。为了一点小事，或为了某个意见分歧而争论起来，这是常有的事，这时要注意处理的态度和方法，否则，很可能产生朋友间的隔阂甚或信任危机。

如果因为某事和朋友吵了架，要尽快地向对方道歉，这是解决问题的最好办法。这种情况下，不要再计较谁是谁非，因为有些事情，谁是谁非是很难分清的。这种时候，也不要太顾全面子。如果你真心实意地道歉了，一般对方也会痛痛快快地承认自己的过错："不，我也不对。"

真心实意地认错、道歉，不必再推托其词，寻找客观原因，作过多辩解。即使的确有非解释不可的原因，也必须在诚恳道歉之后再解释一下，不应该一开始就为自己申辩。否则这种道歉不但不会弥合裂痕，反而会加深你们之间的隔阂。

诚心的道歉，还应该语气温和，坦诚而不谦卑，以友好的目光凝视对方，并多用"对不起""请多包涵""得罪了""打扰了"等礼貌用语。道歉的语言要简洁，简单明了地表明自己的态度。如果对方表示谅解时，可表示感谢，切忌啰嗦、重复。

当对方正处在气头上，什么话都听不进去时，首先要通过第三人转达歉意。当对方"风平浪静"时，再当面道歉。如果僵持下去，常常会两败俱伤。如果觉得道歉的话一时实在难以说出口，也可以用别的方式代替，如买个小礼物，附上一封简短的道歉信托人带过去。见面时，和对方握握手，用眼光传达一下歉意也能收到微妙的效果。

识破对方心理，从而赢得别人的信任

有一次，卡内基在纽约书籍出版商齐·马·格林伯格举行的晚宴上结识了一位著名的植物学家，他以前从来没有和植物学家交谈过。后来，卡内基写下了这次交谈的经历："我发现此人非常有魅力。老实说，我是恭恭敬敬地坐在椅子上听他讲述印度大麻和室内园艺的事的。他还跟我讲了关于那些不屑一顾的土豆的事。我自己也有一个小小的家庭苗圃——他还善意地指导我如何解决我遇到的一些问题。"

"正如我所说的，我们是在参加一个晚宴，那里当然有几十位客人，但是我违背了所有的客套礼俗，对其他客人好像视而不见，只是一个劲地同那位植物学家一连谈了好几个小时。午夜来临，我同所有的客人道了晚安之后就离开了。那位植物学家转过身去对主人说了几句恭维我的话，说我最富于魅力，说我如此如此，这般那般。最后，他说今晚和我聊得很带劲，度过了一个愉快的晚上。"卡内基后来回忆说："天哪！我几乎什么都没有说。"

一个在三个小时内几乎什么话都没有说的人，竟然会成为很投机的交谈伙伴，实在出人意料，但事实上又在情理之中。在植物学家来看，卡内基是把他作为意气相投的话友；而从卡内基来看，他本人只是一名忠实的听众，只是不断地鼓励他说话。

卡内基告诉那位植物学家，他受到了极好的款待和极大的收益——事实上也是这样，他希望从植物学家那里获得所需要的那些知识。倾听对方谈话，有时会很容易地得到对方信任和好感。

从心理学角度来说，善于倾听会使对方心情愉快，会换来对方的理解、信任和欢乐；会使对方吐露出内心的苦恼或喜悦；最重要的，它还能使说话者感觉到自身价值的存在，满足了对方渴望被重视的自尊心理。双方的交往也因此变得更愉快。但是，现实中许多人没有耐心听别人讲话，因为他们是"事业家，是大忙人"，生活节奏很快。我们不能否认，现代社会竞争激烈，一个想成功的人要做的事太多，整天往往是疲于奔波，因而时间一久，性情也变得急躁。对“倾听”显得腻烦，甚至别人刚一启齿，还未等到对方把话说到正题上，就会予以否定，一口咬定没兴趣，然后以十分武断的口气阐述自己的观点。

这类人往往是想通过“短、平、快”的方式。以雄辩的口才显示自己的能力，在公开场合打下根基。但这样做的结果，表面上看自己的目的好像达到了。事实上却得不到别人的认同，无法建立真正的友谊，达到心灵的沟通。

认真地去倾听对方的讲话，就会使对方知道，你是把他们当作你感兴趣的人来看待的，向他们传递了这种信息，或许就是你能赋予对方的最珍贵的礼物。当对方因为你的倾听而得到鼓励时，不仅讲述了他高兴的事，同时也接受了你的情感。

泄露自己的秘密是赢得信任的绝佳技巧

有个人讲了一件这样的事：

“我有一次受某熟识的公司之托，代向某专家学者请求做一件工作，开始进行得非常顺利，怎知不久该公司的经办人突然来了一个令人感到莫名其妙的电话，说是某学者忽然改变了态度，拒绝继续工作，虽然经过多方面的努力和劝说，还是无济于事，甚至提高报酬、延长期限，亦无动于衷。

我只好亲自去拜访这位学者问个究竟，于是在某天的夜晚，我和该公司的经办人到学者的家里去造访。不料这位学者所说的理由，完全出乎我的意料之外，他之所以说，恐怕自己不能履行公司方面所赋予的任务，而有不安，以及和公司的想法不能一致，其实都是由于对公司职员的说话方式有所不满，总之，是为了极细微的原因。

据我的判断，想说服学者已不可能，在辞别回去的时候，我向与我同去的公司经办人建议：究竟为了什么原因虽然还弄不清楚，但据我的观察，恐怕是为了一点细小的事故，觉得公司对他不信任。现在只有撇开工作不谈，先设法向对方表示诚意和热忱再说。”

怎料第二天早上天刚亮，这位公司的经办人来电话告诉我说，学者已经答应继续替公司工作了。原来自从我和他分手后，他知道学者马上要出发去旅行，于是叫了一部计程车守候在学者的家门口，打算送学者到车站。他心想，事情能否挽回要看学者肯不肯坐他的车了，结果果然成功，学者的不信任感，因此而冰释。”

想必很多人有类似的体验，不是人的要求被拒绝，便是你的提议被打回票。当你不知道被拒绝和被打回票的原因时，与其像上面所举的例子一样，用各种方法去说服对方，不如用怀疑的态度，揣测对方心灵的深处对你一定存有不信任感，然后设法消除对你的不信任要来得有用。

很多人对你的不信任看起来根深蒂固或尚未根深蒂固，究其原因却只是为了细微事故。这是因为当初你以为是芝麻小事而不加理睬，以后不论碰到什么情况，对方会变成只相信对你不利的消息，于是对你愈来愈不信任，结果变成了根深蒂固。但一个人的行动，往往因时而异，譬如对于某人有时表示好意，有时则不尽然。一旦有了对你不信任的人，当你对他表示善意的时候，他不会去注意，而只会记住你的相反的一面。这个时候，就需要用诚意去打动对方。

赢得对方信任的心理沟通策略

一个人之所以对别人产生不信任，最大的原因是消息不够灵通——彼此认识不够。如果能够彻底地了解对方，换句话说，对对方的一切知道得非常清楚，毫无理由的不信任感，自然就不容易发生。可是当怀疑对方没有将全部内容告诉自己，一定有什么地方隐瞒自己时，就容易产生不信任感。因为彼此了解不够，或者彼此所了解的程度不同，对方就会担心对自己将有不利。如果不去注意对方这种心理，反而要对方去做什么事情，对方就会怀疑你是在利用他，并对你抱着不信任的态度。

遇到这种情形，有两点必须注意：第一，“我以为你已经知道”“你没有问我，所以我也没有说”——这种理由在这个时候，已经不能适用。因为对方虽然明知自己信息不够，基于下述两个理由，也不会自动地去寻找。一个理由是自己什么地方不明白——换句话说，什么地方了解不足，连自己也不清楚；另一个理由是深怕自己知道了不应该知道的东西。

所以为了预防或消除彼此由于信息的不一致，而产生不信任感，你不妨把你认为“对方当然已经知道”的事情，再全部告诉对方。

另一个值得注意的是：即使你将信息提供给对方，但如果这个信息只有自己才能获得，反而会增加对方的不信任，所以必须同时向对方表示：不妨透过某种路线，去确认这个信息是否准确。譬如说：你去问某某人就可以明白。又告诉对方有利的信息，也可以消除对方的不信任感。只要告诉对方相关的事实，最容易引起对方不信任的，被认为是“错误的信息”。

譬如对方的消息来源本来就不够充分，有的时候自然想自己去获取信息，于是，除了对所有有关的信息都变得非常敏感外，有时还会向不足以取信的所谓“信息通”获取信息，结果对毫无根据的消息，都加以相信，进而对向他进言的人和其说话内容，产生了“误解”。于是产生不信任的原因，变成了不是为了信息的“量”的不同，而是为信息的“质”的不同，情形就愈来愈严重。

为了避免这种情形发生，应该一开始就将自己所知道的信息，毫不保留地告诉对方，如果对方对你已经不信任，你就应该知道原因是由于信息的不足，更有将过去未曾告诉对方的信息，全部吐露的必要。

遇到不信任感深的人先“冷却一段时间”

凡是对你所说的话充耳不闻、不予重视，甚至表示轻视态度的人，意思就是告诉你：他对你的不信任感已经根深蒂固，也就是说不信任感已经成长。这种人你再怎么说也是不会有反应的。这种不信任感有的一开始就很严重，而且固执不变，和已经成长的不信任感一样，单凭热诚和迅速示以诚意，已经无法消除。

遇到这种人，你就必须考虑用“冷却一段时间”的方法，但这并不是说和对方断绝关系，虽然对方心理有点“不愿意看见你”，如果你真的不去见他，他反而会认为你是不懂礼貌的人，愈发加深对你的不信任。

也就是说，遇到对你的不信任感已经非常坚固的人，你就必须在短期间内，不要抱有太大的期待。

如果错处是你，自然更不必说，即使未必完全如此，当对方的情绪尚在相当激昂的时候，最好亦是平心静气地向他低头，等到过了一段时期，对方恢复了冷静以后，沟通就会变得顺畅许多。

譬如车祸发生以后的谈判，就是最好的例子。懂得人的心理之人，即使车祸的大半责任是受伤的人本身，亦绝不会马上和正为受伤而感到焦急悲愤的家属交涉，应该先加以慰问，等对方的情绪平息了以后再说。所谓平息，并非是说对方的不信任即能消除，到了某个时候，还是需要表现诚意的态度，才能发挥作用。表示诚意的时间亦非常重要，这点不容忽视。

摸透对方心思，瓦解对方心理防线

面对众多的陌生人，要选择众人关心的事件为话题，把话题对准大家的兴奋中心。人人有话，自然能说个不停，以致引起许多人的回应。

与陌生人交谈，先提一些问题，在略有了解后再有目的地交谈，便能谈得更为自如，好像向河水中投块石子，探明水的深浅再前进，就能有把握地过河。比如为在聚会时与陌生的邻座打开僵局，便可先询问：“你和主人是老乡呢还是同学？”无论对方怎么回答，都可顺利交谈下去；如果问得都不对，对方回答说是“同事”，那也可谈下去了。

如果对方有兴趣爱好，循趣发问也能顺利地进入话题。比如对方喜爱象棋，便可以此为话题，谈下棋的情趣，车、马、炮的运用等等。如果你也对下棋略通一二，那肯定谈得投机。即使你对下棋不太了解，静心倾听，适时提问，也可以增强好感。

一位朋友在报上发表文章，讲了他的一次经历。

“一天我和朋友去拜访一位教授，那个教授为人严肃，平时不苟言笑。坐了半天，除了开头说了几句应酬话，剩下的只是让人尴尬的沉默。

“忽然，朋友看到他家养的热带鱼，其中几条色彩斑斓，游起来让人眼花缭乱。我知道这鱼叫‘地图’，自己也养了几条，还很得意地为这位朋友介绍过。见他目不转睛地看，心里纳闷，他又不是没见过，怎么这样？教授见朋友神情专注，就笑着问：‘还可以吧？才买的，见过吗？’我刚想开口：‘见过，我家也养着几条呢！’朋友却抢先说：‘还真没见过。叫什么名字？明儿我也打算养几条呢！’我不解地看看他，心想：‘装什么糊涂，不是上星期才到我家看过吗？’教授一听，来了兴致，神采飞扬，大谈了一通养鱼经，朋友听得频频点头。那位教授像是遇到了知音，说说笑笑，如数家珍地给他讲每条鱼的来历、名称、特征，又拉着他到书房看他收集的各类名贵热带鱼的照片，气氛顿时活跃起来。我们本来打算坐坐就走，不料教授一再挽留，直到晚饭后才放我们走。临走时硬塞给朋友几尾小鱼，一直把我们从七楼送到楼下。”

正所谓有，与陌生人交流或者求助于办事时，必须在缩短距离上下功夫，力求在短时间内了解得多些，缩短彼此的距离，力求在感情上融洽起来。孔子说“道不同，不相为谋”，志同道合才能谈得来。有成语叫“一见如故”。与陌生人要能谈得投机，要在“故”字上做文章，变陌生为熟悉。

比如见一位陌生人手里拿着一件什么东西，可问：“这是什么？看来你在这方面一定是个行家。正巧我有个问题想向你请教。”对别人的一切显出浓厚兴趣，通过媒介物引发他们表露自我，交谈就会顺利进行下去。

Chapter 11 洞察他人心理，消除他人成见

——一举俘获人心的心理策略

偏见往往是一种社会刻板印象，也即一般人对某些群体的定势思维与看法，刻板印象的形成主要是依据一些间接的资料，此种资料又多与事实不符，而当事人却坚信不疑。刻板印象一旦形成，对人的判断十有八九要出偏差。

一分钟改变旧成见的心理策略

我们平时说话的时候，往往有意识或无意识地喜欢拿自己的评价作为基准。譬如：“那家百货公司的东西特别贵”“年纪大了，所以顽固”“因为是独子，所以特别依赖”“老头子特别啰唆……”等等。这种武断的观念，有的时候就叫做成见、偏见或刻板印象。

这种成见和偏见，即无科学根据的判断，在形成的过程中，多含有个人的感情作用，所以都不合逻辑。譬如：“路上卖的东西不会有好货”——持有这种想法的人，一定是过去有过上当的痛苦经验。

由此可知，个人的经验和周围的环境，都足以影响对事对物的态度和好恶，所以即使受到责备，还是不容易去除这种成见和偏见。

当然，像这种情形之下所形成的成见和偏见，完全是由于个人狭窄的生活经验所造成，是不够成熟的看法，可是却是一种“生活的智慧”，对自身有很大的帮助。换句话说，为了维持生活，为了防卫自身的安全，这种观念变成了心中的一道“城墙”。这种成见和偏见，绝非是用理论可以说服的，更何况是数十年经验的累积，早已根深蒂固，绝不是一朝一夕所能改变的。

很多人一定会问：“照你这样说，对方一旦有了这种成见，就永远无法改变了吗？”也不全是这种已深深植根于内心的成见和偏见，并非轻易可以消除。但它多是个人在狭小的生活经验中所形成的，并没有绝对的根据，所以，还是可以设法使它动摇的。

这种成见和偏见，既然是由于“过去”的原因而形成。如果对方遇到过去尚无经验的事，则对事情的判断，自然就会失去它的标准。所谓过去尚无经验，是指譬如从事说服工作的人，用对方意想不到的态度去和对方接触。或者告诉对方过去尚无所闻的事实，对方的成见和偏见，很可能就会受到你的影响而改变。这个时候，一种“新的成见”，就会在对方的心中产生，双方形成了新的人际关系。

譬如一向对保险感到厌恶的老年人，由于某个推销员说动了他的心，购买了保险以后，这位老年人心中可能这样想：“我过去对保险的印象非常坏，原来它竟有这么多的优点。”“过去来推销保险的人都不行，这位推销员的确不错。”总之，并非由于过去的成见一扫而空，而是因为有了新的成见，所以这位老人才会购买了保险。由此可知，对方的成见和偏见，即使根深蒂固，也会改变。

观人、察人，从而操控对方

一般来说，成见或偏见是由于狭窄的生活经验所造成的，所以，聪明的做法是让对方知道这点，让对方了解：“原来别人还有另外的想法”、“原来还有这种想法的人”，使对方把自己的眼界放大，消除成见就指日可待。

首先，必须设法让对方先表示自己的主观，然后慢慢将他的态度由主观变成客观的。据一位资深的采访人员讲，你如果想打听对方，最有效的要诀是——“不要说话”。这的确非常有道理，因为若是第一次见面，对方究竟存有什么成见和偏见，你根本不知道，万一质问不恰当，反而会引起对方的不愉快，甚至闹别扭，结果得不偿失。

搞定持有成见的人，虽然和采访时的技巧一样，最重要的是让对方先表示自己的成见，但单是这点还不够，你必须婉转地、不露痕迹地，让对方发觉自己的成见什么地方不对，自己的想法什么地方有错误。

因此，如果一开始你对对方的成见，即认为是“不合逻辑的想法”，或者是“想法非常幼稚可笑”，而加以反驳或批评——这显然是最愚笨的方法。因为这种成见和偏见，纯粹是由于其个人偏狭的经验所形成的，是他的人生观和世界观的一部分。你认为幼稚、不合情理，可是在对方来看，却认为这是他观察人生重要的标准。所以，如果摆出反驳批语的姿态，势必惹怒对方，对方会像刺猬一样防备起来，造成僵局。

第一印象是达成共识的有效方法

首因效应是一个心理名词，对人际交往影响较大。心理学规定，人与人之间第一次交往中给人留下的印象，在对方的头脑中形成并占据着主导地位，这种效应称为首因效应。我们常说的“给人留下一个好印象”，一般就是指的第一印象，

初次交往给人以良好的第一印象，不是在演戏，演完就拉倒；而是希望能够以此为契机继续交往下去，第一印象其实非常重要。

心理学家认为，如果眼前有一个人，我们就会对他产生印象，这个心理过程叫知觉，由于它是针对人的，故称之为“人际知觉”。而“偏见”产生的最初原因即来自于此，首先来自“第一印象”。而“第一印象”微妙而深刻地影响着人们互相间的关系。譬如交友时，第一印象很重要，第一印象不好，难谈成。

比如，当你邂逅一位异性时，对方的容貌、风度、谈吐等外在形象和气质唤醒了你，使你原来朦胧的潜意识清晰起来，与现实中对方的形象应合，于是便自然而然地进入了美感共鸣状态，产生“踏破铁鞋无觅处”、“有缘千里来相会”的惊喜。其中凭“一见”就结为美满婚姻的既有巧合，也有由于当事人经过长期的积累、整理，已形成了善于捕捉、挖掘、感受对方内蕴美的高级审美直觉。这种认知克服了低级直觉的缺陷而渗透了理性因素，双方在“一见”的瞬间似乎就沟通了情感的交流，并经过必要的深交、协调，彼此钟爱。

但现实生活中也不乏凭这种所谓的“首因效应”而看错人、对错象的。所以，第一印象又往往不很准确，因为在很短的接触中所依据的材料十分有

限，据此来评价一个人往往不可能完全正确。可是，人际交往中人们很难避免被第一印象所左右。所以人们在初次交往时，要尽可能给对方一个好印象。

察言观色是防止偏见产生的测试仪

偏见往往是一种社会刻板印象，也即一般人对某些群体的定势思维与看法，刻板印象的形成主要是依据一些间接的资料，此种资料又多与事实不符，而当事人却坚信不疑。刻板印象一旦形成，对人的判断十有八九要出偏差。

人们难以完全摆脱刻板印象的影响，因为人们要接受各种舆论的作用。但是，只要我们善于用“眼见之实”去核对“偏听之辞”，就可以不使“偏见”产生。因偏见产生还受主体状态的影响。所谓主体的状态是指本人当前的多种身心状况，诸如生活境遇，情绪状况等。例如，“人逢喜事精神爽”，当一个人处于这种情绪状态时，在他眼里一切事物都是美好的。这说明主体状态影响到本人对知觉印象的判断，这也是一种偏见。由此，我们应该知道，不要在别人心情不佳时去麻烦别人。在这个意义上，察颜观色有其积极意义，也是防止偏见产生的必备条件。

用智慧去消除他人心理的成见

在从前的美国，因为人造奶油的品质比真正的奶油差，味道粗劣，很多人不喜欢，销路一直无法拓展。可是制造人造奶油的厂商，却认为不论品质、味道以及营养，人造奶油绝不会输给奶油，自信可以代替奶油，于是厂商想有什么方法，可以告诉消费者它的真正价值，希冀打开销路。换言之，就是用什么方法，可以去除消费大众对于“人造奶油比奶油差”的成见？

于是，厂商委托了很多机构，追究这种成见形成的原因，并且商讨对策。美国心理学家巴卡特在他所著的《背后的说服者》一书中记载了这样的实验：

先是询问出席午餐会的许多妇女：是否能够区别出来哪个是人造奶油？哪个是奶油？百分之九十以上的答复是可以区别，理由是：人造奶油的油味很重而且味道很差，很容易便能区别出来。于是分给在场的妇女每人两块黄白东西，请她们尝试味道。结果百分之九十五以上的妇女，认为黄色的那块是奶油，都说味道既纯又新鲜，白色的那块是人造奶油，说它油味太重。

事实上却完全相反，白色的是刚刚做好的奶油，黄色的是人造奶油。因为这些妇女对颜色都有一种先入为主的成见，只是用颜色来区别奶油和人造奶油，至于味觉上所谓“油味太重”，根本是凭空臆测，毫无根据的。

这些根本不懂味觉而窘态毕露的妇女，会有怎样的反应？站在心理学家的立场，是相当有趣的问题。聪明的厂商，并没有说破对方的成见，只是告诉她们：“各位太太，你们不是说人造奶油味太重吗？其实味道是没有什么区别的。”厂商不去强调人造奶油和奶油类似的地方，而是让对方另外有一种满足感，据说从此以后，人造奶油的销路就渐渐地扩大。

Chapter 12　透过行为举止，窥探性格本质
——瞬间说服他人的心理策略

对于不易说服的人，最好的办法就是要使对方认为你与他是站在同一立场上的。通常出现在这探讨有关人生问题的电视节目的观众朋友，以离婚女子占多数，此时负责解答疑难者说的一句话："如果我是你的话，我会原谅他的，而且绝不与他分手。"

绝对说服他人，从而达到一举俘获人心的计谋

日本有家电视台，每周设有一次关于人生问题讲座的节目，据说收视率比其他同时段的节目要高出许多。

收视率之所以偏高，当然有许多原因，但其中或许有人们都喜爱观看他人遭遇不幸的残酷心理。不过最主要的还是因为节目中巧妙的答话，更是使人百看不厌。

大多数有疑难问题而上电视请教的观众朋友，在开始时，多会对解答者所做出的各种忠告提出反对意见或辩解，并且显得十分不情愿接受对方所言。但久而久之，不知不觉地对解答者所说的每一面话都会频频颔首称是。见了这些画面，真是比起电影院中观赏一部电影的感受还要深。

电视台的主持人或问答者，无不是精挑细选才产生出来的，所以光是听听他们的说服方式也受益不少。

对于不易说服的人，最好的办法就是要使对方认为你与他是站在同一立场上的。通常出现在这探讨有关人生问题的电视节目的观众朋友，以离婚女子占多数，此时负责解答疑难者说的一句话："如果我是你的话，我会原谅他的，而且绝不与他分手。"

朋友们千万别认为话中的"如果我是你"只是短短的、单纯的一句话而已，殊不知它发挥的效力是不可限量的。而这也是由于人人都有认为"自己是最可爱"的心理所致。

如果在说服中，无意中使用了一些不太得当的言词，但由于你巧妙地运用这句"如果我是你"，从而弥补了你言词的过失。不仅如此，它还能促使对方做自我反省，使对方终于感觉到惟有你的忠言，才是对自己最有利的。

站在对方的立场上，使他认为你视他人的利益就如同自己的利益一样。

有一个小伙子，为人特别诚恳，他不像其他的人那样吹嘘自己的产品，而是老实地将各种产品的性能、优缺点通通介绍清楚，让顾客自己去决定，可是这样做，就失去了很多顾客。因此，老板正在考虑要不要辞掉他。

这天又来了一个客人，询问有没有一种可折叠、调节高度的桌子时，小伙子随即搬来了样品，如实地向顾客介绍了产品的结构状况。坦白地说，这种桌子不怎么好，我们常常接到退货。”

“啊！”顾客说，“可是到处都看得到这种桌子，我以为它挺实用的。”

“也许吧！”小伙子说，“不过据我看，这种桌子不见得能升降自如，虽然它的款式新颖，但在结构上有些问题，我实在不想向您隐瞒它的缺点。”

“结构上有问题？”顾客追问了一句。

“是的,它的结构过于复杂、精巧,结果反而不够简便。”小伙子走近桌子，用脚去踩踏板，本来该像踩离合器踏板般地轻踩，小伙子却一脚狠狠地踏踩，只见桌面突然往上撑起，碰到了那个人的下巴。

“对不起，我不是故意的。”

顾客笑了,脸上甚至还现出喜悦的神色:“很好。不过,我还得仔细看看。”

“不错,买东西不精心挑选,很容易吃亏的。你看这桌子的木料并非上乘，而且贴面胶合得很差，劝你还是别买的好。”

“好极了。”顾客十分兴奋，而且还出乎意料地想买下这张桌子，并且要求马上取货。

顾客一走后,这位店员立即受到上司的训斥,并被告知他被“炒鱿鱼”了。

于是，这位店员开始动手整理东西，准备办理离职手续。这时，突然来了一群人，争相要看这种桌子，并说他们是刚才那位买桌子的人介绍来的。这样一下子就卖出了50张桌子，完成了一笔大买卖。此事惊动经理后，这位店员不仅没有被辞退，经理还主动给他加薪，并把他如实介绍商品状况的做法引介给其他同仁，要求其他店员仿效。表面上看似偶然，但实质上却包含着必然性。他的做法正是诚信的具体表现，在商家普遍地“王婆卖瓜，自卖自夸”，甚至弄虚作假的情况下，他的诚实作风确实令人耳目一新。

更重要的是，他能从对方的角度考虑，知道对方买到这个东西最大的需求点是什么。正是这样深深地和对方融合为一体，才能做到诚实，如果光是诚实地介绍每个产品的特点，而不顾他人的需求，也不会取得这么好的结果，更谈不上获得人们的赞赏了。

用无形暗示、巧妙的诱导来化解双方冲突的心理策略

说服的最高境界应该是：你不说，对方就已经明白你的意思，并且心悦诚服。但是这种境界是很难达到的，它需要说服者与被说服者都有极高的领悟能力。但是有一种说服技巧，就能够达到这一点，那就是“因势利导”，根据情况的发展，“诱导”对方按照自己的意思做。

很久以前，一场狂风毁坏了一个渔夫的小草屋，渔夫太穷，没有钱再盖新房子。渔夫只有和老伴搬到唯一的儿子家去。

老两口的到来，让儿子一家人很为难，自家的破草房也不大，老两口一来，整个房子挤得都不行了，家里的气氛也开始变得不和谐。

无奈，儿子找到村子里德高望重的老人帮忙想办法。儿子问：“我们应该怎样做？”

老人反问：“你们家里有小鸡吗？”

儿子回答，“有 4 只老母鸡和 8 只小鸡，它们能够解决我的难题吗？”

老人说：“你就把所有的鸡都放进屋子里，和大家一起住。”

儿子觉得这个办法很怪异，但是因为老人的办法一向都能解决问题，于是就照办。十多只鸡的加入，使本来就小的破屋子更加拥挤，鸡毛满天飞，家人已经没有了原来的礼貌，而是恶语相加，矛盾逐渐升级。儿子不得不再去找老人问计，请老人换个办法。

老人说：“你们家还养着羊吗？”

“我们家有 3 只山羊。”

“那你再把羊都赶进屋子里去。”

还要把羊再赶进去？简直荒唐透顶。但是，儿子还是决定再相信老人一次，把羊赶进屋里。

现在，日子更没法过了：9 口人，11 只鸡，3 只羊，全部挤在一个狭小、吵闹的破屋子里。孩子开始抱怨没办法安心学习，老人抱怨没有办法休息、儿媳妇抱怨鸡总是把屋子弄得很脏。

第二天，筋疲力尽的儿子不得不再去求老人。他疲惫地说：“我们都受不了了，请你一定要帮助我们，否则的话，家里就乱套了，肯定会打起来的。”

这次，老人的回答仍然令人费解：“你回去把鸡、羊都赶出去，情况就会好了！”

儿子立刻赶回家，把所有的畜生赶出了屋子，顿时房子变得宽阔，大家的情绪也变好了，一家人相亲相爱又开始了新生活。

儿子找老人问计时，如果老人告诉他：你只要爱你的父母，就不会觉得挤。相信不管老人怎么说，年轻人都不会意识到这一点，毕竟有些事情尽管有爱，也不容易做到。于是老人就给他想了这个方法，让他自己去体会。事实也是如此，老人没费多少口舌，年轻人自己就明白了。

所以，如果我们发现用语言难以说服对方时，可以给对方做一个“真实”的假设，或者一个现实的场景，让对方自己去想象、体会你所要说明的道理。那样，对方既容易明白，又体会得深刻。

以柔克刚，让你成为赢得人心的社交高手

郑女士是一家卫浴公司的销售经理，经常接触各种各样的国外客户。郑女士曾经说：“可能我国的卫浴行业发展进程不如国外，所以老外对我国的卫浴产品带有一定的歧视心理，觉得他只要能买我们的产品，就已经算是最大的恩惠了。可是我偏不这样认为，你谈判时必须抛弃这种歧视的心态，否则免谈。”

曾经有一个德国客户，想买郑女士公司50多万美元的货物，但是给出的价格远远低于郑女士所能接受的底线。如果仅仅是这样，双方的谈判还不会僵硬到哪里去，关键是对方的态度。

对方一上来就说："如果不是因为时间紧迫，我都不会从中国进货，因为你们的产品和其他国家的产品根本不是一个档次。"

听对方这样说，郑女士很生气，但是她没有发作，而是很平和、委婉地说："不好意思，虽然贵公司需要这么多货，但是这个价格我还要考虑一下，不过我可以提前告诉你一下，情况不会太乐观，因为我相信我们公司产品的质量。"

看到郑女士如此"嚣张"地回应自己，客户站起身来气哄哄地走了。

然而第三天，这位客户就从欧洲飞回来，急急忙忙地给郑女士打电话说马上要见她。郑女士则故意回答："非常抱歉，现在正在休假。三天后我才上班呢！"

三天后，客户只好顺从了郑女士的提议。

后来，郑女士说："尽管对方是个大客户，想靠气势压倒我，但是我不会理会他。只要我不受他的影响，而是始终比较冷静地应对，就不会有什么大问题。其实，对于这样的人，你根本没必要和他生气，那样不仅谈不成生意，还会让自己闹个没趣。"

许多人往往会因为自己的强势地位而蛮不讲理，甚至得寸进尺，那时我们怎么办？绝对不可以"鸡蛋碰石头"，而应该"软化"自己，让自己变得柔韧起来，用自己的柔韧去对付他们的"刚强"。比如对方来势凶猛，你就送个"棉花糖"上去，吸收对方的强势力量，那样对方有力量也使不出来。

所以，在对强势人物进行说服的过程中，一定要记得稳定自己的情绪，用平和的心态对待对方的一切情绪变化，用委婉曲折的方法，起到以柔克刚的作用。

在充分尊重对方的基础上提出自己的要求

尊重别人是一种美德，每个人都有受到别人尊重的权利，即便是一个乞丐或者落魄的人，面对别人的侮辱和轻视，都会表现出应有的不满。因此，当我们在说服别人时，特别是当我们请求对方的帮助时，一定要充分地尊重对方，这样才可以达到自己的目的。

在一个科里，职员小张英语学得挺好的，因此，科里的人都会请他帮忙翻译一些文章。这天，科长叫住了他："小张，你今天看起来气色蛮好的嘛，听说最近挺清闲的？你看人家小王多忙。在现在这个社会，总是能者多劳的。我听大家说你的英文很棒，反正闲着也是闲着，帮我翻译一下这篇稿子，这礼拜就要，你得抓紧点。"

小张一听，装作思考了一会儿，说道："这礼拜？我恐怕要跟你说声抱歉。下星期一我有一个会议，必须准备一些相关资料，所以可能没时间为您翻译，科长不也是大学毕业的吗？我看根本不用托我嘛，反正我本职的工作都做不好，就别说翻译这么重要的事情了。"

科长大手一挥，说道："算了算了，不求你了，我知道了。"

在这个例子中，科长本来是求人办事的，可搞得却像是在批评对方，小张能不拒绝吗？

本来，求人就是说服，而科长不是说服反而是在贬低对方。他先拿小张和小王比，言辞间流露出批评之意，甚至还抨击对方工作没做好什么的。如此一来，小张心里能好受吗？又怎么会替他办事？

在现实生活中，有很多这样的事情。有些人求人办事时，不仅不说好话，还伤害了他人的自尊，自己却一副若无其事的样子。碍于上司下属的关系，对方即使受到伤害，也不至于当场和你翻脸。但是长期下来，部属心中对于上司就会不满，久而久之也会忍不住溢于言表了。

而该公司的另一位领导，在求小张翻译时，小张却一口同意了。这位领导是这么说的。

“小张，你最近有空吗？听说跟你同期的小王最近很忙，我想你肯定也闲不了。知识经济时代，真是能者多劳啊。下周一又要开会，你现在一定也很忙吧？听人说你的英文学得很不错，不知能否抽空帮我翻译一下这篇文章呢？这是一份非常重要的资料，急着要的，行吗？”

“这周就要吗？连您都这样不敢掉以轻心，我想这份资料肯定非常重要。既然您这么看得起我，我一定会尽力的，只是可能会有些错误，还请您多多指教。”

“我就知道你肯定会帮这个忙的，要不然，我也不会来找你了。拜托你啦。”

如此和气尊重的请托，谁会忍心拒绝呢？

同样的请求，为什么换一种说法，小张的反应就会变得如此的不同呢？主要是因为他的自尊心得到了极大的满足。

我们每一个人，都会对自己的东西怀有一分自豪、珍惜之心。尊重这份感情，也就能赢得对方的信赖。一般人若能在工作上得到上司的肯定，就很容易滋生甘为对方赴汤蹈火的情感。

从一言一行上挖掘出他人的蛛丝马迹

某一有名的早期天才教育家，他对于不喜爱练小提琴的孩子尤其独具匠心。在教孩子们练琴时，经常碰到的难题就是儿童学琴意识低落，然而他却能使这些孩子们个个乐意接受他的指导。用逼迫的方式吗？不！因为这种办法只能收到一时之效，并不能持久，原来他所使用的特效药就是这么一句话：“我想这件事你必定做不好，因为你的技能比人家差，所以你才不想练习。”

只要是从事教育工作，便经常会体会到这一类情形，尤其是小学生更是如此，他们很少有能够主动进取的，常以投机取巧的方式来达到他们偷懒的目的。对于这样的孩子们你若说：“难道你是不喜欢它吗？”这会毫无效果的，而要对他们说:“这样的事情对你来说是稍勉强了点,可能你没办法做得更好,因为你的能力比别人差。”只要这一句话,大多数孩子都会自发地行动起来。

像这样的激发效果,对大人或孩子并没有多大差异。此时若采用强迫手段,非但毫无用处,反而会引起对方反抗的心理。纵使就范了,也不见得能得到什么好结果。

人的心理有一种特性,往往愈受到压迫,反抗心也愈强。例如,在娱乐节目进行中,若是规则订得过于繁杂,便丝毫引不起人们的兴趣,倒不如将规则放宽,使参与者个个都能兴高采烈。

所以当你有某事需要他人替你代劳时,千万不可用“你不想做”,而必须以“你是因为能力差,不会做”来激发他,因为前者并没能刺激对方的自尊,后者却击中了他的要害,而对方为了挽回自尊,必然会努力做出成绩来让你瞧。

有一位七十多岁的老人也是属于这一类的人,若有人遇事找他帮忙,他不会轻易答应,但有一个诀窍,就是说句“我知道你是不会做的”,他为了保持自己的自尊,也会勉强地答应下来。

老年人尚且如此,更何况是一般的人。俗话说“请将不如激将,激将得法,效果会更佳”。

苏秦当了赵国相国后,便命手下人不露声色地将张仪接到赵国。张仪到赵国后,苏秦故意避而不见,好不容易见了面,又挨了顿奚落。张仪回到客店,一筹莫展,贾舍人替他还清食宿费,并把他送到秦国。到了秦国,贾舍人又拿出好些金钱作为张仪在秦国做客卿的费用,张仪要报答贾舍人的大恩。哪儿知道贾舍人凑巧来跟他辞行。张仪流着眼泪,说:“我在困苦的时候,没有人瞧得起我。只有你是我的知己,屡次三番地帮助我,要不我哪儿有今日。咱们有福同享,你怎么能回去呢?”

贾舍人笑着说:“别糊涂了!打开窗子说亮话,你的知己不是我,是苏相国!”张仪摸不着头脑,说:“这是什么话?”贾舍人对他说:“相国正计划着叫中原列国联合起来,就怕秦国去打赵国,破坏他的计策。他想借重一个亲信的人来执掌秦国的大权,他说这样的人,除了先生没有第二个。他就叫我把先生引到赵国。又怕先生得了一官半职就满足了，特地用了‘激将法’。先生果然火了，要争口气，他就交给我好些金钱非要叫秦王重用先生不可。我是相国手下的门客，如今已经办完了事，得回去报告相国了。”张仪一听，不由得愣住了。呆了一会儿，叹息着说：“唉，我自以为聪明、机警，想不到一直蒙在鼓里还没有觉察出来。我哪儿比得上苏秦啊？请您回去替我给他道谢，他在一天，我决不叫秦王去打赵国。”

《三国演义》中，诸葛亮也经常使用激将的方法达到自己的目的。在第六十五回中，诸葛亮也是使用故意贬低的方法，才使得张飞能够在葭萌关一战中大败马超，获得了胜利。

有探子来报，马超率兵攻打葭萌关。此时，诸葛亮正和刘备在军中议事。诸葛亮听到这个消息，说：“只有张飞、赵云二位将军，方可对敌马超。”

刘备说：“子龙领兵在外，一时回不来，翼德现在这里，可以急速派遣他去迎战。”

诸葛亮说：“待会儿等张将军来时，主公先别说话，让我来激激他。”

诸葛亮刚说完，张飞就大声喊着走了进来。原来，他一听说马超前来攻关，就赶忙过来主动请求出战。

诸葛亮佯装没有听见，转过身对刘备说：“马超智勇双全，无人可敌，除非往荆州唤云长来，方能对敌。”

张飞说：“军师为何如此小瞧我？我张飞曾单独抗拒曹操百万大军，难道还怕马超这个匹夫吗？”

诸葛亮说：“你在当阳拒水断桥，是因为曹操不知道虚实，若知虚实，你现在还能站在这里说话吗？马超英勇无比，并且老谋深算，天下无人不知。当年，他在渭桥六战中，把曹操杀得割须弃袍，差一点丧了命。这个人绝非等闲之辈，就是云长来了，也未必能够战胜他。”

张飞一听，立刻怒火中烧，大声说道：“我现在就去，如果战胜不了马超，甘受军事处罚。”

诸葛亮看自己的激将法起了作用，便来了个顺水推舟，说：“既然张将军肯立军令状，便可以为先锋。”

结果，张飞与马超在葭萌关下酣战了一昼夜，斗了二百二十多个回合，虽然未分胜负，却打掉了马超的锐气。后来，诸葛亮施计，说服马超归顺刘备。

诸葛亮知道张飞脾气暴躁，并经常因此误事。所以，他就常常用激将的方法来说服张飞。每当遇到重要战事，诸葛亮总是故意说张飞担当不了此任，或者说怕他贪杯酒后误事，逼得张飞急了，甘愿立下军令状。这样，就可以增强他的责任感和紧迫感，激发他的斗志和勇气，扫除轻敌思想。

在说服别人的过程中，可以先用贬低对方的方式激起他的怒气和斗志，逼他发挥出最好的水平。这样，就可以达到自己的目的。

一个巧妙诱导，让你成功化解双方冲突的心理战术

曾经有一位精明能干的老太太，有一次她到某大洗染公司干洗一件衣服。到了约定时间她去取衣服时，发现洗好的衣服上有一个明显的焦痕。这当然是洗时不慎而造成的，并且发现正是干洗的时候烫焦的。

这位太太无比生气，因为这是一件她原本称心的衣服，这样一来穿在身上就不大好看了，所以她决定向公司索赔。但是那家公司的洗衣单上注明，在洗染时衣服质料受损公司不负责任，争吵多时双方仍然各执一端，无法达成协议，她于是要求面见经理，要跟经理当面交涉。

那位太太气愤至极，她竟直闯进了经理室。经理正在房间办公，她在进门时除了愤怒脸色外，还立即郑重道："经理先生，我来不是为了别的，我的衣服被你的职员弄焦了，我要求贵公司赔偿，这套衣服我做的时候花了 12 美金。"

"对不起，这件事我也知道，但那单上不是明写着不负责任吗？"

太太顿时哑口无言。可是当她抬头时，蓦地看见墙上挂着一根高尔夫球杆，立即灵机一动，换了一种柔和的语气对经理说道："经理先生，你是不是很喜欢高尔夫球？"

"是的，这是我生平最喜欢的东西！你一定也喜欢吧？"那位经理一听

到关于高尔夫球的问话，立刻来了兴致，因为他十分钟爱这项运动。

“我也喜欢！”这位太太索性以球杆为话题来应付他：“我近来正在想怎样握球杆才好，经理，你是喜欢哪种握杆方法呢？”

“我吗？对这两种握法都不喜欢，我现在正在研究一种新的握杆方法，那真是好极了！”“哦，经理先生，你可以告诉我吗？——不过今天我没有空，我是为我受损的衣服来的，既然你不予赔偿，我只好回家了。至于握球杆的方法还是……”“没关系，我们可以多谈一会儿的，不就是一件衣服吗？哦，太太，你的衣服是 12 美金吗？我开一张支票给你……”说完，经理按门铃叫人进来，开了一张支票给那位太太，并对她说：“对于衣服的事不要多讲了，现在还是让我来教你握球杆的方法吧，我可以先示范给你看，喏，就是这样，我深信你若按这种方法学起来，你的球艺一定会大有长进。”

结果，这位老太太不仅获得了赔偿，还从公司经理那里学到了球艺。其根本的原因是这位老太太猜透了经理先生的爱好与性格，并以此为要害点切入，从而说服了对方，达到了自己的目的。

了解并透视对方兴趣，把话说到对方心里去，任何事情都会成功一大半。

秘书把客户亚当森做了简单的介绍后，便退了出去。这时，亚当森没有与伊斯曼老板谈生意，而是说：“伊斯曼先生，在我等您的时候，我仔细地观察了您这间办公室。我本人长期从事室内的木工装修，但从来没见过装修得这么精致的办公室。”

伊斯曼回答说：“哎呀！您提醒了我差不多忘记了的事情，这间办公室是我亲自设计的，当初刚建好的时候，我喜欢极了，但是后来一忙，一连几个星期我都没有机会仔细欣赏一下这个房间。”

亚当森走到墙边，用手在木板上一擦，说：“我想这是英国橡木，是不是？意大利的橡木质地不是这样的。”

“是的，”伊斯曼高兴得站起身来回答说，“那是从英国进口的橡木，是我的一位专门研究室内橡木的朋友专程去英国为我订的货。”

伊斯曼心情极好，便带着亚当森仔细地参观起办公室来了。

他把办公室内所有的装饰一件件向亚当森做了介绍，从木质谈到比例，又从比例谈到颜色，从手艺谈到价格，然后又详细介绍了他设计的经过。此时，亚当森微笑着聆听，饶有兴致。两人谈着谈着，伊斯曼说到动情处便向他讲述了自己苦难的青少年时代的生活，母子俩如何在贫困中挣扎的情景，自己发明柯达相机的经过，以及自己打算为社会所做的巨额的捐赠……

亚当森由衷地赞扬他的功德心。

本来秘书已提醒过亚当森，谈话不要超过5分钟。结果，亚当森和伊斯曼谈了一个小时又一个小时，一直谈到中午。

最后伊斯曼对亚当森说："上次我在日本买了几张椅子，打算由我自己把它们重新油好。您有兴趣看看我的油漆表演吗？好了，到我家里和我一起吃午饭，再看看我的手艺。"

午饭以后，伊斯曼便动手把椅子一一漆好，并深感自豪。

直到亚当森告别的时候，两人都未谈及生意。但是最后，亚当森不但得到了大批的订单，而且和伊斯曼结下了终生的友谊。

为什么伊斯曼把这笔大生意给了亚当森，而没给别人？如果他一进办公室就谈生意，十有八九要被赶出来。

亚当森成功的"绝"窍就在于他了解谈判对象，他从伊斯曼的办公室入手，以几句人情话巧妙地赞扬了伊斯曼的成就，使伊斯曼的自尊心得到了极大的满足，把他视为知己，这笔生意当然非亚当森莫属了。

软磨硬泡，磨刀不误砍柴工

有句话说：不厌其烦地一直重复，对方便会倾向同意。而所谓的不厌其烦，就是"软磨硬泡"。"软磨硬泡"是以消极的形式争取积极的效果，可以表现自己不达目的不罢休的决心和毅力，给对方施加压力，也可以增加接触机会，更充分地表明自己的态度、思想和感情，以影响对方的态度，实现求人的成功。

宋朝赵普曾经做过两朝皇帝的宰相，他是个性格坚韧的人。在辅佐朝政时自己认定的事情，就是与皇帝意见相悖，也敢于反复地坚持。

有一次赵普向皇帝推荐一位官吏，没有被批准。赵普没有灰心，第二天上朝时又向皇帝提出这项人事任命事项，请皇帝裁定，还是没有被答应。赵普仍不死心，第三天又提出来。

连续三天接连三次反复地提，同僚也都吃惊到赵普何以脸皮这般厚。皇帝这次动了气，将奏折当场撕碎扔在了地上。但赵普自有他的做法，他默默无言地将那些撕碎的纸片一一拾起，回家后再仔细粘好。第四天上朝，话也不说，将粘好的奏折举过头顶立在皇帝面前不动。皇帝长叹一声，只好准奏。

赵普还有类似的故事。某位官吏按政绩已该晋职，身为宰相的赵普上奏提出，但因皇帝平时就不喜欢这个人，所以对赵普的奏折又不予理睬。但赵普出于公心，不计皇帝的好恶，前番那种韧性的表现又重复起来。皇帝拗他不过，不得不勉强同意了。

皇帝事后追问："如果我不同意，这次你会怎样？"

赵普面不改色道："有过必罚，有功必赏，这是一条古训，不能改变的原则，皇帝不该以自己的好恶而无视这个原则。"

也就是说，您虽贵为天子，也不能用个人感情处理刑罚褒赏的问题，这话显然冲撞了皇帝。皇帝一怒之下拂袖而去，赵普紧跟在后面，到后宫皇帝入寝的门外站着，垂首低头，良久不动，下决心皇帝不出来他就不走了。最后皇帝也只能原谅了他的无礼，还褒奖了他的忠诚。

现实中，有的人偶尔被对方拒绝了，便一下子失去了托他办事的信心。这样是不行的，这样的心态什么事也办不成。俗话说，张口三分利，不给也够本，见硬就退是求人办事的大忌。有多少人愿意主动地把好处让给你呢？虽说求人三分短，但刘备能三顾茅庐，才能割据天下。对方一时不能合作是常有的事情，不妨一而再、再而三，反复申请、反复渲染、反复强调，那么就一定会精诚所至，金石为开的。

"软磨硬泡"消耗的是时间，而这恰恰是一种武器。时间对双方都是宝贵的，人们最耗不起的是时间。所以，如果用足够的耐心，摆出一副"打持久战”的架势与对方对垒时，便会对对方的心理产生震慑。以“泡”对“拖”，足以促其改变初衷，加快办事速度。所以，耐心地牺牲一点时间，反而可以争取到更多的时间。“软磨硬泡”，不仅要能“泡”，还要会“泡”。换言之，“泡”，不是消极地耗时间，也不是硬和人家耍无赖，而是要善于采取积极的行动影响对方、感化对方，促进事态向好的方向转化。有时候对方推着不办，并不是不想办，而是有实际困难，或心有所疑。这时，你若仅仅靠行动去“泡”很难奏效的，甚至会让对方很烦，更不利于办事。这时嘴巴上的功夫就显得十分重要了。要善解人意，抓住问题的症结，巧用语言攻心。话是开心的钥匙。当你把话说到点子上时，就会敲开对方心灵的大门。记住：不厌其烦地一直重复，对方便会倾向同意。

揣摩他人心思，把握办事的时机

托别人办事前，自己先要吃点亏。想请别人办事，就要让别人欠个人情，而自己吃亏就是一个很好的方法。

不管是大亏，还是小亏，对搞好与他人的关系有帮助，你要尽可能地吃下去，不能皱眉。尤其是大亏，有时更是一本万利的以吃亏来交朋友，以吃亏来得利，这是一种比较高明和有远见的办事技巧。

智者说：吃亏是福。因为吃亏你就成了施者，别人则成了受者，看上去，是你吃了亏，他得了益，然而，别人却欠了你一个人情，在情感的天平上，你已加了一个筹码，这是比金钱、比财富更值得你珍视的东西。吃亏，会让你在别人眼里变得豁达、宽厚，这当然会使别人更心甘情愿地帮助你，为你办事。

以利益驱动

如果你了解到这事办成的难度大，或者对方是一个见钱眼开的人，即使帮你办成，也会留下一个天大的人情。这样，你不妨干脆以合作的态度去找他，以利益驱动。

如果你把实情道出，说这是我自己的事，事成之后，我给你多少多少好处，对方可能会碍于交情不好接受。那么，这时，你可以撒个小谎，说这事是别人托你办的，事后可以怎么怎么的，这样，对方就会很坦然地接受，你也可以显得不卑不亢，事后也避免留下还不完的人情债。

态度要谦卑

求人，你首先要弄清你求的是谁，和你是怎样的关系。尽管你们过去是同事或者你曾是他的上级，但这次你去求他，他就是你的“上级”，你去走人家的门子，人家肯定就高。人家高了，你无疑就低了。第二，求人就要有求人的诚恳，说话办事，都要合乎自己当时的身份，过去你是他的上司，当然可以颐指气使，可今天你求到人家的门下，你就务必谦逊三分，因为此一时，彼一时也。你不低头相求，人家会为你办事么？弄清了自己的地位，低头时也就顺理成章，表情自然了。

掌握好求人办事的时机

所谓时机，就是指双方能谈得来、说得拢的时候，对方愿意接受的时候。一个人在车祸丧子的悲痛中还没解脱出来，你却上门托他给你的儿子保媒说媳妇，无疑你会碰壁的；领导正为应付上级检查而忙得焦头烂额的时候，你却去找他谈待遇的不公，那你肯定要吃“闭门羹”，甚至遭到训斥。掌握好说话的时机——比如，在对方情绪高涨时，在为对方帮忙之后等，才能提高办事的成功率。

劝说他人尽量用肯定的信息

有个非常有意思的现象：如果，你让你的朋友站起来接受你的请求，然后你说：“请不要站着。”你会发现他或她要犹豫几秒钟才坐下。然后重复这个测验，这次变换一下请求的句式：“请坐下。”还是那个人，但这次动作快多了。

这里还有一个例子：“请不要想一头蓝色的象。”

这是不是很难做？为什么会这样呢？

原因很好理解。我们必须想着站着又想着不站着。我们必须想着蓝色又想着不是蓝色，我们必须想着大象又想着蓝色不是大象的颜色。如果你想要某人坐下这种状态出现，那么最好的祈使句就是：“请坐下。”

我们现在想必已经清楚，为什么要在让别人满足我们的请求或贯彻我们的指示的方式上倾注这么大的心思。

如果你有小孩子并对他们比较了解的话，那你一定对下列状况习以为常。一个孩子被要求把盘子拿到厨房去时，会受到提醒：“别把盘子掉在地上！”孩子的脑子里会怎么想，他们肯定会为了不摔盘子而想到摔盘子的情形。

一个小男孩爬到树上就会听到父母说：“小心，别摔下来！”那么他对这个别摔下来做何考虑呢？他非想到摔下来的样子不可！特别小的孩子在能用他们的头脑分辨表达否定的信息之前，会偏偏去做那些你不让他们做的事情。

看到一个小孩坐在电视机前，做父母的会说：“别离电视那么近。”这个孩子会更靠近电视机，然后才意识到命令是让其离开电视机远一些。

当我们试图劝说自己来采取某种行动时，我们也需要了解自我谈话中否定的作用。

比如说，一个要戒烟的瘾君子说，“我以后不抽烟了”，这实际上是给大脑下达一个难以服从的命令。大脑接收的信息是“我抽烟，不”，只因为为了想不抽烟就得想抽烟。

对一个想通过不吃巧克力减肥的人来说，只表示“我不再吃巧克力了”是没有什么作用的。大脑接收的信息是，“我吃巧克力，不”，只是因为想着不吃巧克力的那个人将不由自主地想到吃巧克力。所有这些自我命令或确认的请求都需要积极着眼在最终的结果上而不是过程。比如说抽烟者最好这样说“我将呼吸到新鲜干净的空气，我要照顾我的身体，我会更健康”。对那位减肥者而言也一样，更有帮助的说法是，“我吃健康食品，我吃沙拉和新鲜水果”。我们需要专注于效果和目标。

就所有这类劝导性的谈话而言，不管是用自我对话劝说自己，还是劝说他人接受我们的请求，只要我们用积极而肯定的态度来遣词造句，比如说“抓牢”比“小心，别掉下来”要强，“端稳盘子”好于“别摔盘子”，“坐到这儿来”好于“别坐得离电视那么近”。这样我们达到预期目标的机会就会很大。

洞悉他人内心潜藏的玄机，才能更好地制其人、攻其心

《战国策》中有一个“触龙说赵太后”的故事：

赵太后刚刚掌权做一国之主，秦国就加紧向赵国进攻。赵国向齐国求救，齐国提出要以赵太后的小儿子长安君为人质，才肯出兵救赵。

做母亲的赵太后，当然不愿意让自己的爱子当人质，这当然也是人之常情。因而，对于大臣们的反复规劝，太后大为恼怒，对臣下说：“你们哪个再来劝我送长安君当人质，我唾他一脸口水。”

左师触龙求见太后，他开始的时候对于送长安君当人质的事一字不提，而是委婉地询问太后的饮食，关怀体贴地寒暄着。在太后的脸色慢慢缓和了。触龙又提出希望给自己年仅 15 岁的小儿子找一个宫廷卫士的职务，并说自己年迈，对小儿子十分喜爱。

太后问他：“你们男人也爱怜小儿子吗？”触龙答道：“爱得比妇人还要厉害哩。”太后笑着说道：“我看还是妇人爱得厉害吧。”

至此，老人爱子之心在双方情感上得到互融，触龙成功地找到了化解太后的怒气，引发其情感的渠道，就是说有了共同的语言，创设了沟通情感的情景。接着，触龙又巧妙地将太后的谈锋引向长安君，他对太后说：“老臣私下认为太后疼爱女儿燕后胜过疼爱儿子长安君啦。”太后说：“你错了。

我疼爱她，哪里比得上长安君。”

这样的回答，正中触龙下怀，他正是要由此生发谈论爱子原则来劝太后的。接过话头，触龙说：“父母疼爱子女，要替他们作长远打算。您老人家送燕后出嫁的时候，抚摸着她的全身哭个不休，因为她嫁得太远而感到悲伤，真够心疼的。燕后走了以后，您并不是不想念她啊，每当祭祀，总要替她祈祷：千万不要让她返国呀！这还不是替她作长远打算，希望她有子子孙孙，不断承继王位吗？”

触龙的说法，是从情感上对太后的做法表示赞许，太后听了，心里觉得很受用，就点头表示赞同，说：“是这样的。”触龙继续把话题引深，他问太后：“从现在起算到三代以前，甚至算到赵氏开始建国的时候，赵王的子孙能够累代封侯的至今不绝的还有吗？”

太后说：“没有了。”触龙又问道：“不光是赵国，就是别国子孙后代继续不断封侯的还有吗？”太后道：“我也没有听说过。”

至此，触龙已将太后的情感完全引到了自己的话题上，于是，他开始以情理交融的攻心战，向太后发起了进攻。触龙说：“这些人啊，近一些的呢，是自身遭到不幸；远一些的呢，还要累及子孙，难道是因为这些封了侯的子孙本身个个不行吗？只是因为他们地位虽高，却没有建立什么功勋，俸禄虽多，却没有什么功绩，而且还拥有大量的金银财宝。如果太后抬高长安君的地位，给他肥沃的封地，赏赐很多财宝，而不让他及时为国立功，一旦太后去世，长安君怎能在赵国站得住脚呀！我以为太后替长安君打算得不够长远，所以说你疼爱他还比不上疼爱燕后！”

太后终于为触龙的情理所打动，也明白了他话里的意思，想了一会儿说：“那就听你的安排吧。”至此，触龙完成了说服过程，太后接受了建议，派长安君去齐国做了人质。

有时候，一些人只是一时绕不过弯来而固执己见。如果只是一些鸡毛蒜皮的小事，当然可以任他固执，不理他就是了。如果他的固执会耽误事，那么再硬的骨头也得上去啃一啃。心理学家认为，人除了有认知过程还有情感过程，除了理性世界还有情感世界。情感作为人对客观事物的态度，是人的需要和客观事物之间关系的反映，人的全部心理活动，都离不开情感的伴随，情感是沟通的桥梁。在谈话中巧妙地运用情感技巧，动之以情、晓之以理，就能征服对手，使他不由自主地成为情感的“俘虏”。我国唐代大诗人白居易所说的“动人心者莫先于情”，说的也就是这个道理。以情为先，攻心为上，以自身的情感优势化解对方的顽固，能够收到事半功倍的效果。

Chapter 13　掌握辨心真招

——教你破解不喜欢人的心理奥秘

人与人之间需要保持一定的空间距离。任何一个人，都需要在自己的周围有一个自己把握的自我空间，它就像一个无形的“气泡”一样为自己“割据”了一定的“领域”。而当这个自我空间被他人触犯时就会感到不舒服，不安全，甚至恼怒起来。

观察于细微，才能看到真实的一面

传说，某座山上有一对刺猬，它们俩非常相爱。有一年冬天，天气非常寒冷，寒风凛冽，下着鹅毛大雪。它们俩实在受不了这寒冷的天气，就想拥抱在一起，相互取暖。可是，它们各自身上都长着坚硬的刺，刚拥抱在一起，其中一只雌的刺猬就痛苦地大声喊叫："疼死我了！你离我远点！"于是，雄的刺猬就离开它一点距离。这时候，雌的刺猬又大声喊叫："我冷死了，你靠我近一点！"雄的刺猬说："好的。"它们俩又拥抱着在一起。几经折腾，两只刺猬终于找到一个合适的距离，既能互相获得对方的温暖而又不至于相互被扎。

这个小故事告诉我们，人与人之间，要保持适当的距离。

人与人之间需要保持一定的空间距离。任何一个人，都需要在自己的周围有一个自己把握的自我空间，它就像一个无形的"气泡"一样为自己"割据"了一定的"领域"。而当这个自我空间被他人触犯时就会感到不舒服，不安全，甚至恼怒起来。

一位心理学家做过这样一个实验：在一个刚刚开门的大阅览室里，当里面只有一位读者时，心理学家就进去拿椅子坐在他或她的旁边。试验进行了整整 80 个人次。结果证明，在一个只有两位读者的空旷的阅览室里，没有一个被试者能够忍受一个陌生人紧挨自己坐下。

保持适当的距离，这个法则适用于关系不太亲密的人。一般来说，当我们面对自己不喜欢的人时，更要刻意保持一定的距离。

有没有遇到过这样的情况：期望对方自行有所改变，对对方感到怒不可遏，或因自己又被拖累而自怨自艾……这些，常常令我们无法冷静下来思考某些更有效果的应付之道。

这个时候，粉碎他们那些使你身陷其中、极具破坏性的恶劣行为，你必须得学会如何透视他们某些动作的含意；有时，你只需通过观察他们的行为模式，以及了解该种行为的根源所在，就可轻易拟出有效的应付对策。

你对于对方种种行为的判断，必然是一种超然而保持一段距离的观察所得，这样才能正确无误。以下是某些人士对自己所遭遇的难缠人物进行观察后的描述：“当我看着她时，就像使用望远镜倒过来看一般，每样细节都看得很清楚，只是非常遥远。”“我眼中的他被困在笼子里面，上面还贴了一个标签。”

“我发现他不只是对我纠缠不休——对任何人都是这样的情形。”“我突然发现，我如果要等她停止抱怨，而自动自发地有所作为，那么我得永远等下去！”

当然，所谓与对方保持一段距离进行观察，并非就是要你采取冷漠、毫无感觉、或不予了解的态度。事实刚好相反，尤其当你面对的难缠之人正是你最在乎、最需要的人物时，这种观察方式最能助你掌握状况。在此请你记住一个道理：你越是以客观、超然的立场来观察别人，就越能看清对方真实的一面。

揣度对方心理，从对方易于接受的问题入手

现实生活中，有一个基本原理，是经常被大家忽略的，那就是：人类的行为是高度交互作用的。正因这项事实经常为人们所遗忘，我们便往往将双方关系中业已存在的杠杆作用弃而不用。为帮助你了解这项杠杆作用的运作情形，我们不妨设想当我们向一群人演说时可能产生的情况。

首先，假设你应邀向一群不认识自己的主管人员进行演讲，他们的老板命令他们暂时放下一切工作前来听讲。这些主管人员对于在百忙之中非得耗费时间来听演讲大感不满，却又无可奈何，于是，从一开始，他们对你的演

讲主题便已没有多大兴趣。

你只讲了数分钟，有些主管已在打盹，另一些人则不安地在坐椅上挪动着，或两眼直瞪着窗外。他们心中也许正暗暗埋怨老板不明智；或在担心明天乃是评估产量的最后期限，将无法达到要求，但这些问题均非你自己所能了解。这时候你注意到的是弥漫全场的乏味与无趣的气氛，你把这种情况归因于自己的演说缺乏吸引力，于是你开始提高音调，并逐字、逐句地表达清楚，使演讲内容更具吸引力。在场的主管人员均已发现你的表达方式有所改变，大部分人甚至对你更加不满，因为这种情形更显示演讲人的水准太有限，他们反对出席听讲自有充分道理。

另有少数人也许觉得对你有些歉意，于是勉强提出若干问题来发问，意思 是让你振作一些精神。然而，会场中这种令人一眼便能看出的普遍不满及乏味的情况，使得你神态紧张，这时演说内容及方式的表现大为失常，你为了试图获得听众的注意力及认同，便无法顾及内容的充实，于是，这成为你最低水准的一次演说，也许你后来可以自我安慰地认为，这种糟糕透顶的情况完全是因为你遇上一群最无纪律、最不懂得欣赏以及最令人穷于应付的人物所致。

以上的状况就是我们所称之为“负面的交互作用循环”的一个例子。由于你本身与听众在相遇之初即已存在着负面作用，一直盘旋下去，双方于是衍生了更多、更严重的交互作用。

想要扭转这些人的情绪，摆脱这样尴尬的局面，一定要静下心来揣度他们的心理。一般人固然也会在多种状况中表现出不可理喻的行为，但由于交互作用相悖情况下的人的自我防护意识特别强烈，他们比一般人更常表现出负面的破坏性行为，且比一般人更难掩饰内心的感受。

如果你能学会避免作出或说出一些足以引发他们负面反应的部分，并将互动关系导向促使对方引发正面反应的部分，那么你就可以成功地应付他们了。他们也如同其他人一样，拥有正面回应的部分。

所以，遇到开会演讲之类的场合时，面对一言不发意识低落的人，有对抗情绪的人，首先应该考虑的是增强沉默者的参与意识，促其发言，但不直接指其名，而故意请其左右的人发表意见，旁边的人发言时，会促使沉默的热心读者由不积极的心态转至积极发言。这也是“负面的交互作用循环”中的积极作用的效果。

只要你善于观察和总结，破译人心其实很简单

现实生活中，人们往往感叹生活的种种不易。有些不易是客观存在的，有些不易却是人们苛求衍生的。苛求者往往也是否定主义者，他们善于引发出每一个人对所处状况的失望感及无力感。

如果说任何一个人的人生往往都得“听天由命”，似乎并非言过其实。当别人把状况的否定事实指了出来，我们除了感到愤怒及无助之外，剩余的大概就是泄气了。正因否定主义者本身“确实”也对形势深感挫败与气馁，所以他们那些充满悲观、无奈的论调才会那么容易在朋友、家人或同事间获得共鸣。

永远抱持否定看法的人，先决要件便是必须意识到这种人并非对每一项计划都刻意地加以阻挠；事实上，他们已深信阻碍的力量绝非自己或任何人所能匹敌。

否定主义者的观念与抱怨者颇有雷同之处，也就是他们都认为自己无力掌握自身的命运——无论是以自然或人为的力量形态出现，命运左右着每一个人，没有人能够与之抗衡。就我们大多数人而言，经常认为自己总有某些足以改变自己人生的力量——有时甚至认为力量丰富。但是否定主义者却对自己的能力缺乏信心，他们除了寄希望于别人来解围之外，往往只有期望命运对他们能够仁慈一些了。

否定主义者对未来毫无信心的看法深藏而不自知，他们只看到造成这种局面的原因所在，可惜却无能为力。他们企图改善现况的欲望并不亚于其他人，只因他们深信情况毫不乐观。所以当你提出任何应对方案时，他们便断

然否决，而令你穷于应付。

下面是摆脱否定主义者的七大对策：

1. 避免让自己卷入同样的看法之中

持否定看法者所持的反对论调听来极具理性，且似乎颇有坚定不移的信念，足以引发我们每一个人对别人产生潜在的失望感，使得我们的辨识感官也变得相当迟钝。因此，若能认清你本身颇易受到这类泄气的话语所左右的特点，当有助于避免让自己卷入对方相同的看法中，而让对方达到否定行为所潜藏的目的——亦即获得更多其他人的肯定，显示状况确实毫无可为。对否定者来说，汇集众多人共同具有失望感的事实足以确定自己的人生观正确无误。

2. 说出你个人较合乎实际的乐观看法

在面对否定者的极力坚持以及其他人认同的情况下，其势难当可想而知。然而，任何事情永远都有其他选择及变通的办法，这是不争的事实。根据笔者长期以来观察许多团体或个人处理问题的经验所得，这时你最好提出某种较认真及折中的解决办法，无论其成效如何，永远值得你一试，因为，即使你所获得的报偿只限于澄清事实、显示自我的价值、或表现自己的工作热忱等，亦已足够。所以，你不妨面对否定的浪潮适时提出你个人认为较切实际的乐观看法，如有需要，尚需做好重复强调的准备。

3. 不要与对方争辩

当你提出个人的看法时，切莫企图说服否定者承认他们的观点是错误的。他们也许并没有错。极可能出现的情况是，当你试过自己所建议的解决办法后，唯一的结果只不过是满足了你已竭尽所能的心愿而已，问题依然未获解决。

所以，你应采取的对策是把某些值得一试的变通办法提出来，即使否定者认为行不通也无妨，而不应采取直接对质的做法。

4. 不要急于提出解决问题之道

在应付永远持否定态度的人时，尚有两个额外的原因说明不可过于急躁。第一，任何问题越是经过详述——可提出“何者、何处、为何、如何”等疑问来帮助了解——通常便越能清晰地看到问题确实存在，而非仅属一种抱怨。根据笔者的观察所得，否定者对于问题的分析及叙述往往颇感厌恶，而既然尚未有人提出解决之道来供他们否决，他们只好任由大家把复杂的问题理出一番头绪来。无论原因为何，当大家的讨论焦点置于问题的描述、而非表决某种应对方案时，否定者的目标便没有那么明确，其影响力也就相对地减轻。

第二，假若时机尚未成熟，你却急躁地提出解决之道，否定者将会轻易地发挥所长——搬出一连串证明行不通的理由，如此一来，你以及包括所有的人，势必将遭受另一次沮丧的打击。

5. 预先设定最糟的后果

当你终于把变通办法提出之后，不妨顺便向否定者探探风，以了解一旦该项办法付诸实施，最糟的后果可能是什么。你可以如此问他："雷吉，假设我们能够和银行签立这个风景区的开发合约，当然，我明白你不认为我们处理得了，但如果我们果真签成的话，你认为最糟的状况将会是什么呢？"这种预先设定最坏后果的做法，将有助于你了解所冒的风险究竟达到何种程度，以及你所提议的计划是否纯为空中楼阁；此外，它亦能让你进一步了解否定者抱持负面看法的前因后果，同时，否定者及其他人极有可能由于对未知的"严重后果"感到忧心忡忡，以致无法有效地配合行动，此举能具有缓和他们忧虑的作用。

6. 利用否定者的论调作建设性的用途

尽管否定者的论调极易使人感到沮丧与无助，但也可以善加利用，使其发挥建设性的功用。

第一，这些尽把焦点放在负面看法的论调，正可用来约束大家，以免由于过度乐观而忽略了保持审慎的处事态度。

第二，由于你的解决方案已经提出，你对于否定者的论调已不再深感沮丧与无助，这时，你将发现留意听听这些话语亦颇具价值。换言之，由于这时你已不必多作解释来反驳对方的否定看法，不妨将这些信息作为实行措施时的注意事项。例如，假设你从否定者的论调中获悉大老板对呈交此类的报告常会大发雷霆，而你恰好需要递交这样一份报告的话，你在呈递时，即可密切注意老板的反应，如果察觉对方显露不悦或厌烦的神情，你立即可以采取因势应对之道，例如向对方澄清你的立意乃是在于帮助计划的进行，而非破坏的行为。

7. 做好独自采取行动的准备

即使团体中的其他人仍然在否定者论调的操纵之下，你也应做好独自采取适当行动的准备。你可以当众如此表示：“凯瑞，我明白你认为呈交这份报告仍然毫无作用，但我深信如果谨慎从事，应该能够成功。我愿意由自己来搜集有关资料，以及撰写这份报告。现在，如果还有任何人愿意加入阵容的话，我会尽力加以配合，如果没有的话，我会独自进行这项方案。”当然，你也得为这种做法付出代价，毕竟，个人的独自行动可能会妨害整个团体的合作性，而独排众议的苦境非局外人所能体会，此外，否定者极有可能转入地下，暗中破坏你所做的一切努力，虽然你认为此项风险较小。无论怎样，你已经成功地跨出了第一步，而你那种积极、乐观的作风，极有可能深深地影响群体中每一个人——甚至包括永远抱持否定看法的人。然而，你切不可因此而稍有懈怠。

干扰对方思想，从而击溃对方的心理

先看两个关于自以为是的故事：

“保罗，你的运气真好，能够有机会协助但丁·艾费托制作一系列新影片。他是这一行里面最好的导演之一呢！”当杰克在摄影棚附近的餐厅与保罗共进午餐时，不禁为这位老朋友庆幸。“不错，我想也是。”保罗语带酸苦地表示，“我是指他被列为最佳导演这件事，但是他让我觉得我自己就像个白痴一样，什么都不懂。我实在忍受不了了。那家伙确信他对影片制作方面无所不知，他对每一景、每一幕都亲自拟好了计划，我根本就插不上嘴。”“噢，那又有什么问题呢？也许这正是他之所以被称为名导演的原因吧！”“当然是很好，”保罗回答，“但是他却让我什么事都不必去做，除了像小弟一样搬东西、取道具。你想想，我的名衔是副导演呢！还有，每当我提出什么建议，他总是用一种上司对下属般的口吻说这样不对，那样也行不通。一个月前，我曾经把一份影片的对白修改之后交给了他，谁晓得一个礼拜后竟全部退了回来。上面还写了许多批评的话。老实说，最近这两个礼拜我就只有坐在那儿看着他们摄影，什么事都没有做。什么东西嘛，如果他真的那么行，干脆他一个人去做好了，还要我这个副导演来搅和什么……”

第二个：

“现在，我对于我们不应该添加录影带的营业项目的，原因解释得够清楚了吧？”亚麦斯问道，“不管是贩卖也好、出租也罢，顾客量的变限及录影带的成本等等因素，都说明了我们根本无利可图。我已经彻底研究过了，我的决定绝对是正确的。”

“也许你是对的，”泰德表示。“但是我敢打赌我一定能够让它成功……”

“好了，够了！”亚麦斯语如寒冰地打岔，“我不能再浪费任何时间在这个问题上。我父亲曾经说过你在这一行干得蛮好的，但是这项录影带的概念就不怎么样。”亚麦斯最近刚接管原先他父亲所经营的音响及唱片行，泰德则是亚麦斯父亲的得力助手，向来颇受他父亲的赏识。泰德本想协助这位年轻的新老板大展一番宏图，未料自己提出的建议未被接纳，在深感惋惜之余，更因自己在亚麦斯眼中显得一无是处而郁郁寡欢。

在任何工作场合中，类似但丁及亚麦斯这种自以为无所不知的人随处可见，职场中，生活里，任何一个交际圈里，都有这种自以为是的人。

这种人的特点是：自以为什么都懂（自认为自己是这个行业的真正专家），并且经常小看他人！

摆脱这样的人，最好的方法就是击溃对方的心理：在他说话时带些藐视的态度，说一些“原来如此”“你说得很有道理”一类的话，并且要说得很频繁。在这过程中还不断做出东张西望，无所谓的态度。这样，对方看你这样的反应，觉得他说的话不被重视，也就没心情讲下去了。

巧妙让他人屈服的心理策略

戴德生牧师在中国布道多年，他曾说过一个自己亲身经历的故事。

有一次他在旅行途中，在河边租了一艘船，请船主载自己过河，当双方价钱讲妥时，忽然来了一个大汉，很无理地要求将这艘船让给他。船主因为和戴牧师讲好了，所以说什么也不肯租给他，戴牧师也因为有急事，所以也不答应。没想到大汉气疯了，对准了牧师就是一拳。

牧师莫名其妙地挨了一拳，怒不可遏地想将他推下水去，可是念头一转，他按捺住心中的怒火，镇静地对大汉说："我本来想把你打下水去，可是我的主耶稣不允许我这么做。你打我是不对的，因为这船是我先租的，没有理由让给你，但既然你也赶时间，好吧！我就邀请你搭我租的船一起过河吧！"

大汉一听，顿时觉得汗颜，于是低着头再三道谢，和牧师一起坐船渡河。

但是，坐在这条船上，大汉可是由起点到对岸，都得要听牧师讲解圣经上的道理，即使想跑也跑不掉！

话不投机并不见得就"半句多"，因为不说话了就来个肢体语言打上一架，或是双方戴上"冰盔"来个冷战，搞不好反而使得事情越来越糟，所以不说话并不能解决问题。倒不如运用沟通的技巧，巧妙地将大事化小，小事化了。

懂得运用折衷、妥协的方法来解决事情的人，才是真正的高手。反观有些人只会不停地煽火，或是讲些不着边的风凉话，到最后当火越烧越旺的时候，搞不好连自己也给烧着了。

阻止一个理直气壮的人，不是和他硬碰硬，他出手，你也出手，他开骂，你也骂。这样非但不会使对方停止，还会更加激起对方的逆反心理，加重了他发誓要敌对到底的决心。相反，利用某种方式让他内疚，等于是让他屈服了一半。人就是这么奇怪的动物，也就是人们常说的吃软不吃硬。

打乱对方阵脚，创造取胜的机会

当你必须依靠别人来为你做事——例如寄发重要信函、签支票或行政命令、核准方案、审核人事升迁等——却发现对方迟迟不作决定，没有比这更令人苦恼的事了。他们这种拖沓迟疑的行为有时甚至达到了不可思议及毫无作为的程度。由于你必须依赖对方的决定方能采取行动，对方未拿定主意，你当然就毫无作为，而由于他们任由问题悬而不决，他们本身也就毫无作为了。

更须注意的是，这种人通常待人相当友善，而且往往支持你的看法及决定，他们常常专注地听你说话，且不时鼓励性地点点头，或提出一些相关的问题，看起来兴趣十足。于是，你心满意足地离去，深信对方已决定采纳你的意见。然而，一周之后，对方还未作出明确的裁定，你心想也许对方被某些事情耽搁了，于是耐心地等待着。两周之后，依然毫无动静。三周过后，如果你忍不住询问对方的决定如何，他（或她）必然表现得很关心的模样，极具同情地聆听，尽管有些不安，仍会频频为迟缓作出决定表示歉意，或举出种种理由来自我辩护，但始终并未明确地表示“是”或“否”。一旦你再就这些复杂的理由加以剖析，并再度要求对方尽快采取行动时，你所获的回应必然又是唯唯诺诺。然而，你这时不免担忧，如果对方再拖延下去，自己又能如何？而且，日久之后，自己为该方案所搜集的资料必然已经过时，到时也许已派不上用场。

许多面临这种情况的人都会极力与对方周旋，企图改变对方，然而，除了知道诀窍的人之外，大多数人最后获得的是令人感到挫败、沮丧及愤怒的结局。究竟是何种原因导致这种人做出如此不明智的行为呢？对于他们那种模棱两可的行为又该如何有效予以遏阻呢？

或许你会觉得有点讽刺，因为那种令人苦恼、迟迟不作决定的行为背后，通常竟是基于帮助他人的强烈动机所致。换句话说，当他们必须担任决定者的角色时，往往会掺入这种助人的强烈欲望，使他们陷于两难，因为，他们认为任何重要的决定都可能给别人带来失望或痛苦。

他们采取“逃避”的拖延方式，是希望日久之后作出决定的需要性已经消失，因为生活上种种事件的演进确实非常奇妙，此刻需要有所决定的事项，说不定很快便无作决定的必要了。以下就是此类例子：

下午三点三十分，“妈妈，我们今晚可以去看电影吗？”小孩问他母亲。

“也许吧！等你爸爸回来再说。”

同日下午六点整，“我们可以去吗？”

“我还不知道呢！”

下午七点十五分，“什么，看电影？不行啦，现在已经太晚了。”

某年五月十五日，“老板，我想多请几个人来帮忙促销，因为我们这项销售计划的期限快结束了，你能不能允许我动用预算中薪水储蓄的部分款项？”

“待我问问会计主任。”

同年六月一日，“老板，我提过的额外人员现在还用得着呢。”

“那笔费用要获得批准显然真耗时间——我再去和会计主任谈一下。”

同年七月一日，“很抱歉，所有的薪水储蓄已经再度归于一般基金了。”

类似的应付手法无疑相当巧妙，上例中的母亲及老板利用了拖延战术，而不采用会使对方产生不快的回答：“不行，我们今晚不能去看电影。”“这样不好，我们在娱乐活动方面的预算已经超支了。”或“不，你如果能用较有效率的人员，就不需要多请额外的人了。”他们利用拖延的方式，直到该项需要不复存在时才给予正面答复，这样就可避免造成别人的苦恼。

事实上，无论这种利用拖延、搁置的方式来减轻心理压力的手法是否巧妙，对所有相关的当事人来说，却往往得付出巨大的代价，摆脱时切记：

◎尽管刻意逃避的人已成功地逃避所有决定，但由于他们还有别人的要求悬而未决，内心的紧张感仍然无法释怀。切莫忘了，这种人经常很能关怀别人。

◎为处理避免使人受害与直接答复要求之间的冲突，他们唯一的办法只有一方面对你表示友善及支持的态度，另一方面则竭力逃避作出决定。同时，大多数人往往会使用间接的、兜圈子的方式来与对方沟通，从而使对方陷于迷惑却仍抱有希望的感觉中，但这显然并非实质的回应或决定。

◎我们大多数的人确实都“不喜欢”听到这类人的回答，虽然我们也深知明确的答复有可能是令人绝望的。所以，我们有必要坚决放弃，不抱幻想。

◎提出异议，但应留意对方在交谈时的语调、表情及动作，如果发觉对方隐然含有激怒或不耐之意，务须立即停止施压，让对方免于陷入当场作出决定的困境。

让你轻松摆脱上司的心理妙招

很多职场中人表示和上司相处困难重重，令人烦不胜烦。有甚者更是不到万不得已绝对不和上司碰面，多一事不如少一事。

其实，摆脱你的上司没有你所想象的那么困难，记住，上司也是人，也和其他人一样，会因为恐惧和焦虑而受到伤害。下面是摆脱上司的小秘诀，告诉你如何以最佳方式应付自己的上司。

如果你的上司在恐吓你，千万别让他发觉你在害怕，别忘了他就像你一样也是人。如果你知道自己开始在害怕上司了，那就在每小时里花几分钟想象他处于一个容易受伤、暴露缺点及尴尬困窘的场面：想象他在澡盆里、想象他在接受医生对他的直肠检查、想象他坐在马桶上、想象他被他的母亲唠叨、想象他坐在病床便盆上、想象他被灌肠的样子、想象他在追赶将要启动的飞机或火车、想象当他是孩子时被人赏耳光的样子、想象他成为你属下，在奉承你的样子。

试着研究出上司的想法和行为举止，找出有什么事在困扰他，找出他的优点及缺点。试着想象他会害怕什么；试着回想大部分上司也有上司（尽管可能只是股东或唠叨的配偶）；并且从旁观察他是如何对待别人。如果你对上司了解得越多，就越能应付他。

千万不要带着问题去找你的上司，除非你最少提供一个，但最好是三个以上的解决方法给他；大部分上司很忙，他们不喜欢有新的问题出现在他们桌上。他们喜欢那些带着答案和解决方法的人，如果你带着问题和答案一起去找你的上司，那么他会很欣赏你，而且可能会赋予你额外的责任（你会因为知道自己可以全权掌控这件事情而感到快乐，这表示你将因此获得一些权力）。

要记住：你的上司也是人，所以他一样会喜欢受人赞美，而满足他的虚荣心；但不要只说些阿谀奉承的话，那会使你毫无地位。试着找出一些比较具体，而且你可以很衷心、诚实地赞美的事情，如果你找不到任何值得赞美他的地方，那就找出一些关于公司、企业及合伙一类的事予以称赞。

如果你的上司是一个恃强凌弱的人，你要态度坚决但礼貌地让他知道：你不喜欢接受任何人的无理取闹。但是不要大声回嘴，无论他如何激你、诱你，都要保持冷静，想象他是一个正在发脾气且惹人厌的孩子。如果你知道他就是喜欢挑起争端，你可以刻意准备好一个让他抨击你的地方；但必须有完全的准备，使他无法获胜；虽然他还会以威吓的态度对待其他的员工，可是却会尊敬你。

如果你的上司要求你做一些你无法接受或不道德的事，请他再重复一遍，并尽可能将他的要求作成书面解释、录音或找个见证人；让他知道你彻底了解他的要求，之后你就可以完全不加理会地离开。总之，放手去做你认为对的事情。如果你的判断错误，而你的上司是正确的，你可能会因此失业但仍保有自尊；如果你的判断正确，而你上司是错误的，你将保有自尊，甚至取代他的地位。

如果你的上司没什么能力，试着在公司里和其他人建立良好的沟通渠道，让自己的所作所为赢得赞誉，让大家见识你的能力。只要情况允许，你都应该直接和他人打交道，别让上司抢走所有的喝彩。如果他是个既懒惰又无能的人，这会使你更容易做到，因为他会很高兴地赋予你进一步想担负的责任，让自己的工作负担减少，却愚蠢到不晓得你已经逐步在他的领域里，开拓一条属于你自己的路。

对“宰熟”的朋友敬而远之

“宰熟”这个词相信大家都不陌生。现实中很多人都遭遇过“宰熟”，令人相当气恼，刘先生就遇到过这么一档子事：

国庆期间，准备回农村老家父母那儿瞧瞧，便一大早上街“打货”。到一熟肉门市——在城里居住十几年，我差不多每年去那里消费十几次，所以算是熟客，同老板打过招呼，我问：“有没有好些的熟肉？”

老板没回答，旁边他的女儿说：“有，才出锅的驴肉。”边说边打开冰柜，那里的驴肉还冒着热气，就好像是驴肉新鲜的“标签”。

称肉付款，我根本没考虑肉会有问题。等回到几十里外的老家，切开食用时，才尝出有明显的霉变味儿。估计老板也知道肉已变味，刚刚在汤锅里滤过。

我十分愤怒，想带回去责问老板，但妻子说：“算了，不就是二十块钱吗？以后不去买他的肉就行了。”

看来，作为一个消费者，要防“坑生”，也得防“宰熟”。

无独有偶，刘小姐同样也为“宰熟”这件事唏嘘不已：

前不久我到医院看眼，特意找个朋友介绍的医生，经诊断是角膜炎。整个检查过程可谓认真细致。

开处方前医生问我：“胃怎么样？”我暗自思忖：看病还是找熟人好，多关心咱。于是经过迅速思考：当时胃一点不难受，这次主要是眼发红，所以告之医生：“还可以”。开方后，医生又叮嘱：“取了药再上来我再告知你服法。”真是关心至极，好心不能枉费吧！按照医生嘱托，我楼上楼下跑了几个来回终于看完病。我将200多元的药带回家，滴眼同时口服，刚一天胃难受得夜不能寐。又到医院找该医生询问，没想到医生说：“我当时问你的胃怎么样了吗！你说还可以。这个口服的药是消炎的对胃有刺激，那就别吃了！”我问：“那这一百多元的药还有几盒没拆口的药能退吗？”她说：“不能退也不能换，一百多元还贵呀！”原来问胃怎么样是在这等着呢！我只能苦笑离去。

接下来几天只点眼药水和眼药膏（占总药价的很小部分），几天后痊愈了，胃因为停了那个药慢慢地也好了。

这种宰熟式开大处方您遇见过吗？吃一堑长一智吧！

在我们的社会中，对“熟人”的信任和对“陌生人”的不信任一直就是硬币的两个面。在熟人圈子内部，其成员是彼此高度信赖的，而在这个圈子的外面，则是一个陌生的世界。信任结构主要存在于这个“熟人”圈子之中。

对信任结构的破坏，最初是以“杀生”的形式出现的。在圈子的内部，是互相信任甚至是互相利用。而在这个圈子的外面，坑蒙拐骗则成了不成文的规则。但没有多长时间，圈子内部仅有的一点信任结构很快被破坏掉。这是不难理解的。因为本来以熟人圈子构造信任结构，使得更大范围中的信任结构难以形成，这样一来，坑蒙拐骗就从圈子的外部，转移到了圈子的内部。于是，在相当一段时间里，亲戚坑亲戚、朋友坑朋友、老乡坑老乡，成为一种现象。很多人商场失利，恰恰是被熟人、亲戚或朋友所“杀”，因为不是熟人不会上当。

进一步加剧了“杀熟”现象的，就是传销。传销网络的建立，基本是以“熟人”为基础的，许多传销的结果最后演变为利用亲戚朋友间的信任行骗。其实，在其他的一些职业领域中，比如在保险推销中，这种“杀熟”的现象也是普遍存在的。“杀熟”现象造成的一个最严重的社会后果，就是将人与人之间最基本的相互信任破坏殆尽。如前所述，在我们这样一个社会中，基本的信任结构本来就是围绕“熟人”建立起来的。相对于其他信任结构而言，这种以“熟人”为基础的信任结构是一种更为基本的信任结构。但“杀熟”的过程，恰恰是将这种最基本的、甚至是仅有的信任结构给摧毁掉了。昨天还以为是最可信赖的人，今天就成了坑害自己，让自己上当的骗子。于是，人们就自然得出了一个结论：除了自己，谁也不能信任。

更进一步看，就是人吃人了，于是许多被“杀熟”的人，感到无所适从。因为连亲朋好友都如此坑蒙拐骗，那陌生人就更不用说了。其实，这种消极悲观的心情是没有必要的。因为“杀熟”现象总是局部性的，局限性的。摆脱“杀熟”的方法是：

假如你吃过熟人的亏，那你就最好别跟熟人谈生意上的事。有位智者说：“朋友之间的往来，不能谈合作，只能在一起请客吃饭。”古人也早有训言，朋友之间，无非是“谈笑有鸿儒，往来无白丁”。

你要认定，不管是熟人还是陌生人，其人性是相通的。人性的本质有恶的一面，也有善的一面。有这样一个故事：

西班牙斗牛士将一头健壮的牛杀死，围观的人都在欢呼雀跃。一位美丽的少女冲着斗牛士飞吻。西班牙人用血腥制造幸福，也用血腥制造善良。因为当天《巴塞罗那时报》报道，让人们无比兴奋的 11 场斗牛表演，其全部收入将捐献给慈善机构，用于治疗西班牙 310 名白内障儿童。斗牛场上被杀死的牛不知道人类还有善良，它一头扎到地上，又绝望地抬起头，能够看见天空的晴朗，痛苦地依恋世界上给予生命的那些美好。它可能记不清刺死它的斗牛士的英俊的样子，它只是疑惑：你为什么用凶器来和我格斗，你为什么不能用生命赋予你的力量去与对手较量，如果你放下武器，你死得会比我还惨。因此，警惕熟人和警惕陌生人应是等量齐观的。所以，我们必须守护自己的心灵欲望，俗话讲：“一个巴掌拍不响。”

只有读对心，看对人，才能一次就把事情做对

有朋友来访，促膝长谈，表达友情，交流思想，不仅是生活中的一大乐事，而且是人生道路上的一大益事。但现实生活中也有给我们带来了不方便的不速之客。工余饭后，你刚想静下心来读点书或是做点事，不料不请自来的客人扰得你心烦意乱。他东家长西家短，唠唠叨叨，没完没了，一再重复你毫无兴趣的话题且越说越来劲。你勉强敷衍，心不在焉，焦急万分，真想对他下逐客令而又怕伤感情，难以启齿。如果你“舍命陪君子”，那么你将一事

无成，因为你的时间——世界上最宝贵的东西，白白地被别人占去。

那么，该怎样对付饶舌常客呢？最好的对付办法是：运用最高超的语言技巧，把逐客令说得美妙动听，这样你就能两全其美：既不挫伤朋友的自尊心，又为自己节省了宝贵的时间。下面的四种方法可供借鉴：

1. 用委婉的语言来提醒

暗示不速之客，主人并没有多余的时间跟他闲聊。跟冷酷无情的逐客令相比，这种方法容易被对方接受。例如："今晚我有空，咱们好好畅谈。从明天开始我就要全力以赴准备材料，我争取这次能评上工程师。"这两句话的意思是：请您从明天起别再来打扰我了。

又如："最近我妻子身体不适，吃过晚饭就想睡。咱们是否说得轻一点？"此话虽然用的是商量口气，但传递的信息十分明确：你的高谈阔论有碍女主人的休息，还是请你少光临为妙吧！

再如："这是我第一次发表的文章，请您指正。我想今后尽量多挤些时间写写东西，我还年轻，真想有所作为啊。"这番话似乎很尊重对方，但"请您指正"只是虚晃一枪，而"真想有所作为"的感叹却是在提醒对方：请你今后别再来纠缠不休了。

2. 写出你的愿望和要求

有些不速之客反应较迟钝，婉转的逐客令常常难以奏效。对这些人，不妨用张贴字样的方法代替直率的语言，表达使人一见就明的意思。影片《陈毅市长》里有一位著名的科学家在家里客厅的墙上贴上"闲谈不得超过三分钟"的字样以提醒来客。如果你张贴了类似字样，纯属"闲谈"的饶舌者就不好意思喋喋不休地说下去了。我们可根据具体情况贴一些如"孩子即将参加高考，请多关照"、"主人正在自学英语，请谅解"之类的字样，制造一种努力拼搏、惜时如金的氛围，使闲谈者望而却步。从常理上说，字样是写给所有的来客看的，并非针对某一位，因而不会使哪位来客有太多的难堪。当然，在不速之客知趣地告辞时，主人可送到门口并致意："真抱歉。等这段时间过去，欢迎你常来。"

3. 过分热情，让对方不自在

不速之客一到，你就笑脸相迎，赶忙沏茶倒水，捧出瓜子、糖果，喊着到处找烟，很有可能把他吓得下次不敢贸然再来。你用接待贵宾的高规格，他一般也不敢老是以“贵客”自居。

4. 主动出击

用主动出击的积极姿态堵住饶舌常客登门来访之路。看准他一般是在每天何时到你家的，你不妨在他来访之前一刻钟先“杀”上门去：“您多次来访，礼尚往来，我应回访您，否则太失礼了。”于是你由主人变成了客人，他则由客人变成了主人。这样，你就争得了掌握交谈时间的主动权，想何时回家，就何时告辞：“最近我有些急事要处理，改日再谈吧！”更重要的是，你杀上门去的次数一多，他就被你牢牢粘在自己家里，原先每晚必上你家的行为定式就有望改变。过了一个阶段，你“班师回朝”之后，他很可能不再“重蹈覆辙”。以攻代守，先发制人，其实是特殊形式的逐客令。

必须注意的是，不管使用何种方法，主人都必须不失热情。不速之客一般是邻居、亲戚、同学、同事，主客之间相当熟悉，切忌用冷冰冰的表情和尖刻刺耳的语言刺伤对方，也不宜用爱理不理、屡屡看手表等方式表示烦厌之意，免得以后见面时十分尴尬。

处理他人反对意见时尽量避免争辩

好抱怨的人对发生的一切过失毫无责任，这正是他们抱怨行为的根基所在。若要成功地应付只会抱怨的人，关键在于击破他们那种自以为被动性、怪罪他人以及充满无力感的循环。

在此不妨让我们先看一个例子，A 正与她的老朋友 B 出席每周一次的管理会议。这次会议的程序与以往历次会议几乎完全一样，令人深感厌倦。A 首先发表一段冗词，埋怨部门主管的做法不对；接着她又开始责备自己的两位部属（这两位必然是她的宠信，因为她花了极长的时间、如同编年史般准确地描述她们所做的错事）做错事；最后她又暗指 B 最近经常不在公司，显然有所不妥。

经过六个月来无数次类似的会议之后，B 已经不耐烦再去细听了。这次他先是默默地坐在那里，随后不久，不耐烦的小动作已悄悄地显露出来，他偶尔匆匆看一下手表，有时把桌上的回纹针弯成三角形或菱形；他在桌子底下的双脚也开始前前后后地晃动起来。不久之后，他终于站了起来，口中喃喃地说："有一个约会要去。"然后迅速地丢下一句"朋友，待会儿见"，便向门口走去。

我们对于 B 的离去应不难理解，毕竟，要专心去倾听一个抱怨不停的人说话，确实是一件又苦又累的差事，每逢这种情况，每个人的心中也必然一直在叫着："看在上帝的份上，请赶快停止埋怨吧！"不幸的是，抱怨者仍然滔滔不绝。

若想摆脱抱怨的人往往必须打断对方的谈话，用诸如"我还有事""我不想听这样的话"等摆脱对方的纠缠，否则某些抱怨者一开口似乎就没完没了，他们话语中一连串的"还有""但是"等连接词正是让你打岔的最适合空档。此外，一旦你已发现抱怨的重点所在，应立即阻止他们继续说下去，阻止时务须尽量表现出礼貌但却非常坚定的态度。

Chapter 14　瓦解对方心理防线

——让对方喜欢你的心理策略

人都主张实话实说，但实话实说绝不是为人处世的唯一规则。这也要分场合、分对象、分用意，因为有时实话实说会违逆说话目的。人都有虚荣心，所以才宁可听满足虚荣心的假话而不愿听丢面子的真话。在一些非原则性的事情面前，善意的谎言比真话更能拉近彼此的距离，而善意的谎言也许更让一个人内心感到温暖和希望。

谎言背后的心理诡计

在一次盛大的舞会上，有一位实话先生被一位风韵犹存的老女人邀去跳舞，他很不情愿，但又不得不走过去向她行礼，说："您使我想起您年轻的时候。"

老女人微笑着说："怎么样？"

"一定很漂亮。"

"难道我现在不漂亮吗？"老女人带着几分不悦地说。

实话先生非常认真地回答："是的，比起年轻时的您，您的皮肤已松弛，缺少光泽，而且还有皱纹。"

老女人的脸一阵白一阵红，尴尬地瞪着那双略微愠怒的眼睛，刚才的自信与得意消失了。

这时，另一位先生来到老女人面前，彬彬有礼地邀请老女人跳舞，说："您是舞会上最漂亮的女人，如果你能接受我的邀请，我将是舞会上最幸福的人。"

老女人眼睛顿时闪出迷人的神采，她伸出了表示应允的手。

后来这位先生和老女人在舞池里跳了一曲又一曲，老女人沉浸在无比的幸福之中。实话先生坐在一边看着这对年龄不协调的舞伴。只见那位先生微笑着对老女人说了句什么，那老女人突然间像萌发了青春活力，全身洋溢着生命的激情与魅力，舞跳得就像个年轻人一样出色，简直像个漂亮的年轻女郎！

舞会结束了，实话先生叫住刚送走老女人的那位先生，问道："跳舞的时候你对她说了什么？"

那位先生说："我对她说，'我爱你，你愿意嫁给我吗？'"

实话先生惊愕地瞪大眼睛，气愤不已地说："你在撒谎！你根本不会娶她。”

“没错。可她很高兴，难道你没看见吗？”

俩人争执不下，各走东西。

第二天，他们各自从邮差那里得到一函讣文：“× 日于 × 地参加 ××× 的葬礼。”在墓地他们不期而遇，他们的目光落在了棺木中。那里躺着的正是那位老女人。

葬礼结束后，一位仆人走过来，将两封信分别交给了实话先生和那位先生。实话先生打开信后看到这样一行字：“实话先生，你是对的。衰老、死亡不可避免，但说出来却如雪上加霜，我将把一生的日记赠送给你，那才是我的真实。”

后来那位撒谎先生打开了老女人留给他的遗嘱：“你是个撒谎先生，但我非常感谢你的谎言。它让我生命的最后一夜过得如此美妙幸福；它让我生命的枯木重新燃起了青春的活力，它化去了我心中厚厚的霜雪。我将把我的遗产全部赠送给你，请你用它去制造美丽的谎言吧！”

是的，那位先生是说了假话，但是不管怎么说，他成功了，因为至少他满足了老妇人的虚荣心。

人都主张实话实说，但实话实说绝不是为人处世的唯一规则。这也要分场合、分对象、分用意，因为有时实话实说会违逆说话目的。人都有虚荣心，所以才宁可听满足虚荣心的假话而不愿听丢面子的真话。在一些非原则性的事情面前，善意的谎言比真话更能拉近彼此的距离，而善意的谎言也许更让一个人内心感到温暖和希望。基本上，没有人会因为被人赞美而感到不愉快，或者对对方产生反感，或者持有敌意。人是感情动物，殷切需求的就是希望得到别人的“正面的评价”。如果一味地讲实话，即使是无意责苛他人，也可能招致他人的嫌弃。

巧用暗示，两全其美

美国《读者文摘》发表过一个《第六枚戒指》的故事。

那是在美国经济大萧条时期，有位 17 岁的姑娘好不容易才找到一份在高级珠宝店当售货员的工作。在圣诞节前一天，店里来了一个 30 岁左右的贫民顾客。他衣着破旧，满脸哀愁，用一种不可企及的目光盯着那些高级首饰。

姑娘要去接电话，一不小心把一个碟子碰翻，6 枚精美绝伦的钻石戒指滚落到地上。她慌忙捡起其中的 5 枚，但第 6 枚怎么也找不着。这时，她看到那个 30 岁左右的男子正向门口走去，顿时意识到戒指被他拿走了。当那男子的手将要触及门柄时，她柔声叫道："对不起，先生！"

那男子转过身来，两人相视无言，足有几十秒钟。

"什么事？"男人问。他脸上的肌肉在抽搐，再次问："什么事？"

"先生，这是我头一回工作。现在找个工作很难，想必您也深有体会是不是？"姑娘神色黯然地说。

男子久久地审视着她，终于一丝微笑浮现在他脸上。他说："是的，确实如此。但是我肯定，你在这里会干得不错。我可以祝福你吗？"他向前一步，把手伸给姑娘。

"谢谢您的祝福。"姑娘立刻也伸出手，两只手紧紧地握在一起。姑娘用十分柔和的声音说："我也祝您好运！"

男人转过身，走出门口。姑娘目送他的身影消失在门外，转身走到柜台，把手中握着的第 6 枚戒指放回原处。

这真是巧用暗示，两全其美。遇到这种事，一般来说，即使不大喊抓贼，也会着急而严厉地质问对方，执意追查。但她并没有这样简单地处理，而是彬彬有礼，巧用暗示，很照顾对方的情面。那男子也很珍惜没有露丑丢脸，非常体面地改正了自己的错误。

记住，永远避开正面的批评是必需的。如果非得批评不可，我们不妨旁敲侧击暗示对方。正面的批评，会伤害他人的自重，剥夺他人的自尊。

如果你旁敲侧击，对方知道你用心良苦，不但会接受，而且还会感激你。

夏勃经过他的一家工厂，撞见几个雇员正在抽烟，虽然他们的头顶上悬着“请勿吸烟”的牌子。他没有过去指着牌子说：“难道你们不识字吗？”而是走过去，递给每人一支烟，然后说：“老兄，如果你们到外面去抽，我会很感谢你们。”员工便知道自己破坏了规定。

瓦纳梅科每天都要到自己的店里去一下。一次，一个顾客等在柜台前，没有人理会她。店员呢？他们正聚在另一个角落里聊天嬉笑。瓦纳梅科没有说一句话，静静地走到柜台后，自己动手接待了那位女士，把东西交给店员包装后，便走开了。

这把店员搞得很不好意思，从此再没有发生这样的事了。

贾可布太太请了几个建筑工人加盖房屋。开始几天，每次她回家时，总发现院子里很乱，到处是木头屑。这几个工人的技术较好，贾可布太太不想让他们反感，便想了一个解决办法。她等工人们离开后，自己和孩子们把木屑清理干净，堆到院子的角落里。第二天早上，她把领工叫到一边，对他说：“我很感谢你们昨天将院子清理得那么干净，没惹得邻居们说闲话。”从那以后，工人们每天完工之后，都把木屑堆到院子的角落里，领工也每天检查前院有没有维持清洁。

所以，永远不要当众指责他人，因为，被批评的人永远只会怪罪你，而绝不可能反躬自省、承认错误，我们所要批评、责备的人，不论其是否有错，都将会执意强辩，为自己的行径寻找借口，甚至恶言反扑。所以，如果你能巧妙地暗示别人的错误，就会收到奇妙的效果。你维护了他人的自尊，他人以后会因此尊敬你，你自然就成为受欢迎的人。

尽量让对方说是，不给对方说不的机会

没有人喜欢接受推销，或是被强迫去做一件事。我们都喜欢按照自己的

意愿去购买东西，或按照自己的意思行动。

假定有一位荒唐的眼科医生为病人配眼镜，居然脱下自己的眼镜请病人试戴，理由是："我已经戴了 10 年，效果很好，就给你吧！反正我家里还有一副。"

谁都知道这是行不通的，可是医生却说："我戴着很好，你再试试，别心慌。"

"可是我看到的东西都扭曲了。"

"只要有信心，你一定看得到的。"

病人一再抗议，医生居然恼羞成怒。

"算我倒霉，好心没好报。"

这位眼科医生尚未诊断就先开处方，谁敢领教？这虽然是一则笑话，却揭露了一个许多人共有的缺点，就是不在乎别人的喜好与感受而将自己的意见强加于人。

有一天，李冰走进一家电器商店，一台音色清纯透亮，低音浑厚震撼力强的音响引起了他的注意。一位男售货员热情地迎上来，满脸职业微笑，主动介绍这种新产品。他的介绍很在行，很流畅，从性能优势到结构特点，从性价比到售后服务一一道来，边讲边进行演示。起初李冰被他那热情而熟练的介绍所感动，对产品产生几分好感：本想问点什么，可是他连珠炮似地讲着，李冰总也插不上嘴，他不管你懂还是不懂，也不管你反应如何，喋喋不休地讲下去，似乎你不掏出钱买它就决不罢休。于是，李冰心中产生了几分不悦，特别是当他褒扬自己的品牌而贬低其他品牌时，李冰不免对他的动机产生了疑问：如此夸夸其谈，产品性能是否果真高超？顿时，这种疑虑把先前产生的好感一扫而光。只是出于礼貌不好意思走开，幸好这时又来了一位顾客，李冰乘机"逃"出了商店。不消说，那位售货员为他白费了口舌而有几分失望和怨愤。

不能不说这是一位训练有素且内行的推销员，但却又是一个不懂得说话奥妙的推销员。为什么他那滔滔不绝的介绍反而扑灭了顾客的购买欲望呢？这是值得深思的。

其实，没有人喜欢接受推销，或是被强迫去做一件事。与人交往者都应记住这一点。

中国古代圣人老子曾说：江海之所以能为百谷之王，是因为懂得身处低下方能成为百谷之王；圣人若想领导人民，必须谦卑服务；若想引导人民，必须跟随其后。因此，圣人虽在上，而人民不觉其压力；虽在前，而人民不觉有什么伤害。

所以，如果你要使人信服，请不要将自己的意见强加于人。

人有一种心理状态：当他说“不”时，他所表达的并不只是一个词而已。此时他整个身心都处在抵触状态之中，并因此而形成一种紧张感，以抗拒他人的观点。反之，当他说“是”时，他的整个身心便处在欢迎和开放的状态之中，就很容易接受别人的意见。

当你与别人交谈时，不要先讨论你不同意的事，而要先强调且要不停地强调你所同意的事。

哈理·奥维屈博士认为，作出“不”的反应是很难克服的障碍。因为当你说了一个“不”字之后，你本性中的自尊就会迫使你一直坚持下去。也许，往后你发现这种回答有待考虑，但你的自尊往哪里放啊？所以一开始朝着肯定的方向，这对你的结果是很重要的。

在现实生活中，这种“是”的反应技术很有用处。詹姆斯·艾伯森曾用这种技巧挽回了一位差点失去的顾客。事情是这样的：

有个年轻人走进他们银行想要开个户，我递给他几份表格让年轻人填写，但他坚决不愿填写有些方面的资料。在没学人际关系课程前，我一定会告诉他，如果他拒绝提供完整资料，银行就难以给他开户。但今天早上，我想起来，最好不要谈银行的要求是什么，而是顾客需要什么。于是，我决定一开始就引导他说：“是，是的。”

我先同意他的观点，有些资料并不是非写不可，但假定你遇到意外，是不是愿意银行把钱转给你指定的亲人？

“是的，当然。”他说。

那么，你是不是认为应该把这位亲人的名字告诉我们，以便我们到时可以按您的意思处理，而不会出错或是拖延？

“是的。”他再次说。

年轻人的态度开始缓和下来，理解这些资料并不是为银行，而是为他个人的利益考虑。最后他不但填写了所有资料，而且开了一个信托账户，指定他的母亲为合法受益人。

由于一开始让他回答：“是，是的。”这样反而让他忘了原来的问题，而是乐意去做我建议的所有事情。

苏格拉底是历史上最伟大的哲学家之一，是最有智慧的说服者。他所用的秘诀现在被称为“苏格拉底法则”，就是我们所说的“是”的反应技巧。他总是问些对方同意的问题，然后渐渐引导对方进入设定的方向。对方只好继续不停地说“是”，等他发觉时，你早已得到设定的结论。

在无形之中化解矛盾

美国直销皇后玫琳凯在谈论人事管理和人际交往时曾经讲述过自己的一次亲身经历。

有一次，她参加了一堂销售课程，讲课的是一位很有名望的销售经理。他讲得确实很好，既生动幽默又鼓舞人心，玫琳凯非常渴望和那位经理握握手。她排了一个多小时的队，好不容易轮到她和经理面对面了，经理根本没有正眼看她，而是从她的肩膀望过去，看看队伍到底还有多长，甚至似乎没有察觉自己正在和别人握手。一个多小时的守候等来的竟然是这种结果。玫琳凯觉得自己受到了莫大的侮辱和伤害。

后来，玫琳凯成立了自己的化妆品公司，她有很多次机会公开演讲，也有很多次机会站在长长的队伍面前，和上百位人士不停地握手。

玫琳凯说：“每当我感到疲倦的时候，我总会想起那次令我感到受伤害的情形，然后我马上会打起精神，面带微笑直视握手者的眼睛，我还会说些比较亲近的话，哪怕是几句简短的闲谈：‘我喜欢你的发型’或者‘你口红的颜色漂亮极了！’我尽可能让对方感受到我的热情和真诚。我一直在极力避免让其他的事情来打扰我。只要是和我握手的人，我都会把他当作那个时候我最重要的人。”

既然是“人际关系”，就不能只考虑自己的立场而忽视他人的立场和感受，否则你的所作所为就是“一厢情愿”。

设身处地就是一种换位思考，换句话说，“如果我是他，处在他的位置，我会怎么看待这个问题？我又能怎么处理这件事情？”从字面上来看，“设身”就是假设自己是当事人本身，“处地”就是处在当事人的地位和情境。

很多时候，父母和孩子之间的代沟、夫妻情侣之间的分歧、上司和下属之间的矛盾都是因为没有设身处地为别人着想而造成的。因为不了解对方的立场、感受及想法，我们无法正确地理解和回应。然而遗憾的是，很少有人有这样的“好奇心”，人们更多的是站在自己的位置上“猜想”别人，认为别人应该怎样，或者站在“一般人”的立场上去界定别人“应该”有的想法和处理方式。

设身处地为他人着想，在无形中化解了矛盾，升华了自己的人格。放下自己的主观来理解别人，理解之后才能有真正的沟通，沟通之后才能有真正的好人缘，让别人喜欢自己。

赞美对方，可以让你无往不胜

同在一家公司工作的小田和小雪素来不和，小田觉得小雪是在故意刁难自己，见了自己不是冷冰冰的就是阴阳怪气的。小田想，这样的人就是再聪明能干，也没人愿意理她。

有一天，小田忍无可忍地对另一个同事琪琪说：“你去告诉小雪一声，我真受不了她，请她改改她的坏脾气，否则没有人会愿意理她的。”从那以后，小雪遇到小田时，果然是既和气又有礼，不但不再说冷冰冰的刻薄话，反而有时还称赞小田。小田向琪琪表示谢意，并惊奇地追问她是怎么说的。琪琪笑着跟小田说："我对她说：'有那么多人称赞你，尤其是小田，说你又聪明、又大方、人也温柔善良。'仅此而已。"

一句简单的赞美，就轻易地化解了两个女孩子之间的矛盾，由此可见，赞美的力量是非常强大的。如果我们能注意培养自己赞美别人的习惯，那我们在社交中一定会更受欢迎。

喜欢得到他人的赞美，这是人性的一个特点。我们很多人都喜欢他人赞美自己，就是自己对此过于吝啬，对其他人一直没有这种习惯，没有意识到"赞美"二字的魔力——这两个字不但让别人高兴，也让自己获得了无数的友谊和帮助——好像大家受了他人的赞美，都对他人有亏欠似的！

其实，不仅成人需要赞美，小孩子也需要大人的赞美，不信你向一位小女孩称赞她长得漂亮可爱，或是她的洋娃娃很好看，看看她的反应如何？你也称赞一位小男孩，说他长得很帅，说他的玩具枪好厉害，看看他高不高兴？

成人看似心智成熟，其实需要赞美的心理并未消失，所以女孩子买了新衣服，总要问问女伴"好不好看"。如果说好看，她便乐了。男人呢？如果说一位年轻人长得又帅又酷，他保准高兴；对中年人说他性格有味道，他也一定开怀！

既然赞美这么有魔力，我们就应该多去运用它，这对我们的人际关系一定会有帮助。纽约卢瓦公司的管理人达诺·马克马亨先生叙述的事情，就是很好的例子。经过是这样的：有次我帮一位著名的鉴赏家做庭园设计，这位主人走出来交待一番，提示我他想在哪里种杜鹃花和一片石榴。

我说道："先生，我知道您有个养狗的癖好，听说你养的漂亮狗每年都能在麦迪逊场花园的展览里拿到好几个蓝带奖。"

这个小小的称赞却引起了不小的效果。

鉴赏家回答说："是的，我从养狗中获得了不少乐趣，你想不想看看它们？"

他用差不多一个小时的时间，领我参观了各类狗和所得的奖品，还为我说明血统如何影响狗的智慧和外貌。

接着，他转身问我："你有没有小孩？"

我回答说："有的，我有个儿子。"

"啊，他想不想要只小狗呢？"他问道。

"当然啊，他一定会非常高兴的。"

"那么，我要送给他一只。"鉴赏家宣称。

后来，他告诉我怎么养小狗，大概怕我记不下来，又进屋打了一份血统普系和饲养说明给我。

他不仅送我一只价值好几百元的小狗，并能在百忙中给我一小时零十五分钟的时间，这完全是出于我衷心地赞美他的癖好和成就的缘故。"

赞美别人虽然是个好习惯，但在赞美别人时也要注意一下技巧，免得一不小心弄巧成拙。

某公司有位A小姐，她不但长得漂亮，嘴巴也很甜。她的上司是个很优雅的女士，很会搭配衣服，稍一动手就变出很多套衣服。而那位甜嘴巴的小姐却成为了这位上司的苦恼。因为，每天早上一到公司，对方那种令人不舒服的赞美就涌入耳中，"哇！好漂亮啊，经理！又买新衣服了对不对？颜色好漂亮喔，穿在您身上就是不一样。"隔天一见面，又来了："看看看，又一套了，很贵喔，也是新的吧，我就缺这个本事，不像您如此会打扮。"不仅如此，她还习惯当着客户"赞美"上司，说辞几乎都是："在我们经理英明的领导之下，我才有今天的成绩，好多人都问我跟我们经理多久了，其实也没多久，但是大人大度，肯教我嘛，对不对？"

后来一上司终于被她过分的"赞美"和不诚的眼神弄烦了，把她调去管理资料，眼不见为净。A小姐的赞美就很有问题，给人感觉太做作，老套又没有赞美到点上，因而不但没获得经理的青睐，反而被调得远远的。

赞美要自然、顺势。不必刻意为之，过于刻意会显得"另有所图"，可能对方不领情，反而弄巧成拙。此外，也不必用大嗓门赞美，这反而变成酸葡萄，有挖苦的味道了。最好是私下向对方表明你的看法，这种表示方法也比较容易造成双方情感的共鸣。

赞美要看对象。对喜欢漂亮的女孩子你就要赞美她的打扮；有小孩的母亲，最好赞美她的小孩，“慈母眼中无丑儿”，赞美她的小孩“聪明可爱”准没错；工作型的女孩子除了外表之外，也可赞美她的工作绩效；至于男人，最好从工作下手，你可称赞他的脑力、耐力，当然如果他已成婚，也可赞美他的妻子、小孩。

用词不要太肉麻。能适当地表达你的意思就可以了，而且也不宜太夸张，太夸张也会让人感到是一种挖苦。一般来说，“不错”、“很好”、“我喜欢”之类的用词就够了！

马克·吐温曾经夸张地说：“只凭一句赞美的话，我就可以多活两个月。”每个人都喜欢听好听的话，每个人都渴望看到别人赞许的目光，渴望得到别人赞美的话语。这是每个人都会有的渴望。换位思考一下，别人也同样渴望得到我们的赞美。所以，学会赞美别人往往会成为你处世的法宝。

下意识、潜意识地影响对方，在不知不觉间赢得人心

东汉时期，有一位名叫荀巨伯的人，一日得急信，说一位朋友得了重病。朋友远在千里之外，荀巨伯去看他时，赶了好几天的路程。可是到了朋友所住的郡地时，却发现这里被胡人包围了，他只得潜入城里去看望朋友。

朋友看到荀巨伯时非常高兴，但又忧虑地说：“谢谢你在这个时候还来看望我。现在城已被胡人包围，看样子是守不住了。我是一个快死的人，城破不破，对我来说已无所谓了，可你没有必要留在这里，趁现在能想办法，你赶快走吧！”

荀巨伯听后责备朋友说：“你这是说的什么话！朋友有福同享，有难同当，现在大难临头，你却要我扔下你不管，自己去逃命，我怎么能做这样不仁不义的事情呢？”

胡人攻破城后，闯进朋友的院落，见到安坐的荀巨伯，大发威风说：“我

们大军所到之处。所向披靡，你是何人，竟敢不望风而逃，难道想阻挡大军不成？”

荀巨伯说：“你们误会了，我并不是这城里的人，到这里只是来看望一位朋友。现在我的朋友病得很严重，危在旦夕，我不能因为你们来，就丢下朋友不管。你们如果要杀的话，就杀我吧！不要杀死我这位已痛苦不堪、无法自救的朋友。”

胡人听了这样的话非常惊奇，半晌无语。过了好大一会儿，有一位头领看了看手中的大刀，说道：“看来，我们是一群根本不懂得道义的人了。我们怎么能在这个崇尚道义的国家里胡闯乱荡，为所欲为呢？走吧！”胡人竟因此而收兵，一郡得以保全。

且不说荀巨伯对待朋友的义气感化了胡人，保全了朋友住的郡的安危，单就荀巨伯对待朋友的真诚本身而言，就足以令人感动了。像这样以真诚的言行对待朋友的人，天下还有谁不愿意与其结交呢？朋友之间的友情怎能会不深呢？

看了这个故事，会有人反唇相讥：几千年的事了，现在还有这样的朋友吗？有这样以死相救的友情吗？的确，在现实生活中，人们常常抱怨没有真心相待的朋友。比如，一起喝酒吃肉还行，一旦有事相求，对方立刻躲得远远的。一旦自己危难临头，朋友们大多如鸟兽散，令人寒心。

为此，有人大谈人心不古。其实不然，人人都有自保之心，在其能力有限的时候，人们都是先把自己打理好了才会去想别人，这就是人性！同理，友情也有它的承受极限，讲这个故事，就是要说朋友之间要将心比心，真正的朋友，讲究的是心灵的沟通。无论是经常在一起，还是相隔天涯，在交往中都需要将心比心，诚信待人。当朋友真诚地与你交往，关心你、爱护你的时候，你也以同样的真诚，甚至更多的真诚去回报朋友。滴水之恩，当以涌泉相报，这样以心换心，朋友之间的友情必然是根深叶茂。

你愿意他人如何待你，你就应该如何待人

孟子曾经说过：“君子莫大乎与人为善”。善待他人是人们在寻求成功的过程中应该遵守的一条基本准则。

在遥远的波士尼亚，妇人费希玛和丈夫及两个儿子住在一个小村落里。

有一天，在奥地利工作的丈夫马尔科奇回来，送给儿子一个鱼缸和两条金鱼。第二年，波士尼亚爆发了战争，费希玛失去了丈夫及家园，不得不走上颠沛流离的逃难之路。

在弃家而逃之际，费希玛不知道等待她和两个孩子的是什么，一切是那么慌乱、仓促。但在这紧急时刻，费希玛仍没忘记那两条金鱼，它们不仅是已故丈夫对孩子的爱，更是两条活生生的生命啊！于是，她捧起金鱼缸从容地走向湖边，连鱼带缸把它们轻轻地放进湖水里。

战火平息后，费希玛和孩子返回家乡。原本熟悉的故园如今成了废墟，一切都得从头做起。但他们却看到湖面泛着片片金光，仔细一瞧，竟然是一群美丽的金鱼，跟当初放生的两条金鱼长得一模一样，原来是它们的下一代。

最值得庆幸的是，她的两个儿子还从湖水中找回了金鱼缸，这可是父亲当年送给他们的礼物啊！费希玛和孩子们太高兴了，仿佛与自己的亲人在乱世后重逢一样。于是，费希玛每天都到湖边来喂养金鱼，平静的湖水中孕育着无限生机。

费希玛和金鱼的故事很快流传开来，人们纷纷前来观看，顺便买两条回家送人。于是，出售金鱼成为费希玛一家的致富之路，他们终于摆脱了战乱和贫穷，过起安宁富足的生活。

当年，费希玛捧着两条金鱼走向湖边时，她未必知道自己播下了怎样的回报。

善念是一粒种子，你把它种下就会结出丰硕的果实。

与人为善不仅可以给我们带来好心情，还可以给我们带来身体上的健康。研究表明，人的心理活动和人体的生理功能之间存在着内在联系。良好的情

绪状态可以使生理功能处于最佳状态，反之则会降低或破坏某种功能，引发各种疾病。

鏖战商场，更需要用与人为善来开道。尽管商业竞争残酷无情，但是有时也需要表现出一种真挚的温情。请你在别人遇到困境时，热情地伸出援助之手。在职场上，尽可能地做一个与人为善的好人，这样，当你在工作上不小心出现纰漏，或当你面临加薪或升职的关键时刻，可尽可能减少别人放冷箭的危险。在工作中，有的人常把他人为自己办的事和自己为他人所做的事记录下来，以便有机会“扯平”，其实这样做是很不明智的。如果为别人做好事，只是为了以后的偿还，那么反而会令他人觉得你不易相处。

与人为善并不是为了得到回报，而是为了让自己活得更快乐。与人为善不仅能给你带来财富，还能使你拥有被他人喜爱的充实感。

“舍弃”暗藏着另一种获得，“分享”意味着共同拥有

在西雅图街头流浪着一个大约有六七十岁的老人。他的披肩长发灰白零乱，其间夹杂着头天晚上在纸窝棚里睡觉时沾带的杂草。他的衣服乌一块紫一块，浑身散发着酒精和尿臊味。他正站在市中心的人行道上向路人乞讨，面带微笑。他每天都这么站着。人们从他的身边来来往往，要么没有意识到他的存在，要么就干脆躲得远远的。

这一天，来了一位小姑娘，大约六七岁的样子，穿着整洁合体的衣服，头上梳着小辫。她走近微笑着的老头，从后面轻轻地拽了拽他的衣角，待他转过身，小姑娘伸手将一个东西放到老人的手心里。一刹那，老头喜笑颜开。只见他马上伸手从口袋中掏出什么放进小姑娘的手心里。小姑娘也兴奋不已，欢蹦乱跳地向不远处一直望着她的父母身边跑去。

路过的人看了觉得很好奇，于是便上来问老头到底怎么回事。

“很简单，其实就是一枚硬币。她走过来，给了我一枚硬币，我反过来

送给她两枚硬币。”老头解释道，“因为我想教会她：如果你慷慨大方，懂得与别人分享你的所得，那你所收获的总会比你付出的多。”

作为员工，你必须与企业分享你的资源，而作为领导者，你必须学会与员工分享企业硕果。

本田宗一郎领导的本田公司，其成果有目共睹，这个成果当然不属于本田宗一郎一个人，或者单个的领导团体，而是属于公司全体成员。

在管理上，本田宗一郎一直力图用“慈爱主义”来对待他的下属，以激励他们大胆尝试。在本田公司，员工们的报酬在日本汽车业中是最高的，每年发两次奖金和许多物品，供给住宅，安排度假，提供收费低廉的医疗保健，全体员工拥有公司股权的10%以上。另外，大部分员工还拥有本公司生产的汽车或摩托车。

本田宗一郎还想方设法将自动机械工业界的年轻优秀人才笼络到他的周围。公司职工的平均年龄是24岁，远比34岁的“三菱”和30岁的“日产”要年轻得多。该公司的年轻人到35岁时，便大多被升任为主管，而在日本其他公司，一般要到45岁左右。

本田宗一郎关心员工的综合发展，对服务期满3年的新工人，就努力使他们的工作有所变换，以避免在同一岗位上重复同一操作。这样不但克服了他们单调厌烦的心理，引起他们新的工作兴趣，同时也扩大了他们技术方面的知识面。

本田公司同时还有一项提议制度，任何一名职员都可提建议，由本人填写一张专用表格，详细地阐述自己的构思、建议，并送到一个叫“部门委员会”的机构讨论、审核。这种专门委员会是由专家、营业人员、工程师、顾问组成的。一旦审查批准，认为可行，建议人就可按其建议的重要程度，得到一定数量的分数。一个职工，一旦积累了300分，便可以获得外出旅行的奖励，并结合工作的表现，逐级提升。

本田的成功就在于，对公司已有成果的分享使得员工能够积极地投入到工作中去，公司也就在投入与产出间成了最大的收益者。事实也正是如此，没有员工会对一个吝啬的老板俯首，正如没有老板会喜欢一个患得患失、斤斤计较的员工一样。舍弃暗藏着另一种获得，分享意味着共同拥有。

如果你慷慨大方，懂得与别人分享你的所得，那你所收获的总会比你付出的多。

故意让对方占你便宜，让对方不得不还你人情

在一个夏日的午后，一阵暴风雨骤然而至，一位衣着朴实的老妇人狼狈地小跑着进了费城一家百货公司。

很多柜员齐刷刷地从上到下打量着这个老太太，没有人上前理她，但是有一位年轻人却轻轻地走了过来。

他微笑着问："请问我能为你做些什么吗？"

"哦！谢谢！不过我现在什么都不需要，我只是进来等雨停！"老妇人略带抱歉地回答。

年轻人没有向老妇人推销任何她不需要的东西，也没有转身离开，反而给她送来一把椅子。

雨很快停了，老妇人对年轻人说了一声谢谢，并向他要了一张名片。几个月之后，这家店东收到一封信，信中要求派这位年轻人去苏格兰收取一份订单。

这封信是那个老妇人写的，而她就是美国钢铁大王卡内基的母亲。

当这个年轻人准备去苏格兰的时候，他已经被升格为这家百货公司的合伙人了。

知道报酬是如何增加的吗？不仅要比别人付出更多的劳动，还要比别人付出更多的关心和礼貌。实际上，只有在你自己付出了许多的同时才会获得许多。你越是慷慨大方、毫无保留地为别人付出，你获得的回报也就越多。

要得到多少，你就必须先付出多少，任何东西只有先从你这儿流出去，

才会有其他收获流进来。总之，你从别人那儿获得的任何东西都是你原先付出的回报。你必须是出于真心、慷慨地给予，否则，你得到的回报本应是宽阔的大江，但最终只得到了一条浅浅的溪流。

真诚坦率的付出在任何时候都是令人愉悦的品质之一。那些愿意付出的人，尽管有时会有许多小错误或缺点，但人们总能原谅他们，因为他们从不掩饰自己的错误，并能积极地改正。他们用淳朴与直率换来别人的坦率与真诚。一旦有什么物质上的利益和好处，或者是说话办事中的方便，别人也愿意和这些人共享。而那些一味仰仗别人的救助，寄生于他人的人，在丧失独立人格的同时，还面临着被唾弃的危机。

你回收的报酬可能是付出的好几倍，但到底能回收多少，关键要看你是否抱着正确的心态。如果你以心不甘情不愿的心态提供帮助和服务，那你很可能得不到任何报酬；如果你只是为谋取利益而付出，你很可能连希望的那点都得不到，更不要说意外的报酬了。帮助别人的同时就是在充实自己，因为付出的同时就是在增加报酬。

赢得他人的欢迎，让他不知不觉间上套

柯立芝总统曾经是马萨诸塞州的参议员。一次，一位健谈的议员发表了一个长而乏味的演讲，竭力支持某一项议案。发言中，他在每句话的开头都一遍又一遍地重复说到：“议长先生，话是这么说……”等这位议员一讲完，柯立芝就站起来说：“发言人先生，话不是这么说……”全场顿时哄然，那项议案也就此被否决了。

还有一次，两位议员为某件事争得面红耳赤，其中一位还咒骂对方“该下地狱”。挨骂的那位议员一听火冒三丈，他一把拉住柯立芝要他主持公道。柯立芝不慌不忙地说：“议员先生，您不必着急，我已查过法典，您还用不着为此到地狱去一趟。”此言一出，紧张的气氛顿时得以缓和。

诗人海涅是犹太人。一次，一个顽固的排犹分子想挖苦他，于是就故弄玄虚地对海涅说："我去过太平洋的一个小岛，岛上的风光太美了，只可惜少两样东西。"海涅友好地问："是吗？那么是哪两样东西呢？"

对方不怀好意地笑笑："是毛驴和犹太人。"

他本来以为海涅准会气得暴跳如雷，不料对方听了之后不仅不生气，还笑眯眯地回了一句："这好办，下回我带你去，两样就全有了！"

有一天，萧伯纳应邀参加了一个丰盛的晚宴。席间有一青年在大文豪面前滔滔不绝地吹嘘自己的天才，好像自己天南海北样样通晓，大有不可一世的气概。

起初，萧伯纳缄口不言，洗耳恭听。后来，他终于忍不住，便开口说道："年轻的朋友，只要我们两人联合起来，世界上的事情就无一不晓了。"

那人惊愕地说："怎么说？"

萧伯纳说："你精通世界万物，不过尚有一点欠缺，就是不知夸夸其谈会使丰盛的佳肴也变得淡而无味，而我刚好明了这一点，咱俩合起来，岂不是无一不晓了吗？"

勃拉姆斯的乐曲很受年轻女士的欢迎。有一次，勃拉姆斯被一群女士团团围住，她们喋喋不休地问这问那，搞得他心烦意乱，几次想借故脱身，都未能如愿。无可奈何的勃拉姆斯于是取出一支雪茄抽了起来。女士们受不了浓烈的烟味，就对他说："绅士是不该在女士面前抽烟的。"

勃拉姆斯一边继续吞云吐雾，一边悠然地说："哪儿有天使，哪儿就一定祥云缭绕。"

在一项针对妇女的民意调查中，有一个问题是：你理想中的男人应该具备什么？答案参差不齐，金钱、名誉、地位、相貌等，但大多数的受访者都提到了幽默和智慧——这就是幽默的魅力。

我们知道，现实生活中常常不乏令人争得头破血流仍然难以解决的问题、幽默一到，却往往会使矛盾迎刃而解，化干戈为玉帛。

幽默具有如此神奇的力量，能为你带来意想不到的收获。很多善于运用幽默的语言行为来处理人际关系的人，往往能够更好地消除敌对情绪，解除困窘，营造出融洽的气氛。幽默使你成为一个受欢迎的人，使别人乐意与你接触，愿意与你共事，它是你无形的保护阀，人际交往中的润滑剂。不论是驾驭企业的决策者，还是叱咤风云的政治家，不论是市场中的推销员，还是家庭中的主妇，如果你能够恰如其分地把你的聪明机智运用到智慧的幽默中来，便会改善个人形象，增加自己的魅力，融洽与他人的关系，为自己的人际交往成功加分。

不要让对方没面子，要婉转地为其掩护

人人都爱面子，你给他面子就是给他一份厚礼。有朝一日你求他办事，他自然要“给回面子”，即使他感到为难或感到不是很愿意。这便是操作人情账户的全部精义所在。

每个人都爱面子，也会为维护面子做很多努力。要知道，给了他人面子，不仅可以避免某些不必要的难堪，也会为自己赢得面子，赢得他人的尊重。

古代有位大侠郭解。有一次，洛阳某人因与他人结怨而心烦，多次央求地方上有名望的人士出来调停，对方就是不给面子。后来他找到郭解门下，请他来化解这段恩怨。

郭解接受了这个请求，亲自上门拜访委托人的对手，做了大量的说服工作，好不容易使这人同意了和解。照常理，郭解此时不负人托，完成这一化解恩怨的任务，可以走人了。可郭解还有高人一招的棋，有更高妙的处理方法。

一切讲清楚后，他对那人说：“这个事，听说过去有许多本地有名望的人调解过，但因不能得到双方的共同认可而没能达成协议。这次我很幸运，你也很给我面子，我了结了这件事。我在感谢你的同时，也为自己担心，我毕竟是外乡人，在本地人出面不能解决问题的情况下，由我这个外地人来完成和解，未免使本地那些有名望的人感到丢面子。”

他进一步说：“这件事这么办，请你再帮我一次，从表面上要做到让人

以为我出面也解决不了问题。等我明天离开此地，本地几位绅士、快客还会上门，你把面子给他们，算作他们完成此美举吧，拜托了。”

郭解在帮助别人的同时还能顾及其他绅士的面子，这样想必又获得了这些人的心，为他在当地更好地立足、拓宽人脉创造了有利条件，可见其为人的圆融已达到一定的境界。

要给他人面子，给他人一把梯子，还要注意说话做事的方法与技巧。

有一次，卓别林准备扮演古代一位徒步旅行者。正当他要上场时，一位实习生提醒他说：“老师，您的草鞋带子松了。”

卓别林回了一声：“谢谢你呀。”然后立刻蹲下，系紧了鞋带。

当他走到别人看不到的舞台入口时，却又蹲下，把刚才系紧的带子松开了。显然，他的目的是，以草鞋的带子都已松垮，试图表达一个长途旅行者的疲劳状态。演戏能细腻到这样，确实说明卓别林具有许多影视明星所不具有的素质。

当他解松鞋带时，正巧一位记者到后台采访，亲眼看见了这一幕。戏演完后，记者问卓别林：“您该当场教那位弟子，他还不懂演戏的技巧。”

卓别林答道：“别人的好意必须坦率接受，要教导别人演戏的技能，机会多的是。在今天的场合，最要紧的是要以感谢的心去接受别人的好意，并给以回报。”

这正是一个大师的成功与境界。

在广州的一家著名酒店，一位外宾吃完最后一道菜点，顺手就把精美的景泰蓝筷子悄悄地插进了自己西装内衣的口袋。这一幕被服务小姐看到了，只见她不动声色地迎上前去，双手捧着一只装有一双景泰蓝筷子的小盒子，对这位外宾说：“我发现先生在用餐时，对我国景泰蓝筷子爱不释手，非常感谢你对这种精细工艺品的赏识。为了表达我们的感激之情，经餐厅主管批准，我代表酒店，将这双图案最为精美，并经过严格消毒的景泰蓝筷子送给你，并按照酒店的‘优惠价格’记在你的账上，你看好吗？”这位外宾自然听出了服务小姐的弦外之音，在表示了一番谢意后，说自己多喝了两杯，头脑有点发晕，误将筷子插入了口袋。然后，外宾聪明地借此下“台阶”，说：“既然这种筷子没有消毒就不好使用，我就‘以旧换新’吧！”说着，取出内衣口袋里的筷子，恭恭敬敬地放回桌上。

人们都有一时冲动，做错事、说错话、得罪人的时候，但是，为了保全面子，多数人都会为谎言寻找各种借口。如果不讲究方式，直言相对，只会使事态变得更严重。给对方留个面子，一般来说，对方都会买你这个面子，而且，会对你的口下留情深表感激。

Chapter 15 透视职场心理沟通策略
——做人际交往的大赢家

对于老板来说，他们看中的是你的才能与创意可以给事业带来的活力和效益，用人的目的很明确，所以他们晋升和提薪的标准是你的业绩，采用的是透明的竞争机制，而任人唯亲或拉帮结派则是大忌。

纷杂职场中的博弈策略

办公室的同事关系，说来有点玄妙，日日与你相对的人，既是出力干活的合作伙伴也是升职提薪的竞争对手，前辈关于同事关系已经有好多告诫了，似乎你不得不步步设防，小心从事。如果你是一个已身置这些职场或是准备投入其中的白领，对这种新的游戏规则就要有更多的了解，才能与他们和谐相处，并从中享受这样的同事关系所带来的好处与乐趣。

规则一：个人喜恶，勿入职场

你有自己喜恶，但要记住切勿将此带入职场，因为你的那帮新同事可能都很有个性，有自己独特的眼光，每个同事都与你一样有着自己的喜好，也许他们的衣着打扮或是言谈举止不是你所喜欢的，甚至为你所讨厌，你可以保持沉默，可不要去妄加评论，更不能以此为界，划分同类和异己，你最好能多点兼容。要是为此而惹恼他们，那你会树敌过多，在办公室的处境就大大不妙了。相反的，你的包容则会赢得他们对你的尊重与支持。

规则二：透明竞争，不玩阴招

对于老板来说，他们看中的是你的才能与创意可以给事业带来的活力和效益，用人的目的很明确，所以他们晋升和提薪的标准是你的业绩，采用的是透明的竞争机制，而任人唯亲或拉帮结派则是大忌。

而周围的同事也讨厌那些喜欢搬弄是非，玩弄阴招的人，他们更愿意与那些有才气且志趣相近的同事相处。

许多新行业需要的是团队的配合，同事时常一起加班研讨，长时间的共处，彼此更为了解，往往成为知心朋友，这点与传统的职场人际完全不同。

所以你不要抱着同事是冤家的成见，否则你难以立足，更难发展了。你与新同事的共处原则是彼此尊重、配合，然后尽力施展你的才华，在透明竞争中求发展。

规则三：个人隐私，不必交换

同事的生活方式、思想观念大都较为前卫，许多私事不喜欢让人知道，哪怕是最要好的朋友。他们比其他的群体更注意捍卫自己的隐私权，所以你可别轻易侵入对方的这个领地，除非对方自己主动向你说起。在他们看来，你亲切地问起“你最近怎么样啊？”尤其是和他（她）的女（男）朋友、或者老婆（公）怎么样啊这类话题，是无聊、没有修养的低素质行为，除了大而化之地回答你“还行”或者“挺好”之外，他们大多会守口如瓶。

这就意味着你与这类同事在一起时，得掌握交友的尺度，工作或是信息上的交流、生活上的互助，或是一起游玩都是让双方感到高兴的事，可别介入他们的隐私，不然你会引起对方的不快，并且为此而把你看作是无聊之辈，轻视了你。

同时对自己的隐私也要把握好尺度，别人不一定有兴趣分享你的心事，知道你的什么秘密也许是个负担，千万别把人家当成了心理医生。

规则四：经济往来，AA 最佳

对于同事来说，都有挺可观的收入，加上乐于享受生活，所以会经常聚会游玩，还产生各种新型的生活组合，经济上的来往较多，最好的处理方法就是采用 AA 制。这样大家心里头没有负担，经济上也都承受得起。当然如果是碰上同事有了高兴的事主动提出做东，你就给对方一个面子吧，有祝贺的话奉上就好。

规则五：生活伙伴，互利互惠

在传统职场上，同事间除了工作上的接触，生活上几乎没有来往，甚至大家都在有意躲避。同事间应当是最好的生活伙伴，互相帮忙和照应是最方便不过的。比如一起租套好住宅，一起打车上下班，既方便也实惠。所以当同事有意接纳你做他们的生活伙伴，不妨高兴地接受，因为这在经济上是互惠互利，在工作上则提供了方便之处，也促进了人际上的融洽。

看透老板的心理，从而占尽先机

想在职场上取得成功，就不能把自己放在为打工而打工的位置上，惟恐与上司接触多了就会增加任务，而应该主动与上司进行沟通，不要放弃任何一个沟通的机会和可以在老板面前表现自我的每一个细节，比如会餐、出差等。只有主动跟老板面对面地接触，把自己真实地展现在老板面前，才能让老板充分认识到你的才能，你才会有被赏识的机会。如此一来，一方面会促进上司对你的了解，另一方面会让上司感受到你对他的尊重。当机会来临时，上司首先想到的自然便是你。

你也可能经常听到一些同事埋怨机会不等，命运不公，总是觉得自己碰不到表现自己的机会。每每看到别人的成功，总归结为运气好。实际上，从整体上说，机会对每个人都是公平的，关键是你是不是善于创造和抓住机会。

李明供职于一家广告公司，公司百多号人里有不少资深人士，可谓人才济济，他在这里没有特殊的优势。但是李明的工作很踏实，不仅能像其他同事那样把老板交代的任务按时按质完成，还喜欢琢磨本职工作之外的事儿，因此经常是下班后同事走了，他还在办公室里找事做。

一天，当老板经过他的门口时，看到他还在，便打了一个招呼，李明便与老板聊上了。话题转到工作上，李明谈到了广告策划、内容制作以及经营等方面的想法，其中不乏对当前广告策划工作的建议。

自然，李明引起了老板的关注，于是老板主动找李明聊工作以外的话题。虽说下属中不乏人才，可在完成自己的工作之余还这么关心公司发展的却很少见。渐渐地，老板对李明另眼相看，觉得他会是一个得力的助手，于是任命李明做自己的助理。

李明的晋升原因在于：他不是被动地接受上司交给的任务，而是在工作中与上司更多地沟通，让上司明白自己不仅能做好本职工作，还可以接受更多更重要的工作，具有一种领导的潜质。

懂得主动与老板沟通的员工，总能借沟通的渠道，更快更好地领会老板的意图，把自己的好主意、好建议潜移默化地变成老板的新思想，并把工作做得近乎完美，所以深得老板的欢心。

阿尔伯特是美国金融界的知名人士。他初入金融界时，他的一些同学已在金融界内担任高职，也就是说他们已经成为老板的心腹。他们教给阿尔伯特的一个最重要的秘诀，就是“千万要肯跟老板讲话”。话之所以如此说，就在于许多员工对老板有生疏及恐惧感。他们见了老板就噤若寒蝉，一举一动都会不自然起来。就是职责上的述职，也可免则免，或拜托同事代为转述，或用书写形式报告，以免受老板当面责难的难堪。长此以往，员工与老板的隔膜肯定会愈来愈深。

然而，人与人之间的好感是要通过实际接触和语言沟通才能建立起来的。一个员工，只有主动跟老板面对面的接触，才能令老板直觉地认识到他的工作才能，才会有被赏识的机会。要想得到上司的赏识，做上司的“圈内人”，就需要平时多与上司交往。仅有想在老板面前好好表现的想法还不行，接触上司的渠道有许多，需要积极去创造，做个有心人。例如去打听老板的上下班时间，算好他大约在何时进电梯等等这些细节，然后见缝插针地也在这个时候去坐电梯，这样就有可能遇到老板，有机会可以同老板打招呼，说上几句话，借此机会展示一下自己的才能。

掌握职场人际奥秘，透视他人内心所蕴藏的玄机

某大公司招聘人才，应者云集，其中多为高学历、多证书、有相关工作

经验的人。经过三轮淘汰，还剩 11 个应聘者，最终将留用 6 个人。因此第四轮总裁亲自面试，将会出现十分“残酷”的场面。可奇怪的是，面试现场出现了 12 个考生。

总裁问：“谁不是应聘的？”

坐在最后一排靠右边的一个男子站了起来:“先生,我第一轮就被淘汰了,但我想参加一下面试。”

在场的人都笑了,包括站在门口闲看的一位老者。总裁饶有兴趣地问:“你第一关都过不了，来这儿又有什么意义呢？”

男子说：“我掌握了很多财富，我本人即是财富。”

大家又一次笑得很开心，觉得此人不是自大狂，就是脑子有毛病。

男子接着说：“我只有一个本科学历，一个中级职称，但我有 11 年的工作经验，曾在 18 家公司任过职……”

总裁打断他：“你学历、职称都不算高，工作 11 年倒是很不错，但先后跳槽 18 家公司，太令人吃惊了。我不欣赏。”

男子站起身：“先生，我没有跳槽，而是那 18 家公司先后倒闭了。”在场的人第三次笑了。一个考生说：“你真是倒霉！”男子也笑了：“相反，我认为这是我的财富！我不倒霉，我只有 31 岁。”

这时，站在门口的老人走进来，给总裁倒茶。男子继续说：“我很了解那 18 家公司，我曾与大伙努力挽救那些公司，虽然不成功，但我从那些公司的错误与失败中学到了许多东西，很多人只是追求成功的经验，而我更有经验避免错误与失败。”

男子离开座位，一边转身一边说：“我深知，成功的经验大抵相似，而失败的原因各不相同。与其用 11 年学习成功的经验，不如用同样的时间去研究错误与失败，别人成功的经历很难成为我们的财富，但别人的失败过程却可以供我们借鉴。”

男子就要出门了，忽然又回过头说：“这 11 年经历的 18 家公司，培养和锻炼了我对人、对事、对未来的洞察力，举个例子吧，真正的考官不是您，而是这位倒茶的老人。”

全场11个考生一阵哗然，惊愕地盯着倒茶的老者。那老者笑了：“很好！你第一个被录取了，因为我急于知道，我的表演为何失败。”

这位男子的面试过程可谓一波三折，但整个过程却都是该男子推销自我的表演。因此，要想使别人接纳自己，并重用自己，你必须使出全部招数，抓住推销自己的机会，竭尽全力去游说，把自己的长处大胆地说出来，让用你之人因佩服你而接纳你。

以退为进，后发制人

有一位留美的计算机博士。毕业后想在美国找一份理想的工作，由于他要求太高，结果好多家公司都不录用他。

思来想去，他决定收起所有的学位证明，以一种“最低身份”，再去求职。

不久他就被一家公司聘为程序录入员。这对他来说简直是小菜一碟，但他仍干得一丝不苟。不久，老板发现他能看出程序中的错误，非一般的程序录入员可比。这时他才亮出学士证，老板给他换了个与大学毕业生对口的工作。

过了一段时间，老板发现他时常能提出许多独到的有价值的建议，远比一般的大学生要高明，这时，他又亮出了硕士证，老板随后又提升了他。

再过了一段时间，老板觉得他还是比别人优秀。就约他详谈，此时他才拿出了博士证。由于老板对他的水平已有了全面的认识，就毫不犹豫地重用了他。

以退为进，由低到高，这也是自我表现的一种艺术。开始的时候，先让人看低了不要紧，你可以寻找机会全面地展现自己的才华，让别人一次又一次地对你“刮目相看”，你的形象就会慢慢地高大起来，人家会认为你又有能力又谦虚；而如果一开始就被人看高了，让人觉得你多么的了不起，对你寄予了种种厚望，可你随后的表现让人一次又一次地失望，结果是越来越被人看不起。

以退为进，不仅用于求职的时候，步入职场之后也要善用。与同事讨论问题时，当有人提出一种观点，而你不赞成时，可先肯定那人的说法，再转折一下，最后予以否定。肯定是手段，转折再否定是目的。先予肯定，可使对方在轻松的心理感受中，继续接受信息。尽管最终是转折了，但这种柔和地叙述反对意见的方式，对方较易接受。这样既能使自己从难以反驳的困境中解脱出来，又能使对方在较平和的心境中接受。

先肯定，再否定，这也是以退为进的做法。职场中善用此计的话，不但能使自己的观点容易接受，同时也能为自己赢得好人缘，因为你总是在肯定别人，能照顾到别人的感受。

此外，与对手竞争，在自己实力强大时，迎头痛击对手是谋略，而在明知不敌之时，暂避锋芒更是智慧。所以，在职位晋升的竞争中，若遇到了“强劲”的对手，应采取暂时回避的策略，以退为进。如果竞争对手与老板有着强硬的“裙带关系”，而你目前的力量还抵制不了这种不良现象，你就得暂时先避开他们。

如果经过竞争得到的职位并不符合你的专长，不是扬长避短而是扬短避长，你升上去了，却很可能浪费了自己的一技之长，实际上你会失去更多的机会，会使自己的才华和优势逐渐淡化。所以，不要竞争扬短避长的职位。

如果老板比较贪财，而竞争对手又是一位比较谨慎的重金行贿者，干这种事很隐蔽、很策略，这种情况下不谙此道的你最好先甘拜下风退出竞争阵地，把更多的精力用在工作上。

如果你才开始工作不久，就不要过早卷入晋升竞争。这种时候要先克制自己的欲望，不要过分冲动地把自己的急切心情溢于言表，要冷静地观察一段时间，待到知己知彼的时候，掌握了竞争的主动权再来一招“后发制人”，胜算更大。

如果对方善于溜须拍马，只会在老板面前干些面子活，常常跟老板打小报告，老板却觉得这种人忠心耿耿的，那你也要聪明地避开与他们的竞争。

如果你没有充分准备，却有其他更优秀的人选与你竞争时，你最好理智地放弃，以更大的努力养精蓄锐，以备再战。

如果有更好的晋升机会，就不要参加直接的晋升竞争。假如有两条路让你选：前者是有晋升的机会，会直接受到某种提拔和重用，而且等待时间不长；后者是学习、进修、深造或锻炼的机会，这是一种潜在的晋升机会，但是时间会很长。在这种情况下，选择后者不失为一种有效的“急流勇退”的方式。因为你储备得多，潜力才更大、起点才更高，这种急流勇退式的选择才是具有远见卓识的选择。

如果你的晋升，明显地陷入某种派系纠纷，成为某种矛盾和冲突一方的一个角色，那么最好退出竞争，在这种派系竞争中，即使你得到晋升，日后也难于开展工作。

总之，看清形势再去竞争。漫漫职场路，退一步、等一等，不过是歇歇脚，为走得更远做准备，低一低头，更是为了昂扬成擎天柱。一次以退为进的等待能让你从“山重水复疑无路”转眼便走进“柳暗花明又一村”；航行中的船只，在预见到大风浪的来临时，并不是要迎头冲上去，而是要暂避到无风的港湾处去，确保船只安全后再图前进。

只退不进，是懦夫；只进不退，是莽夫；而以退为进，才是智者。

从对方易于接受的问题入手

一位管理大师曾经说：“有什么样的老板就有什么样的公司。”老板的价值观对形成团队价值观起着决定性的作用。了解老板的价值观，就把握住了公司的核心价值观，就比较容易融入到这个团队中。

换言之，你知道老板的喜好，老板的处事方式，你就比较容易做得让老板满意，比较容易受到老板的信任。假如你一味遵从自己的喜好，做自己认为正确的事，而不考虑老板的要求，就可能吃力不讨好。

李先生在南方某外资公司做电工。有一次，他发现一个电源插座坏了，就取下来，花半天时间把它修好了。他觉得自己做了一件有价值的事，没想到主管知道后，却把他臭骂了一顿：“你一天的薪水是多少钱？一个插座又值多少钱？你居然花半天时间去修一个插座。”

李先生委屈地说：“插座坏了，不能不修啊！它又这么难修。”

主管更加恼火：“笨蛋！既然难修，就把它扔进垃圾堆里。”

李先生不敢再反驳，心里却不服气：你说得倒轻松，十几块的东西，就这样扔进垃圾堆？不符合咱们“节约”的传统啊！

还有一次，李先生看见一台电风扇的扇页碰弯了，就取下来。很小心地用锤子敲平。虽说还有一点不平整，噪声大一点，但并不影响风力。这件事他只花了十几分钟，自以为没有问题，谁知又被主管骂了一顿：“我们的电路负荷很大，不平整的扇页会加大负荷，既造成资源损耗，还可能引起电源短路。万一发生火灾，这个责任你担得起吗？再说，客户看见我们使用有残缺的电风扇，心里会怎么想。这不是损害我们公司的形象吗？”

经过主管几次斥责，李先生终于汲取了教训，开始留意这家公司的“习惯”。他发现，别的电工遇到有安全隐患的电器，或价值低又不易修理的电器配件，一般是直接当垃圾处理。他见样学样，再也没有挨过骂了。李先生节约的习惯,在别的地方可能受到赞赏,在这家公司却行不通。他当然应该“入乡随俗”，按这家公司的方法做。

作为员工，了解公司的文化和管理层的价值观是必要的，新融入的员工一定要了解这一点，深谙老板思考问题的方式，是你成功的捷径所在。

总之，老板是组织中的核心人物，作为员工，应主动去适应他，才能在工作中达成默契。只有了解老板的价值观，并且使自己尽快适应，才能逐步获得他的信任和重视。

孙子曰：“知己知彼，百战不殆。”我们天天和老板在一起工作，了解他喜欢什么、讨厌什么，我们的沟通会更加融洽，工作也更有成效。

我知道你在想什么

在职场中，尊重上司是每个员工必须注意并努力去做的事情。所谓尊重，包括尊重上司的个性，尊重上司的行事风格，尊重上司的决定。你可以向上司提建议，或者对上司的某些决策提出异议。但是，企图把上司改造得合乎自己的期望，那是不现实的。可偏偏有的员工不自量力，喜欢拿自己的上司开刀。

杰里在环球摩托车公司客户部工作，负责处理顾客正当的赔偿要求问题，同时指导分布在世界各地销售点的维修工程师的工作。后来，他听说有一个现场工程师的空缺，就去找他的顶头上司布朗，请求考虑调他到简·史密斯的部门担任现场工程师。

“这事我们以后再说吧。”布朗没有明确给出答复。杰里知道布朗是一个很固执的人，要说服他并不容易。他想，简·史密斯是上级主管，如果先说服简·史密斯同意接受自己，由她向布朗要人，猜想布朗不会不同意。于是，他趁布朗出差时，找到国际业务部经理简·史密斯本人。史密斯不仅是布朗的上级还负责关于现场工程师的工作。史密斯女士主张从公司内部提拔年轻有为的人。和杰里谈话后，她认为杰里很适合现场工程师的工作，答应等布朗出差回来后同他谈谈。

一星期后，布朗把杰里叫到他的办公室，对他说：“我听说你在我出差的时候同史密斯女士谈了调动工作的事，但是，很遗憾我不能让你去担任现场工程师。我们正筹备用计算机处理索赔系统进行工作，我们很需要你，因为你是我 7 个下属中经验最丰富的。”

杰里听了很吃惊，难道因为他是小组中最出色的人就不能提升吗？两星期后，公司从外面招聘了现场工程师，杰里彻底失去了这次机会。

杰里没有得到提升，是因为他的出色让上司不愿意放人吗？未必如此。“县官不如现管”，他绕过顶头上司，越级申诉，没有给予上司应有的尊重，使他失去了上司的支持。他明知布朗是一个固执的人，更应该好言沟通，但他却想用史密斯压服布朗，显然犯了布朗的大忌。与此同时，他也失去了晋升的机会。

作为员工，不要幻想改造你的上司。上司也是凡人，难免在处事上有这样那样的不尽如人意之处。如果你想有效地处理和上司的关系，首先要学会适应他的风格。通常，人与人之间想要和谐相处，需要双方相互妥协。和上司相处，员工还需要更加灵活地行事，做出更多的妥协。

可能你的上司性格急躁，你要很辛苦才能跟得上他的步调；他甚至偶尔会因为不耐烦过多地分析而做出不太成功的选择。这时候，抱怨是没有用的，也不要奢望上司为你改变他的工作风格。事实上，一个上司的处事风格，不是一蹴而就的，它是上司长期性格的沉淀。俗话说，“江山易改，秉性难移”，上司的风格哪是你轻易所能够改变的呢？所以，千万不要试图改造上司，那不但徒劳无益，还有可能让你输得一塌糊涂。不如理智地适应上司的风格，这样，你跟上司的关系就会更融洽。

与上司“对擂”，不如踏着上司的“鼓点”起舞

力量型老板是给这个世界提供动力的人，他们永葆进取精神。他们重视行动而轻视理由，重视结果而轻视借口。在他们眼里没有“不可能”的事。如果他们决定去做，就要求下属没有任何犹豫、不遗余力地去做。

当汽车大王亨利·福特决定研制在一个引擎上铸造 8 个汽缸的 V 型车时，那些目瞪口呆的工程师们说：“这是不可能的事！”

福特毫不犹豫地命令:“尽管大胆去做。不管花多少时间都要完成任务。”6 个月后，那些一筹莫展的工程师再次断言：“这的确是一件不可能的事！”福特发布了一条更坚决的命令：“我一定要得到它。不论花多少时间，不管花多少钱。”

无路可退的工程师们只好继续努力，不久后，他们终于找到完成任务的办法，并研制出一款轰动全球的名车。当马孔·福布斯决定推出“美国 400 首富

排行榜”时，遭到下属的一致反对。他们认为这样做只是白费力气。他们无精打采地干了两个月，然后向马孔·福布斯报告：“我们已尽力试过，不成！”

马孔大发其火，吼道：“我愿意动用所有的人力来完成这项计划，时间、金钱、人力我都在所不惜！”下属们看到了老板的决心，不得不抛弃所有疑虑，竭尽全力工作，终于搞出了第一份“美国400首富排行榜”，当它刊登在《福布斯》杂志上后，引起全美国的轰动。时至今日，“美国400首富排行榜”和《福布斯》一起，已蜚声全世界。

亨利·福特、马孔·福布斯无疑都是力量型的人，他们当初的决定似乎有些疯狂，但是，没有当初疯狂的决定，哪有后来的成就？

力量型老板经常会做出看似“不可能”的决定。而且他们不喜欢员工挑战自己的决定。作为员工，跟力量型的老板有意见分歧时，最好不要对抗。一方面，你可能遭到他毫不留情的打击；另一方面，他的决定虽然看似疯狂，也许会带动公司的快速成长。不要因为他的决定不合你的口味就觉得不对。假如你确信他的决定错了，也要采用温和的、迂回的方式谈论你的想法，尽量不要直接跟他争辩。发生正面对抗，到头来吃亏的恐怕只能是自己。

让自己在人际交往中明察秋毫，抢占先机

王秘书工作很投入，正在忙得不可开交的时候，老板走进来：“劳驾，先把这份数据报告弄出来，我明天早上要。”王秘书不假思索地问：“老板，您原来安排给我的工作，我还没有完成，是先做这个还是先做那个？”

老板不明所以：“你说呢？”

这个问题的答案是：优先处理老板交待的新任务！原因何在？

老板之所以会将一些急于处理的文件交给你，是基于他对你的信任，认为你可以在他最需要的时候解他的燃眉之急。这时，出色完成这项工作的付出要远比平时勤奋地劳作更有价值！同时，处理老板心急的工作，也是老板对你的

一种考验，如果你不情愿接受，老板会认为你能力不足，或者没有工作的激情。从此，会停止让你处理紧要的事情，你也许因此会错过许多表现自我的机会。

在你手头工作已经快堆成小山的时候，老板却给你安排新的工作，并且对你说："这件事急需完成。"请不要感到愤愤不平，认为老板在压榨你，虽然你答应了老板的要求，但却是满肚子的不乐意。这种心理是要不得的。你要学会真诚地接受老板的新工作，不要试着找一个理由来搪塞，更不要与老板讨价还价！

想一想，老板急匆匆地让你先处理一部分工作，一定有他的道理，不要认为老板没有向你承诺过什么，并且这些新工作会影响你正常工作的进行，你就把它们认为是自己分外的工作。其实老板自有他用人的方法，他是不会随意奖赏员工的。如果你可以扛起紧急的工作，并把它高效地完成，那么，老板对你的信任胜于任何形式的物质奖赏。

只有优秀的员工才敢于、也乐意接受老板更多的工作。因为他们首先是务实的。试想，有哪个老板会将一份重要的工作交给一个不可靠、只会敷衍的员工呢？如果你不情愿老板的这些"礼遇"，而只想图个轻闲，老板同样会不闻不问，而把薪水发给你，请问你会心安理得吗？

许多时候，员工不应该死守着自己的"本职"工作，而对其他事情不闻不问。当你在专心于自己的工作时，同时，你还要警示自己：我可能还有其他应急的事情需要处理。这是一种对员工应变能力的考验，也是对自身素质的一种提高与锻炼，更是在老板面前表现自己的最好时机。用这种积极的心态对待老板的新任务，你将会获得更多，因为老板会将这一笔"人情"深深地记在他的账簿里。

领悟职场奥妙，玩转职场人生

很多的时候，领导也很无助，众多的困难有可能像洪水一样袭击着他。

在这时，正是你表现的好时候。

张明是一家酒店的服务员，一天中午他当班时，有几个人消费完离开酒店不久后又返回来，说他们感到身体不适，怀疑饭菜有问题，要求赔偿，而且非要见领导不成。吧台的值班人员让他们拿出证据来，跟那几个人争执起来。眼看就要动起手来，领导从楼上下来，看见这种情况就走过去，问怎么回事。吧台人员看看领导，看看那几个凶神恶煞的顾客，一时不知如何是好。

这时，张明冷冷地对领导说："这件事与你无关，请走远点。"

那几个人接着嚷道："让你们领导出来，不赔偿就砸酒店。"

领导明白了张明的用意，立即转身走开了。张明假装去找领导，打电话报了警，因为他看出那几个人是来敲诈的。后来警察把事情摆平了。

这件事使张明给领导留下了良好的印象。不久，领导就提拔张明做了酒店的办公室主任。

在领导无助的时候，如果你能帮他解决困境，他将视你为头等功臣。这当然并不是专指领导受到暴力威胁的情况。在工作中，领导经常会遇到束手无策的难题。这时候，如果你勇敢地站出来，用自己的智慧和能力帮领导解决难题，领导定会百倍感激你。

有一个叫杜尔奈的商人，以低价购买了一家小得可怜的号牌制造厂。这家工厂只有 4 台老式机器，生产效率低下，根本无法跟那些采用自动化生产的大厂竞争，亏损累累。杜尔奈没有了办法，向全体员工宣布："请各位一起想想办法，看这个工厂还有没有救。否则我只好宣布它倒闭。"说罢，他给员工们送上纸和笔。

每个员工都想了一些办法，写在纸上交给杜尔奈。其中一位小学徒也提出了自己的建议：变更材料，是不是可以达到降低成本的目的？这句话触发了杜尔奈的灵感。他想，以他的实力，改进设备和技术都是不现实的，只有改进材料才是可能的办法。当时的电线号牌都是铝制的，价格比较贵，如果能找到一种便宜的替代材料，就能降低成本和价格，跟那些大厂竞争。

于是，杜尔奈与员工们一起研究，终于找到了一种理想的替代材料：将一种韧性很强的白皮纸刷上一层透明胶，硬度、柔韧度都跟铝制品差不多。

杜尔奈申请了这项发明的专利后，很快生产出价廉物美的电线号牌，其价格比铝制品便宜三分之二，一上市就成了抢手货。

半年后，杜尔奈的工厂扩大了两倍，完全采用自动化设备，具有了更强的竞争力，一举成为同行中最有实力的公司。杜尔奈“吃水不忘挖井人”，他想，当初要不是那个小学徒的一句话，公司现在已经倒闭了。于是，他慷慨地送给这位小学徒一定数量的股份，这位小学徒因此而致富了。

所以，只要能够帮助领导解决难题，领导定会对你感激在心，并且定会优先重用你。

给人多留一点余地，从而操控大局

遇事留三分余地，就不会把事情做绝。于情不偏激，于理不过头，在追求成功的路上就会进退自如。把话说得太满，就像把杯子倒满了水一样，再也滴不进一滴水，否则就会溢出来。也像把气球打满了气，再充就要爆炸了。

在职场上，你一定要学会给别人多留余地。与人交往时，不要口出恶言，更不要说出“势不两立”之类的话。职场环境瞬息万变，说不定你哪天就需要他的帮助。无论在什么情况下，如果把别人推向绝路，这样一来，事情的结果对彼此都不会有好处。

有一位朋友与同事之间有了点摩擦，很不愉快，便对同事说：“从今天起，我们断绝所有关系，彼此毫无瓜葛……”这话说完还不到两个月，这位同事成了他的上司，关系突然变得很尴尬，朋友只好辞职，另谋他就。

人在职场，千万不要把事做绝。物极必反，否极泰来，断尽别人的路径，自己的路径亦绝，敲碎别人的饭碗，自己的饭碗也悬。

每个人在职场上都有追求生存追求发展的本能，如果有百条生路可行，在竞争中给他断去 99 条，留一点余地给他，他也不会跟你拼命。倘若你把最后一条路也断了，那么，他一定会揭竿而起，拼命反抗。因为把话讲得太满，而给自己造成损伤的例子到处可见。

李彬辞职了，回办公室收拾私人物品时，发现办公室抽屉已被突击换了锁。向人事部请示，那边抛来几句话：“公司刚出台的规定，员工离去要取私人用品，必须在人事部两位成员的同时监看下进行。再说，现在人心隔肚皮，你跳槽到对方那里，难保不拿公司的核心机密去向新老板邀功。”李彬气得直发抖。他转念一想：既然没偷鱼还惹一身腥，干脆别辜负了这身腥。凭借高明的网络技术，李彬真的带走了公司的一个核心方案。在一次竞标会上，李彬将这套核心方案精心加以完善，击败了原公司的竞标方案。

职场就是这样，给别人留有余地，也就等于给自己留了余地。不让别人为难，也就是不与自己为难，让别人活得轻松，自己也活得自在，这就是留有余地的妙处。

很多事情你无法预料它的发展态势时，切不可轻易下断言，要懂得留有余地，以容纳无法预知的未来。一个人说话、做事留有余地，便不会因“意外”的出现而下不了台。

总之，要让自己在职场上进退自如，走向成功，就要避免以下“四绝”：事情不可做绝、言语不可说绝、金钱不可用绝、人力不可使绝。多给别人留一点余地，也就等于多给自己一次成功的机会。

慧眼识人，洞悉对手内心

在办公室里，要想出人头地，的确需要适当表现自己的能力，让老板和同事看到你的卓越之处。但许多心高气傲的职员往往陷入这样的误区，在同事面前过于表现自己，不知什么是收敛，结果往往在职场竞争中输得莫名其妙。

其实，表现自己并没有错。在现代社会，充分发挥自己的潜能，表现出自己的才能和优势，是适应挑战的必然选择。但是，表现自己要分场合、分方式，不能让人看上去矫揉造作，很是别扭，好像是做样子给别人看似的。

特别是在众多同事面前，只有你一个人表现得特殊、积极，往往会被人认为是故意造作，推销自己，常常得不偿失。

日常工作中不难发现这样的同事，其人虽然思路敏捷，口若悬河，但一说话就令人感到很狂妄，因此别人很难接受他的任何观点和建议。这种人多数都是因为太爱表现自己，总想让别人知道自己很有能力，处处想显示自己的优越感，从而能获得他人的敬佩和认可，结果却是失掉了在同事中的威信。

法国哲学家罗西法古有句名言："如果你要得到仇人，就表现得比你的仇人优越吧；如果你要得到朋友，就让你的朋友表现得比你优越。"

在同事之间的交往上，相互之间理应是平等和互惠的，正所谓"投之以桃，报之以李"。而那些妄自尊大、高看自己、小看别人、过分自负的人总会引起别人的反感，最终在交往中使自己走到孤立无援的地步，别人都敬而远之，甚至厌而远之。

办公室里，人人都希望能得到别人的肯定性评价，都在不自觉地维护着自己的形象和尊严。如果某位同事的谈话过分地显示出高人一等的优越感，那么无形之中是对他自尊和自信的一种挑战与轻视，别人的排斥心理乃至敌意也就不自觉地产生了。

有这样一个人事部门的科员，在他所在的人事局里，他虽然精明能干，却在很长一段时间里几乎没有一个朋友。问题究竟出在哪里？再看看他平时的行为就会不言而喻。他每天都在同事面前使劲吹嘘自己在工作中的成绩，每天有多少人找他请求帮忙，那个不清楚名字的人昨天硬要给他送礼……等等自认为"得意事"，但同事们通常听了之后不仅没有分享他的成就，反而还极不高兴。他整天却自认为春风得意，骄傲得不得了。殊不知，同事们早已开始反感他的自大和强烈表现欲，渐渐与他疏远。

职场上，特别是在同事面前，聪明的员工对自己的成就要轻描淡写，必须学会谦虚，不要太过张狂，免得让同事对你产生爱表现、哗众取宠的印象。

Chapter 16　鹿死谁手的对决
——透视商战心理沟通策略

一个优秀的推销员是很善于控制局面的，他们不会采用愚蠢的强买政策，他们说话不会咄咄逼人，而是采用更优雅、更能让人接受的方法让顾客乐于去接受这种局面的转换，让主动权不知不觉地转到自己手里。

看透对方，从而掌控局面

通常，两个人在谈判的时候，掌握主动权的人就控制着整个局面，唯有控制着局面才能让整个谈判朝着自己有利的一面去发展。因此在谈判的时候，推销员要学会控制局面。不过，不要看到控制两个字就想到强权主义这样的东西，推销员的职责是为了把自己的东西推销出去，你如果态度强硬肯定没有人欢迎你的。每个顾客都需要受到尊重，他们买你的东西并不是在求你。

一个优秀的推销员是很善于控制局面的，他们不会采用愚蠢的强买政策，他们说话不会咄咄逼人，而是采用更优雅、更能让人接受的方法让顾客乐于去接受这种局面的转换，让主动权不知不觉地转到自己手里。

推销员：早上好，王先生，很高兴见到您。

准顾客：你好，有什么事吗？

推销员：王先生，我今天来拜访您的主要目的是给您带来了我们最新研究出来的高智能 A100 型号的设备，我知道您一定很希望您的企业生产成本降低，收益提升。

准顾客：是啊，但你们公司的产品能管用？

推销员：那当然，王先生，这项设备是引进的德国 sA 技术，它的制造效率是普通设备的 2 倍，而且比一般设备的单位能耗要低 20%。另外，这款产品的操作平台非常人性化，操控性能很稳定，安全性能非常好。还有就是安装了自检系统，这样，就不需要经常耗费大量人工来检查，从而节省大量的人力成本。您觉得怎么样？

准顾客：不错，那这款产品已经应用在哪些行业了呢？

推销员：主要是挖掘机制造、油田开发等领域。

准顾客：一套系统大概需要多少钱？推销员：仅需要 20 万人民币。

准顾客：是吗？我知道了。这样吧，你把资料放下，我先了解一下，回头给你电话。

推销员：王先生，我们的设备荣获了国家设备制造金奖，每年销售量达到 5000 万元呢。

准顾客：我知道了。我们领导班子需要研究一下才能给你电话嘛。再见。

推销员：唔？……

这就是一个典型的让顾客牵着话题走的例子，而且这样的销售员是很多的，我们需要采取恰当的方法改变这种局面。

首要的一点，就是你要记住你来到此地的目的，你唯一的目的就是要把产品推销出去，做其他的事情都是为了这个目的。不管你是在帮助他们做其他的事情，还是你在和顾客闲聊，这些事情都是为你的谈判作准备的，谈判的结果才是最重要的。

为什么要这么说呢？因为在人的心里人都怕冒险，都不想冒冒失失就决定了要做什么事情，你的第一次推销一般不会成功。他们想要考虑，他们想要和家人、朋友商量，因此他们会拖延时间。他们会想出各种理由来打断你的推销，想办法拖延时间来考虑究竟该不该买。时间越长，他就会想得越多，而且对你的产品印象就不够深刻了，提出的怀疑也就越多了。因此每一个推销员要学会不被这种故意的打断所干扰。

例如你在顾客的家里推销你的产品的时候，顾客会礼貌地让你吃点东西，喝点茶再谈，这时候你千万不要忘了你的目的，你最好告诉顾客，等到谈完再喝也不迟，等等。

要想控制整个局面，你一定不能分神，因为在你们谈话的过程中，不管顾客在谈什么，可能这些话里面有你要的信息，而且仔细听人家说话是一种尊重。你精神不集中，顾客都会看出来的，他从心里就会觉得你很不礼貌，不把他看在眼里。

一次，赫伯特先生到房地产商吉姆先生的办公室去拜访，吉姆对赫伯特的保险计划很感兴趣。谈到一半的时候，吉姆开始谈起自己的儿子，是一位即将毕业的法学院学生。吉姆先生显然很为自己的儿子骄傲。但是在跟他说话的时候赫伯特走了神。办公室外有一些人在说笑，赫伯特忍不住去听门外的笑话，但赫伯特知道这样做欠礼貌，所以在吉姆先生大谈自己儿子如何深受器重时，他仍不住地点头。赫伯特以为吉姆会看不出来，会感到自己似乎在留心听他讲话。

然而，当他们回到正题，谈起保险的事时，赫伯特发现吉姆已经态度冷淡，他立刻意识到有什么地方不对劲。结果，吉姆突然站起来说："赫伯特先生，我们谈得够多了。"说完就走了出去。这就是他们谈判的结局！晚上回家时，他一直在思索自己到底做了些什么。后来，他决定给吉姆先生打电话问个究竟。

"这是怎么啦？"赫伯特问他，"到底是什么使您气冲冲地走了出去？"

"你为什么要问这个问题？"吉姆问道。

"因为我一直希望自己做得更好。要是我做了什么冒犯您的事，请告诉我，以免我再次犯错误。"

"赫伯特先生，我告诉你是怎么回事。"他板着脸说，"你不停地看门外，显然不想听我说起我的儿子，倒是更有兴趣听那些推销员讲笑话。我反感且讨厌你那样做。"

赫伯特对自己的行为感到羞愧。沉默了一会儿，说："您说得完全正确，是我的错。您知道我想说什么吗？我想说我不配得到您的生意。在您挂电话之前，我想让您知道，我认为您有权利为您的儿子感到自豪。您的儿子听起来是一位优秀的年轻人，我相信他将来会成为一名出色的律师。我真心地感谢您对我说的话，使我学到了宝贵的东西，我只希望有一天您能再给我一次机会。"

直到一年后，赫伯特才从吉姆先生那里得到一张订单。

因此，永远都要记住：控制销售的局面。用你的热情和机智来控制整个谈话的内容。在和陌生人的交谈中，实际上是说话少的人在控制着整个局面，不要唠唠叨叨不停地说，也不要分散你的注意力。

用尽百招不如猜透心思一招

许多推销员为了把商品买出去，往往信口开河，哄得消费者晕头转向，虽然做成了买卖，却使消费者有上当的感觉，从而失去了顾客。而经营者反对这种对“空”字诀的滥用，他们强调：对顾客诚实，也同样可以促销，关键是要摸清顾客的心理和需求。

在美国零售业中，有一家很有知名度的商店，它就是彭奈创设的“基督教商店”。彭奈幼年时家境很不好，中学毕业后，因无力继续升学而开始做些小生意，1903 年，他开设了一家零售商店。

彭奈虽然读书不多，但他在经营方式上却有不少创新：他常说，一个一次订十万元货品的顾客和一个买一元沙拉酱的顾客，虽然在金额上不成比例，但他们在心里对店主的期望，却并无二致，那就是“货真价实”。

彭奈对“货真价实”的解释并不是“物美价廉”，而是什么价钱买什么货。他有个与众不同的做法，就是把顾客当成自己的人，事先说明次等货品的缺点。关于这一点，彭奈对他的店员要求非常严格，并对他们施以短期训练。比如：一条毛巾有五毛、六毛、八毛三种货品，店员一定要对顾客事先说明，这种货有三种，并都拿个样子给顾客看，让顾客有充分的挑选机会。有时候，店员甚至于还告诉顾客，其他店里有而他们没有的货品，他们会说：“这是一种新出的牌子，我们还没有人了解它的品质，所以还没有供应。”

当彭奈要实行这一接待技巧时，有很多人表示反对，他们认为这样做无异是给别人的新产品作宣传。但彭奈却认为如果事先不告诉顾客，他们回去后，万一听到别人说，新出的一种东西如何如何好，他一定会有一种后悔的感觉，但如果事先说明了，情形就大不相同了，他一定会暗笑那位告诉他的人，买了一件不知好坏如何的东西。

顾客的等级不一样，所要求的货色也完全不同。一个周薪一千元的人和一个周薪只有几十元的人，假如到你店里都是买毛巾，店员一定要用两种截然不同的方式来接待他们，才能把这两个顾客同时拉住。

他的第一家零售店开设不久，有一天，一个中年男人到店里买搅蛋器。“先生，”店员很有礼貌地说，“你想要好一点的，还是要次一点的？”“当然是要好一点的，”顾客有点不高兴地说，“不好的东西谁要？”

店员就把最好的一种“多佛牌”搅蛋器拿了出来。

“这是最好的吗？”顾客问。

“是的，”店员说，“而且是牌子最老的一种。”

“多少钱？”

“一百一十元。”

“什么？”顾客把眼一瞪，“为什么这样贵？我听说，最好的才六十几块钱。”

“六十几块钱的我们也有，”店员说，“但那不是最好的。”

“可是，也不至于差这么多钱呀！”

“差得并不多，还有十几元一个的哩。”

那位顾客一听，面现不悦之色，掉头想离去，彭奈急忙赶了过去。“先生，”他说，“你想买搅蛋器是不是？我来介绍一种好产品给你。”

“什么样的？”

彭奈拿出另外一种牌子来，说：“就是这一种，请你看一看，式样还不错吧？”“多少钱？”

“五十四元。”

“照你店员刚才的说法，这不是最好的，我不要。”

“我这位店员刚才没有说清楚，”彭奈说，“搅蛋器有好几种牌子，每种牌子都有最好的货色，我刚拿出的这一种，是同牌中最好的。”

“可是，为什么比多佛牌差那么多钱？”

“这是制造成本的关系，”彭奈用一种亲切的语气说，“你知道，每种品牌的机器构造不一样，所用材料也不同，所以在价格上会有出入，至于多佛牌的价钱高，有两个原因，一是它的牌子老，信誉好；二是它的容量大，适合做糕饼生意用。”

“噢，原来是这样的。”顾客的神色缓和了很多。

“其实，”彭奈接着说，“有很多人喜欢用新牌子的。就拿我来说吧，我用的就是这种牌子，性能并不怎么差。而且它有个最大的优点，就是体积小，用起来方便，一般家庭用最为适合，你府上有多少人？”

“五个人。”顾客的反抗意识完全消除了。

“那再适合不过了，”彭奈说，他的表情就像跟老朋友谈天一样，“我看你就拿这样的一把回去用吧，保证不会使你失望。”

彭奈送走顾客，回来对他的店员说：“你知道不知道你今天的错误在什么地方？”

那位店员愣愣地站在那里，显然不知道自己的错误。

“你错在太强调‘最好’这个观念上了。”彭奈笑着说。

“可是，”店员说，“你经常告诫我们，要对顾客诚实，我的话并没有错呀！”

“你是没有错，只是缺乏技巧，我的生意做成了，难道我对顾客有不诚实的地方吗？”店员默不做声，显然心中并不怎么服气。

“我说它是同一牌子中最好的，对不对？”店员点点头。“我说它体积小，适合一般家庭用，对不对？”店员又点点头。“既然我没有欺骗客人，又能把东西卖出去，你认为关键在什么地方？”

“说话的技巧。”彭奈摇摇头，说：“你只说对一半，主要的是我摸清了他的心理。他一进门就要最好的，对吧？这表示他优越感很强，可是一听价钱太贵，他不肯承认他舍不得买，自然就会把不是推到我们做生意的头上，这是一般顾客的通病。假如你想做成这笔生意，一定要变换一种方式，在不损伤他优越感的情形下，使他买一种较便宜的货。”店员听得心服口服。

又有一次，他到爱达华州的一个分公司视察业务，他没有先去找分公司经理，就一个人在店里“逛”起来了。当他走到卖罐头的部门时，店员跟一位女顾客谈生意：“你们这里的东西似乎都比别人贵。”女顾客说。

“怎么会，我们这里的售价已是最低的。”店员说。“你们这里青豆罐头就比别人贵了三分钱。”

“噢，你说的是绿王牌，那是次级货，而且是最差的一种，由于品质不好，我们已经不卖了。”店员解释说。女顾客讪讪的，有点不好意思。店员为了卖出产品，就又推销道：“吃的东西不像别的，关系一家大小健康，你何必省那三分钱。这种牌子是目前最好的，一般上等人家都用它，豆子的光泽好，味道也好。”

“还有没有其他牌子的？”女顾客问。

“有是有，不过那都是中下级品，你要是想要的话，我拿出来给你看看。”

“算了，”女顾客面有愠色，“我以后再买吧。”连挑选出来的其他罐头也不要了，掉头就走。

“这位女士请慢走，”彭奈急忙说，“你不是要青豆吗？我来介绍一种又便宜又好的产品。”

女顾客愣愣地看着他。“我是这里专门管进货的，”彭奈赶忙来个自我介绍，消除对方的疑虑，然后接着说：“我们这位店员刚来不久，有些货品不太熟悉，请你原谅。”

那位女士当然不好意思再走开。彭奈顺手拿过沙其牌青豆罐头，他指着罐头说，“这种牌子是新出的，它的容量多一点，味道也不错，很适合一般家庭用。”女顾客接了过去，彭奈又亲切地说：“刚才我们店员拿出的那一种，色泽是好一点，但多半是餐馆用，因为他们不在乎贵几分钱，反正羊毛出在羊身上，家庭用就有点划不来了。”

“就是嘛，在家里用，色泽稍微差一点倒是无所谓，只要不坏就行。”

“卫生方面你大可以放心，”彭奈说，“你看，上面不是有检验合格的标志吗？”

这笔小生意就这样做成了。客人走后。分公司经理闻讯赶来。那位店员才知道彭奈原来是总公司的老板。

彭奈说：“我看得出，你是个热心于工作的店员，只是技巧不够，只要你肯用心，很快就会学会的。现在我把刚才的情形分析给你听。

“当顾客嫌东西贵时，虽然原因各有不同。但主要的原因是想买便宜一点的。因此，遇到嫌贵的客人，你一定要巧妙地提供他一种较便宜的货物，千万不可以让人家听出‘弦外之音’——便宜的就是次等货。你应该做到让顾客心里有这样的一种感觉：他买的是一种很适合他用的东西，以刚才的青豆罐头为例，顾客既然嫌贵了，你就不应该再强调那种品牌如何如何的好，应该说这种品牌的产品，定价都较高一点，我建议你用这种牌子的看看，东西也很不错，价钱则便宜了五分钱。假如你看她有了要的意思了，你要轻描淡写地说明这种产品的缺点，就像我刚才那样，让顾客了解罐头内部的情况。你不妨这样说：‘很多客人吃了这一种罐头都说，色泽虽然稍差一点，味道倒不错。’这样一交代，就符合我们不欺骗顾客的原则了，对不对？”经理和店员两人都听得心服口服。

顾客是上帝，不能欺骗他们，但又如何让他们高高兴兴地买下商品，就需要施以一些生意技巧了。因人而异，摸清对方的需求再有的放矢引导对方，是销售工作中最重要的秘诀之一。

把从众心理的利用作为一种正当的手段来使用

“从众”是一种比较普遍的社会心理和行为现象。通俗地解释就是“人云亦云”“随大流”；大家都这么认为，我也就这么认为；大家都这么做，我也就跟着这么做。

人都是这样的，喜欢少数服从多数。当他们看到很多人都选择同一个东西的时候，就会肯定这个东西的价值，然后跟着去选择这个东西。

我们可以简单利用一下人们的这种心理，让顾客看到物品被疯狂抢购的场景，接着顾客就会一个接一个地来购买了。有一段十分传神的文字，来描述人的从众心理：

突然，一个人跑了起来。也许是他猛然想起了与情人的约会，现在已经过时很久了。不管他想些什么吧，反正他在大街上跑了起来，向东跑去。另一个人也跑了起来，这可能是个兴致勃勃的报童。第三个人，一个有急事的胖胖的绅士，也小跑起来……十分钟之内，这条大街上所有的人都跑了起来。嘈杂的声音逐渐清晰了，可以听清“大堤”这个词。“决堤了！”这充满恐怖的声音，可能是电车上一位老妇人喊的，或许是一个交警说的，也可能是一个男孩子说的。没有人知道是谁说的，也没有人知道真正发生了什么事。但是两千多人都突然奔逃起来。“向东！”人群喊叫了起来。东边远离大河，东边安全。“向东去！向东去！”

看来，从众心理对人的影响确实很大。造成人们产生从众心理的原因是多方面的。在群体中，由于个体不愿标新立异、与众不同而感到孤立，当他的行为、态度与意见同别人一致时，就会有“没有错”的安全感。从众源于一种群体对自己的无形压力，让个体产生一些以前没有过的想法。

所以从众心理也有一种盲目性，我们要合理、正确地使用群众的从众心理。我们可以大打广告，或者做一些促销活动，当大家来对我们的物品进行疯狂购买的时候适当让大家都知道，那么我们的品牌就可以打出去了。

我们在这里说的利用从众心理一定要注意，每一个顾客都要记住，不能盲目地从众，不要迫于压力做出自己根本就不愿意做的事情。还有就是每一个商家，要有自己的道德标准，利用这种心理制造繁荣景象让大家买东西是一种手段，是无可厚非的。但是，如果这是一种欺骗，找托来做，而且还恶意抬高价格等的做法那就很不值得提倡了。

对整个市场来说，用好了良性的从众心理，可以带动产业的发展，比如现在提倡绿色食品的发展，这是一个好的现象。而绿色食品正成为当今的时尚，大家争相购买，这可以带动一种健康的生活。但是一旦被乱用，就可能误导经济的良性发展，对个人的生活也很不利。

现在中国的炒房者真是为数不少啊，大量的民众投入炒楼，这不仅仅导致楼价虚高，大面积衍生地产泡沫，还破坏社会的平衡与和谐。这些炒房者都是一种从众心理造成的，现在中国的房价居高不下，很多人炒房赚了钱，于是一大堆的人就跟着去了。这样会造成不良的严重后果，直接影响以后的生活。

我们每一个人，要谨记正确地利用从众心理，把从众心理的利用作为一种正当的手段来使用，这样可以提高自己产品的信誉、知名度，还可以很直接地打倒你的竞争对手。而不正当的欺骗会砸了自己的脚后跟，毁了自己的前程，失去信用。

善于拥抱自己的对手，能使你的成就更大

有间小杂货商店对面新开了一家大型的连锁超市，使得这个小商店的生意一天比一天糟糕。小商店的老板忧心忡忡地找一位朋友诉苦。朋友告诉他说："如果你对这家连锁超市心存畏惧，你就会仇视他，仇恨便成了你真正的敌人。"

杂货商忙问："那我该怎么办？"

朋友建议："每天早上站在商店门前祝福你的商店生意兴隆，然后转过身去，也同样祝福那家连锁超市，当众拥抱你自己的对手。"

杂货商愤怒地吼道："我为什么要拥抱我的对手？"

朋友说："你的任何祝福都会变成福气，回归于你。你所给的任何诅咒，也同样会变成霉气缠绕着你。"

几个月后，正如这人当初所担心的，他的商店倒闭了，但他却同时被聘请为那家连锁超市的经理人，而且收入比以前更可观。

当众拥抱对手，不仅可以减少你对对方的敌意，也可以极大限度地化解双方的矛盾。

竞技场上比赛开始前，双方都要握手敬礼或拥抱，比赛结束之后也一样重复如此，这就是最寻常可见的当众拥抱你的对手。另外，政治人物也常这么做，明明是恨死了政敌，见了面仍然要握手寒暄。

能当众拥抱对手就使你站在了主动的位置上。你采取主动，不仅迷惑了

对方，使对方搞不清你对他的态度，还迷惑了第三者，使他搞不清楚你和对方到底是敌是友。其实真实情况只有你心里才清楚，但你的主动却使对方处于接招的位置。所以，当众拥抱你的对手，无论从哪个角度来看，你都是赢家。你的拥抱，也将使对方打消再对你攻击的念头，若他不理你的拥抱而依旧攻击你，则更能显示出你的大度和对方的小气，那么他的行为必将遭到别人的谴责。

更重要的一点是，当众拥抱对手一旦有了第一次的开头，久而久之便会成为一种习惯，让你无论与何人相处时，都能容人、容事、容天下，还能出入无碍，进退自如，而这正是成就事业的资本。

事实上，要当众拥抱你的对手并非想象中那么难，只要你能克服心理障碍，一切都可以做到。在肢体上拥抱你的对手，与你的对手握手拥抱；在言语上拥抱你的对手，公开称赞对方、关心对方，表示你的诚恳。当众拥抱你的“对手”，善于拥抱自己的对手，能使你的成就更大。

“饥饿营销”抓的就是你的心

我国古书上有这样的记载：子贡曾经先后在卫国和鲁国做官，并且经常云游诸侯列国，是当时著名的政治活动家和外交活动家。同时，子贡还经常来往于列国之间从事商贸活动。由于他经常与各国君主、达官贵人打交道。所以对这些人喜欢争强好胜，醉心于自我炫耀的消费心理了如指掌。他曾一针见血地指出，有地位的人珍视玉而轻视珉（当时贵玉贱珉，珉是一种美丽的石头）的原因，不是玉的价值一定比珉的价值大，而是玉的数量小，珉的数量多。物以稀为贵，以多为贱。在有地位的人眼里，尽管珉很好看，装饰效果也很理想，价格也比玉便宜得多，但它却不像玉那样稀有贵重。如果佩带珉，就不足以显示自己高贵的地位，有失身份，有伤大雅。

子贡利用人们“贵玉贱珉”的消费心理，经常经营一些比较少有的物品，价格高得令人咋舌。由于子贡卖的这些东西很少见，价格又高得出奇，贵族们竞相抢购，子贡因此发了大财，成为战国时期有名的大富豪。

贵玉贱珉法，也称限量营销法。企业经营者利用人们好奇、求稀的心理，有意识地限制商品生产和销售的数量，造成一种商品紧俏的态势，引发消费者的购买兴趣。

美国“稀尔兰奇”珠宝公司，多年来一直称雄于世界珠宝经营界，他们就是采用了“限量营销”经营法。“稀尔兰奇”公司的黄金首饰和珍珠项链纯度极高，设计别致，制作精美，最受上层社会富贵人家垂青，因此国内外客商争相前来重金求购。这对该公司拓展经营领地是一个极好的机会。然而他们不但不增加生产，扩大销售，反而采取了“限量”生产销售法，始终将自己的产品控制在目标市场范围之内，不越“雷池”一步。结果，“稀尔兰奇”产品在市场上的紧俏地位始终未降低，不法商贩也就无法伪造“稀尔兰奇”产品在普通市场上倾销谋利。

即使如此，“稀尔兰奇”公司仍然保持高度警惕性，惟恐有人盗用自己的名号去欺骗顾客，于是特设了专卖店，并且大做广告，告诉顾客一定要到专卖店去买“稀尔兰奇”产品。专卖店里总是缺货，顾客常常空手而归，但是他们宁愿等一年半载也不到别处去买低档次产品。“稀尔兰奇”的产品总是供不应求，因此它在国际市场上，百余年来盛名不倒，而销量却在悄悄地稳步增长。

在出手阔绰的日本消费者眼里，似乎有钱也难买到的商品才更具有购买价值。日本日产汽车公司在开拓市场时，利用人们的这一消费意识，运用限量销售的办法，获得了出人意料的效果。

1991 年，该公司推出一款被称为“极具古典浪漫风采”名为“费加洛”的中古型轿车，为了使该车能以高价在市场上畅销，经过精心策划，反复论证，最后决定召开一次新闻发布会，在会上宣布了一条出人意料的消息：费加洛车只限售两万辆，保证以后不再生产这种车型，并在一定时间内接受预订，然后抽签发售。消息传出后，在日本上下引起轰动，前去申请订购该车的人高过 30 万。能中签买车的人当然欣喜万分，没有中签的人则千方百计去搜寻二手车，令二手车的行情比原价高出一倍。

日产汽车公司这次促销行动大获成功，当年日产汽车公司的产量累计达400万辆，营业额达400亿美元。日产公司的成功在于它在明的限量下暗中达到高价，即以限量来掩饰它获取高价的目的。

限量营销看起来如此“神奇”，原因无非有这几点：一是抓住了消费者讲求商品品位个性化的心理。俗话说“物以稀为贵”。那些来得容易，唾手可得的东西，既无珍藏价值，又很难引人注目、产生影响。二是抓住了消费者的求高质量的心理，限量生产，限量销售，就能充分保证产品的质量。三是抓住了消费者惧怕假冒伪劣产品的心理，限量生产和销售的产品有烙印编码和其他一些特殊标识，又是在短期内销售出去，不法之徒无机可乘。

所以，这种限量营销法只要运用得当，情形适宜，完全可以达到让客户蜂拥抢购的目的。

揣摩心理，巧妙迎合

你有没有这样的感觉，当你心里感激某人，觉得他帮了你忙的时候你很高兴，愿意做事情来回报他；但是如果你心里觉得人家在强迫你的时候，你就会恼怒？这就是成功的推销员和失败的推销员让顾客产生的两种不同心理状态，我们当然想要做第一种推销员，让顾客觉得满意。那么究竟怎么样才能做到呢？一句话，推销的时候就是要满足顾客的需求，我们给他们的感觉应是我们在帮他们解决问题，而不仅是在推销自己的产品。

多想一下顾客的需求，了解他们实在的需要，解决他们一些眼前的问题，那么我们推销自己的产品就不是那么困难了。一位成功的人士这样描述他的一次成功生意：

他认识一位顾客，一位退休在家的老太太，是她的律师为他做的引荐。

他对任何陌生人都持有戒心，之所以同意与他见面纯粹是因为她的律师做了引荐。她们的见面将是一个三方会谈。律师引见他，而且只有在律师同意他的话之后，她才会同意，大家约定了一个时间，在她家碰头。她一个人住，对任何一个她不认识的人都不放心。这个人在路上时，给她家里打了一个电话，然后抵达时又打了一个电话。她告诉他律师还未到，不过她可以先和他谈谈。这是因为之前说了几次话，让她放松了下来，所以，她愿意单独谈谈。当这位律师真正到来时，他的出场已经变得无关紧要了。

这位先生第二次见到这位潜在顾客时，发现她因为什么事情而心神不宁。原来她申请了一部急救电话，这样当她有病时，就可以寻求到帮助。虽然保障部门已经批准了她的申请，但一直没有安装。于是这个人马上给社会保障部门打电话，当天下午就装好了这部急救电话，而且他一直在她家里守候到整个事情做完。

从那时起，这位客户对他言听计从——给予了彻底的信任，因为他看到了真正困扰她的事情并帮她及时解决。她相信这位先生有能力满足她的需要。这个额外的帮忙好像使得他的投资建议几乎变得多余，一经建议马上得到了同意，虽然刚开始这位老太太对这个建议并没有多大的兴趣。

顾客的需求实在太多了，只想着自己的产品有多好当然是不行的，不适合自己的东西大家都不会去买的。

顾客的需要有很多种，心理学家马斯洛分析得出，总的来说，人的需求分为简单的五种：第一类是生理需要——对于食、住等的需要；第二类是安全需要；第三类是社会或尊严的需要。这种情形中，我们重视别人的判断及我们与他们的相互作用；第四类是自我需要，需要被别人表扬；第五类是自我实现的需要。因此我们要从实际的情况来看，你的潜在顾客哪种需求是最主要的，最想在哪方面得到满足。就像上面例子中的老太太，她的需求就是安全感的需求，那么我们就要从这方面去下手。

还有就是我们掌握了这么多种需求，就要考虑全面了，一个人可能同时有好几种需求，得看看他的实际需要。很多时候，人们不是仅仅对这个物品有所追求，他们还需要一种精神的尊重。

一位汽车推销员就是这样将顾客的需要发掘到了极致："我记得曾经有一位中年妇女走进我的展销室，说她只想在这儿看看车，打发一会儿时间。她说她想买一辆福特，可大街上那位推销员却让她一小时以后再去找他。另外，她告诉我她已经打定主意买一辆白色福特轿车，就像她表姐的那辆。她还说：'这是给我自己的生日礼物，今天是我55岁生日。''生日快乐！夫人。'我说。然后，我找了一个借口说要出去一下。"

"等我返回的时候，我对她说：'夫人，既然您有空，请允许我介绍一种我们的雪弗莱轿车——也是白色的。'大约15分钟后，一位女秘书走了进来，递给我一打玫瑰花。'祝您生日快乐，尊敬的夫人。'我说。"

"显然，她很受感动，眼眶都湿润了。'已经很久没有人给我送花了。'她告诉我。闲谈中，她对我讲起她想买的福特。'那个推销员真是差劲！我猜想他一定是因为看到我开着一辆旧车，就以为我买不起新车。我正在看车的时候，那个推销员却突然说他要出去收一笔欠款，叫我等他回来。所以，我就上你这儿来了。'"

"如果那位福特汽车推销员知道自己的顾客因为这个原因而买了别的车，不知该有多后悔！"其实好多推销员都是一样的，往往没有看到顾客的真实需求，所以他们不容易成功。终其原因还是因为他们只想着自己的产品，没有真正关心顾客。不要吝啬你的爱心，不要舍不得多花一点时间去了解顾客，多赞美他们，没有谁会因为真心的赞美而反感的。

以诚动人，抓住他人心

有些人，尤其是初入社会的年轻人，认为生意场上没必要有那么多的人情世故，只要自己的产品质量好，价格便宜，自然不愁买主。这话倒也不错。但是即使"生意"是冷冰冰的，做生意的"人"却是有血有肉的。把一些经过精心准备的温暖人心的话以不经意的方式随口说出来，让对方感觉到你的真诚，说不定比一场艰苦的谈判还有用。

美国著名的柯达公司创始人伊斯曼，曾经捐献出巨款建造一座音乐堂、一座纪念馆和一座戏院。许多制造商为了能够承接这批建筑物内价值 9 万美元的座椅生意展开了激烈的竞争。但是，找伊斯曼谈生意的商人没有一个不是一无所获。正是在这样的情况下，“优美座位公司”的经理亚当森前来会见伊斯曼，希望能够得到这笔生意。伊斯曼的秘书在引见亚当森前就对亚当森说：“我知道您急于想得到这批订货，但我现在可以告诉您，如果您占用了伊斯曼先生 5 分钟以上的时间就完了。他是一个大忙人，还很严厉，所以您进去后一定要赶快把话说完。”

亚当森进入到伊斯曼的办公室后，看见伊斯曼正埋头于桌上的一堆文件，于是一句话也没有说，只是静静地站在那里仔细地打量起这间办公室来。

过了一会儿，伊斯曼抬起头来，发现了亚当森，便问道：“先生有何见教？”

秘书把亚当森介绍给伊斯曼以后就退了出去。这时亚当森没有直接谈生意，而是说：“伊斯曼先生，在我等您的时候，我仔细地观察了您这间办公室。我本人长期从事室内的木工装修，但从来没见过装修得这么精致的办公室。”

伊斯曼惊喜地说：“哎呀！我差不多忘记了。这间办公室是我亲自设计的，当初刚建好的时候，我喜欢极了。但是后来一忙，一连几个星期我都没有机会仔细欣赏一下这个房间。”

亚当森走到墙边，用手在木板上一擦，说：“我想这是英国橡木，是不是？意大利的橡木质地不是这样的。”

“是的，”伊斯曼高兴得站起身来回答说，“那是从英国进口的橡木，是我的一位专门研究室内橡木的朋友专程去英国为我订的货。”伊斯曼显得心情非常好，他放下手中的工作带着亚当森仔细地参观起办公室来。他把办公室内所有的装饰一件件向亚当森作了介绍，从木质谈到颜色，从手艺谈到价格，然后又详细介绍了他设计的经过。亚当森饶有兴致地聆听着。

亚当森看到伊斯曼谈兴正浓，又询问起他的经历。伊斯曼便向他讲述了自己苦难的青少年时代的生活，母子俩如何在贫困中挣扎的情景，自己发明柯达相机的经过，以及自己打算为社会所做的巨额捐赠……听完伊斯曼的叙述，亚当森又赞扬他的功德心。

本来秘书警告过亚当森谈话不要超过 5 分钟。结果亚当森和伊斯曼谈了一个小时又一个小时，一直谈到中午。最后伊斯曼对亚当森说："上次我在日本买了几张椅子，打算由我自己把它们重新油漆好。您有兴趣看看我的油漆表演吗？好了，到我家里和我一起吃午饭，再看看我的手艺。"

直到亚当森告别的时候，两人都未谈及生意。但是最后亚当森不但得到了大批的订单，而且和伊斯曼结下了终生的友谊。

Chapter 17　感情背后的心理玄机

——爱不是一个字那么简单

幸福的女人都是聪明的，而聪明的女人则要时刻揣着一颗“聪明糊涂心”。做个“心眼少”的简单女人吧，因为“傻”女人招人爱，男人在外面勾心斗角已经够累了，没有谁想再在家里搁一对手。

女人要学会洞察男人的“软肋”

幸福的女人都是聪明的，而聪明的女人则要时刻揣着一颗“聪明糊涂心”。做个“心眼少”的简单女人吧，因为“傻”女人招人爱，男人在外面勾心斗角已经够累了，没有谁想再在家里搁一对手。和你在一起，男人希望能享受到身体的放松和心灵的休憩，而不是时时在和一个对手斗智斗勇。

做个“糊涂小女人”，首先要洞察男人的几处“软肋”：

男人永远尊严第一。不管他在私下有多爱你，一定不要在外人面前数落他，这一点对男人最具杀伤力。他再不济也是你精挑细选的，要怪只能怪自己当初眼拙。在众人面前多夸夸他吧，做个小鸟依人的小女人并不丢人。

男人大多喜欢逞强。这时你千万别和他较真，糊涂一点，别戳破他的小把戏。他这样做只是想找到一点自信，让自己得到一点与别人较量的勇气，好继续人生征程下面的拼搏。既然虚拟的成就感就能让他心情明朗起来，聪明的你，装傻附和又有什么不好？比如，和他一起开车外出时，在他转错了方向的时候忽然睡着了的话，就是一种了不起的美德。

男人都很懒。研究证明，这与他们携带的染色体有关。你所要做的就是多给他一些明示，男人都是后知后觉的——不要指望他会自己去找活干。多数情况下，你只需在一旁比画比画，装做不得要领地指导一下，而不知是计的他，却会为你鞍前马后、乐此不疲。

男人们有时很笨。偶尔制造悬念会取得非常的效果。许多聪明的女性都是悬念大片的超级模仿高手，她们时而大施烟雾弹，时而搬出美人术，时而运用反间计——但总是故意留下一截笨拙的小尾巴，上了当的他于是紧跟其后，穷追不舍。待拨云见雾之时，有惊无险的大团圆结局，必然给他无限的心动和惊喜。

男人都是有脾气的孩子。在是非面前，男人通常是不肯认错的，在他知道错的时候给他一个台阶下，他会对你心怀感激。不要对他大吼大叫，这对他不起作用。最有效的办法是安静地陪着他，等他冷静后轻轻地告诉他，他刚才的样子一点不可爱。

男人喜欢懂得示弱的女人。不要以女强人的姿态出现在爱情中，“小女子”的姿态更能让男人欣赏、怜惜。聪明的女人，要学会将工作和事业分开，让男人感觉他是在跟一个女人，而不是和一个“勤奋的大脑”约会。

相对于那些总想把丈夫塑造成“理想样板”，让丈夫整日活在沉重压力下的女人，“糊涂小女人”从不给男人太多压力。她们认为丈夫能功成名就最好，不能出人头地也没什么关系，她不会拿丈夫和别的男人盲目比较，她相信他会为了两人共同的未来而努力。

于是，“糊涂小女人”就这样，于不经意间赢得了男人的心。让男人心甘情愿地宠她、呵护她，给予她一生一世的爱。

想想郑板桥老先生的那句话吧：“聪明难，糊涂难，由聪明转糊涂更难。”好好修炼，做一个幸福的“糊涂小女人”吧，不见其他，只见收获的幸福。

以柔克刚，示弱是婚姻的“化骨绵掌”

在传统的文化中，男人之于女人，一定要是强者的角色，不然他会觉得没有自尊，没有面子，反而会觉得自己没有能力保护心爱的女人，这会严重地挫伤他。所以，女人，尤其是强势的女人，一定要懂得适当示弱。你弱不禁风的样子会激发男人天生的保护欲、同情心和护花的使命感。

试想，如果有这样一个女子，含着一汪泪水，欲坠未坠地挂在眼角，声音柔得能滴出水，眼神稠得能盘出丝，她就这样站在你面前，弱弱地问：“你为什么不爱我？”这时，哪个男人会心硬如铁，置之不理？

张爱玲说，一个女人对一个男人的爱往往从崇拜开始，而一个男人对一个女人的爱往往从怜悯开始。这里的怜悯，很容易让人联想起一个女人不胜柔弱的模样。

男人总喜欢以强者的姿态出现在女人面前，所以，适当地示弱会让女人得到更多。聪明的女人会将自己的柔弱形象推衍到极致——“西施捧心”的柔弱不是让吴王“不爱江山爱美人”了吗？

一天夜晚，一对恋人中的女人忽然兴起，傻呵呵地指着日历上的“1”说，亲爱的，这个字念 yī。男人轻笑，没有出声。女人又意兴阑珊地指着窗外的树说，亲爱的，这个是树。男人不置可否，笑出声来。这时，女人指着天说，亲爱的，这个是天。

令人出乎意料的是，男人忽然走到女人身边，一把将她紧紧抱住，说了一句话：这才是天……

有这样一个家庭，女的是大学生，因下放到农村，于是就在当地找了个农民下嫁，本来这对男的说是捡了个天大的宝，但是他却一直过得不开心。在外边，别人议论他有何资本娶到这么好的媳妇，回到家，老婆说什么就是什么，久而久之形成了男人的压抑人格。想当年，如果他找的是一个普通的村姑，那到现在，一定还是响当当的硬汉一条。

记住，无论什么时候，强悍的命令都不如柔弱的姿态来得有效。

假使结了婚，一旦出现什么状况，如果你不想放手，最好的办法也还是佯装成弱者。出于同情与不忍，他也会慎重考虑，实在是非舍弃你不可，也会尽量在经济上给你补偿。无论如何，不要野蛮纠缠、不要大吵大闹，让时间来解决问题（不过也有狠招，就是“以其人之道还治其人之身”，当然这种办法只对还爱着你的男人有效）。等他混沌的热情在道义的压迫下、在柔情的感召下、在激情的褪却下渐渐消散，自会再回归到你的身旁。

当然，现代社会也有一些非常强势的女人，她们在任何方面都不输于男人，可是这样的女人往往让男人望而却步，她们或许有几分让人崇敬，但并不可爱。所以，一个聪明的女人，即使你很精明能干，但在你的他面前，也要适当示弱。

爱他，就给他自由

打开门，看到男友站在门口，她不敢相信地问："你怎么回来了？"男友一把将傻傻的她搂入怀中，在她耳边呢喃："我飞了大半个地球回来，就想快点看到你！"

认识以来，男友从没有主动跟她表达过爱意，不是嫌她管得太多，就是怨她黏得太紧，现在男友居然会渴望看到她，真是叫人难以相信！

"你不是一直想结婚吗？选个好日子，不要再拖了！"

有没有搞错，是谁在拖？为什么男友前后态度差这么多？究竟是什么力量改变了他？

这就是距离的力量。能让习以为常的事物，变得稀缺珍贵；能让平凡无奇的感情，重新燃起激情。无论你们的感情多么稳定，记得给他多一点思念你的时间，多一点回味你的空间。

当对方归来时，不妨大声告诉他，你有多么思念他，但万不可告诉他，为了等他的电话，昨天你一整天守在电话旁，哪儿都没敢去。聪明的女人应该懂得，没有人会看重生活中免费派送或买一赠几的礼品。如果一个女人与男人的相处，不留一点距离和空间，反而无利于得到他。这很像玩扑克牌，假如刚一开局他就大获全胜，那意味着他整个晚上的使命已经结束。反之，如果他的赢局来得很慢，情况就会截然不同。与生俱来的雄性的争强好胜之心会驱使着他，令他更加骁勇。

比如，他和伙伴外出狩猎。他们睡在冰冷的睡袋里，饱受蚊虫叮咬，然而他们坚守着——只是为了狩猎之乐。如果他真的射杀了一只驯鹿。他会把鹿头挂在墙上，以炫耀自己的战绩。假如是你把一只鹿头送货上门。挂到他的墙上，他会不屑一顾。当一个女人主动示好的时候，就等同于送鹿头上门。当你想牵制一个男人的时候，最好给他适当的距离和空间，让他始终有意犹未尽的感觉。只有他还没找到真正拥有你的感觉，他才会乐此不疲地追逐你。

当红歌手组合 SHE 不也唱过一首《半糖主义》吗？做一个爱情半糖主义，真心不用天天黏在一起……

华人女作家陈屹在《不是男人的错》一书中，给即将披上婚纱的女人十个忠告。她认为，一个和睦的家庭首先要有一个聪明的女主人，而她界定的聪明标准是——有深刻的自信，不过多介入男人世界，该放手时就放手，给对方喘息的空间。过度控制另一半，不给对方留一些成长的空间、一点试验或秘密的自由，爱情就会失去自由呼吸的空气，就会早夭。

当然，这里并不是说做个“依人小鸟”有什么不对，而是说不要做整天黏人的“甜品太太”，弄得好像你的世界里除了他之外，连个朋友都没有似的。其实想一下，如果不发生婚变，爱人之间至少要有一辈子的时间可以投入，少在一起呆上个把小时无关紧要，而用这个时间换换空间，却可以叫人好生透口气，为婚姻长跑补足动力。

曾经以为，爱情就是生活的全部。所以爱得投入，爱得紧要，爱得失去自我。终有一天，两人都累了、倦了、疲了，爱情也走到了尽头。最好的爱情是这样的——没有苛求，没有期盼，没有缠绕，两个人温暖地在一起，彼此做伴。站在同一条地平线上，并排站立，谁也不掉队。想拥抱的时候，拥抱在一起，出去的时候，问一声，但绝不干涉对方的决定，哪怕是去看一个旧日恋人，很平淡、很熟悉。他身上的气味就像是你自己身上的味道，给彼此留下足够的空间，想安静的时候，即使他在身边也像自己一个人。给他空间，给自己余地，以退为进，以空间换时间，以留白换甘甜。拉得开，又扯不断，谁也不限制谁。到头来便是谁也离不开谁……当你做到这些时，爱就会变得简单。

正如一捧砂，放开来处理，恰恰是一种最好的把握。爱他，就给他自由，这是相爱的人给予彼此的最好礼物。

人和动物一样喜欢被“顺着毛摸”

一位女士神情激动地跑来找心理医生，她愤愤不平地说：“我恨透了我的丈夫，我们现在基本上是一三五一小吵，二四六一大吵，看样子他还会动之以拳脚了，我不明白以前我们那么好，为什么现在他这样对我，我非和他离婚不可！”

心理医生想，如果她真的是想离婚的话为什么不直接去法院，却来到这里呢？医生明白这位女士首先需要的是痛快淋漓地发泄自己的情绪，于是决定用“顺着毛摸”的方法来开导这位伤心而愤怒的客人。

医生亲切地对她说：“你丈夫这样做确实是有失气度和修养，你们走到现在这个地步我也觉得挺可惜。不过事情既然这样了，我劝你还不如尽全力想办法挽救这段婚姻。当然如果你一定要和他离婚，在离之前也要让他感受到痛苦。”

“有什么办法可以让他痛苦？”女士半信半疑地看着医生，迷惑地问道。

“尽量想办法恭维他、讨好他，像抚摸小猫一样顺着他的心思对待他。当他觉得不能没有你，并且以为你还深爱他的时候，你再断然跟他离婚，让他痛苦不堪。”女士觉得心理医生不愧为专家，给她出的点子太新鲜了，于是她决定尝试一下。

几个月过后，女士又回来找医生，说一切都进行得很好。

医生说：“行了，现在你们可以办理离婚了！”

她说：“什么？离婚，才不呢！现在我和他比以前恋爱的时候还要幸福甜蜜呢！”

“像抚摸小猫一样顺着他的心思对待他”，这是一个多么高明的手段。顺着毛轻抚那些小动物，它们都会发出满足的叫声，或者悠闲地摇着尾巴，甚至回过头轻舔你的手和脸，但是如果倒着毛摸，至少它们会不高兴地跑开，甚至会咬你！

在这一点上，人和其他动物一样喜欢“顺着毛摸”。人的性情、脾气、观念等自我就是他们的“毛”，如果你能顺着对方的脾气和他交往，不忤逆他的意愿，他就很可能成为你的好朋友。

“顺着毛摸”并不是要你舍弃自我，做别人的影子。“顺着毛摸”只是方法，最终的目的是让别人在不知不觉中受到你的影响，甚至接受你的意志。这一方法在追求异性，夫妻相处，化解纠纷的场合非常适用。人人都喜欢“吃软不吃硬”，即使城府再深，主观再强的他也受不了“顺着毛摸”这一招！

当你遇到挫折时，你需要一个忠诚的信徒在身边

每一个男人一生都需要一个忠诚的“信徒”——一个即使在他处于逆境的时候，也能一心呵护、鼓励并支持他的女人。当处处都不顺心的时候、当处境危急的时候、当他失败的时候，往往正是男人需要一个能够建立他的抵抗力和自信心的太太的时候，这时候，让他知道没有任何事情能够动摇她对他的信心非常重要。想想看，如果连自己的妻子都不信任自己，还有谁会信任自己呢？

汽车大王亨利·福特先生，在年老时被问及他下辈子出生时希望变成什么？“只要能和太太在一起，我什么也不在乎。”福特先生这样回答。他终生都称他的太太为“信徒”，并希望永远和她厮守在一起。

福特年轻的时候，每天工作 10 个小时，回家以后，还要花约大半晚上在屋后的一间旧棚子里工作，因为他异想天开地想靠自己的努力设计出一种新的引擎来。

他那身为农夫的父亲认为儿子只不过是在浪费自己的时间，邻居们也都说这位年轻人是个大笨牛。周围似乎每个人都在取笑他，没有人相信他那笨拙的修补功夫能够创造出什么神奇的好东西来。

但他太太却十分相信他，认为他完全能够凭自己的努力创造出奇迹！一旦白天的工作做完以后，她就会到小棚子里帮助他研究。冬天，由于天色很早就

暗了，她便提着煤油灯给他照明，使他能够继续工作。由于天气太冷，她的牙齿常在寒冬中颤抖，手也冻得发紫，但是她坚信她的先生终有一天会成功，福特先生总是亲切地戏称她为自己忠诚的“信徒”。在旧砖棚里艰苦地工作了三年之后，这个异想天开的稀奇玩意儿终于诞生了。1893 年，亨利·福特 30 岁生日的前夕，他的邻居们都被一连串的奇怪声音吓了一大跳。当他们跑到窗口，他们惊奇地看到福特那个大怪人和他的太太正乘坐在一辆没有马的马车上，在路上摇晃着前进呢！那辆怪物似的车子居然可以跑到拐角又跑回来了。

就在那天晚上，一个新的工业诞生了，这是一个后来对这个国家甚至人类生活产生了重大影响的工业。如果说亨利·福特是这个新工业之父的话，那么，福特夫人这位忠诚的“信徒”，就有权利被叫做“新工业之母”了。

女人越指责，男人越逃避

在婚姻中，当女人对男人不满并想要让男人改变时，可能会采取指责的方法。但心理学家观察表明：女人越指责，男人反倒越逃避。这是为什么呢？夫妻怎样调整关系才能走出这一怪圈？

当男人有压力时，往往选择独处或者保持距离的方法，这在女人看来就是不想解决矛盾，就是逃避，而男人则觉得女人的指责伤害了自己的自尊心，为了躲避女人的唠叨，退出争执的舞台，常常选择躲到角落里抽烟或者喝酒。由于男女两性处理问题的方式不同，就形成了这一现象：女人越指责，男人越逃避。

有的女人把男人当成了自己的儿子——管教、照料、教育，甚至指责，男人会觉得妻子没把自己当成男子汉，因而选择逃避。其实，男人有时很脆弱，他们为了保持自己大男人的形象，往往逞强逞能，实在逞不了也不愿被女人看出来，所以，他的独处、抽烟、喝酒也是一种暂时保护自己的办法，让自己脆弱的内心有时间自己疗伤，而有的女人却不懂这一点，非要在男人暂时逃离的时候开始发脾气指责，这无疑是雪上加霜，于是男人能逃就逃，选择加班、陪客户，到了忍无可忍时甚至会引爆家庭战争。

女人需要意识到，当男人表现出逃避或者想要搁置问题时，正是男人默默思考的时候，因此，女人要学会让男人有时候能控制一下家庭生活的节奏，让男人有时候能够远离，这就像放风筝，只有把风筝放出去，风筝才能飞，而风筝再飞也飞不出女人手里的风筝线。

猜疑就是那把剪断你婚姻风筝线的剪刀

茫茫人海中，两个毫无关联的人从陌生到相知直至相守是不易的。因为有了爱情，才有了婚姻。婚姻不是静止的，而是不断发展变化的。当浪漫激情被婚姻生活的平淡代替的时候，这时便需要我们清醒和理智地去对待。

毫无根据的猜疑是婚姻的大敌，它使人自寻烦恼，甚至导致双方感情的破裂。猜疑一般总是以某一假想目标为出发点进行封闭性思考，它带着强烈的主观色彩。婚姻不是一个人的事，它需要两个人共同经营，这样日子才会越过越精彩。

小柯和雨心已经结婚半年多了，双方感情十分融洽。正当生活之舟顺利驶向彼岸的时候，突然遇到了“猜疑”暗礁。

那天，雨心下班正好路过一家电影院，见门口一对男女青年正在交谈，随即双双进了电影院。雨心简直不敢相信自己的眼睛，因为那个男的正是小柯。

在回家的路上，雨心思绪烦乱，她想起了自己和小柯结婚半年多来，有几次约小柯看电影，小柯都吞吞吐吐。这个同小柯一起看电影的女青年看来还和他挺熟！她又气又恼，痛恨小柯欺骗了自己。

晚上小柯回家后，见雨心脸拉得老长，便问她究竟出了什么事？雨心没好气地说：“你自己知道！”还骂小柯“不要脸。”小柯被骂得莫名其妙。

其实，和小柯一起看电影的那个女青年，是小柯一个要好同事的新婚妻子。那天，小柯的同事因厂里紧急加班，不能同妻子一起去看电影，打电话通知又来不及，为了不使妻子在电影院门口久等，他就请小柯代为通知。小柯和她本来就相识，她见多了一张票，就问小柯想不想看，小柯就大方地接受了。这本来是同事朋友间正常的交往，可是雨心却想歪了，不但冤枉了小柯，而且还赶走了婚姻生活中的另一半。

莎士比亚的名著《奥赛罗》中描写了国王的女儿苔丝德蒙娜冲破家庭和社会的重重阻力，同奥赛罗这样一个出生卑贱、肤色黑黝的将军结婚，婚后的生活十分美满。然而，奥赛罗部下一个军官尼亚古出于卑鄙自私的目的，编造谣言，制造陷阱，挑拨他们的夫妻关系，使奥赛罗对忠诚纯洁的妻子产生了猜疑之心，在一个漆黑的夜晚竟用被子把苔丝德蒙娜活活闷死了。后来，奥赛罗知道了事情的真相，追悔莫及，自刎于妻子脚下。

生活中不乏因猜疑而损人害己的事例，因此，在婚姻生活中应设法克服这种不正常的心理现象。

有一对夫妻，当初相识时，男才女貌，人称佳偶天成。婚后一段时间，两人也恩恩爱爱，互敬互重。后来，男的升任为部门经理，因而业务增多，日夜忙于工作，而且他本来就十分热爱这份工作，英雄有了用武之地，就更加兢兢业业了，俨然忘了还有一个家。女的呢，开始看着丈夫升职了，事情增多，钱也挣多了，非常满意。

但没多久，她就觉得不对劲儿了。她总疑心丈夫没那么忙，只是借工作之便与别的女人幽会偷情。她开始风言风语地对丈夫进行中伤，并且竭力想监视他的行动。丈夫有些莫名其妙，忍让一阵之后开始对妻子进行回击。两个人的生活就乱了起来，经常吵吵闹闹，矛盾愈演愈烈，直至最后走到法庭领回离婚判决书。直至这时候，他们才明白，其实双方都是在热烈地爱着对方，只是莫名其妙的伤害太深了，伤口无法再痊愈。他们只有痛苦地带着对对方的深爱，退回各自孤独的角落。

一些人在婚姻生活中常产生猜疑心，一个重要的原因就是思维方法上主观臆断的色彩太浓，无根据地加强心理上的消极自我暗示。解决猜疑心的方法简单：那就是多和对方交流思想，交心才能知心。人们常说："长相知，才能不相疑；不相疑，才能长相知。"夫妻在婚姻生活中，只有做到襟怀坦白，开诚布公，才能相互信任。有了这个牢固的基础，主观色彩很浓的猜疑心自然会烟消云散了。

事实上，不少猜疑都是由别人的闲话引起的。所以，对于别人的闲话要分析。应该看到，生活中“长舌妇（夫）”确实有，即使有些亲朋好友出于好心，向你通报你爱人的外遇情况，也不能一听就信，因为很难保证这些情况中没有失真的成分。

当你对妻子（丈夫）的怀疑越来越重的时候，要尽力提醒自己及时“刹车”，想办法加上一些“干扰素”，如：“也许是我弄错了”，“她（他）不是那种对爱情不专一的人”等等，以打破自己的怀疑。条件允许时，可做一点调查，以澄清事情真相。

人在猜疑的时候，容易为封闭性思路所支配，这时，自己的冷静克制绝对必要。要多设想几个对立面，只要有一对立面突破了封闭性思路的循环圈，你的理智就可以及时得到召唤。冷静分析以后，仍然难以解除猜疑，那就应该及时同恋人交换意见，当然方式方法要注意。就拿雨心来说，可以心平气和地问小柯：我看见你昨天去看电影了，电影怎么样？小柯一听当然知道是怎么回事了，他就会主动地把情况向雨心解释清楚，误会也就解除了。如果那个女青年的确是“第三者”，他的神情肯定会表现异常，言语也会有悖逻辑，那时，再问缘由，更合乎情理。有了猜疑却长期闷在心里，就像雨心那样，自己越想越气，丈夫却感到莫名其妙，结果既解决不了问题，还可能使矛盾进一步扩大甚至恶化，于人于己都不利。

给足男人面子，男人会更加宠爱你

在他的朋友面前，要给他十足的地位。面子对于男人来说比什么都重要，不要介意在男人面前当个小女人，要知道小女人都是男人宠出来的。

男人都是不肯认错的，在他知道错的时候给他一个台阶下，他会知恩图报的。体谅一个男人，那就是把他当成你的爱人、情人、哥哥、朋友、父亲、孩子。爱他，不要给他负担，给他自由，给自己自由。

做女人要知道什么时候该进，什么时候该退，什么时候该挡在他的前面，什么时候该躲在他身后。把他当成你自己一样去爱护，成全了他的幸福，他才会成全你的幸福。

对于男人来说，最重要的是尊严，你可以在家里抨击他，但不能在公众场合讽刺、嘲笑他。一个不懂维护男人尊严的女人，男人也不会珍惜她。

在社会交往中，女人很在乎别人对她自身的感性印象，而男人则是非常在乎别人对他的整体素质如何进行理性评价的。有人甚至说，特别是在很多庄重的场合，没有尊严没有面子的男人，生不如死！

你知道当代男人最在意什么吗？做CEO？NO！在一项有趣的调查中，被问及这个问题的男人几乎不约而同地回答：“面子！”男人需要有面子，男人也最怕失去面子。我们常看到男人时时处处在捍卫面子，有谁看到男人打破面子后会怎样？丢掉面子的男人一是变得疯狂；二是变得超然物外。

其实无论走到哪个极端，对于女人来说，都很不幸。聪明的女人肯花心思维护自己男人的面子，把两个人的小氛围经营得越发和谐。

台湾地区的李先生在北京开了一家餐馆，生意兴隆。有一天，在餐厅打烊时遇到夫人河东狮吼。李先生一时情急逃到桌子下面，这时客人返回来寻找丢失的东西，正好撞上，李先生进退尴尬。这时八面玲珑的李太太急中生智拍了拍桌子：“我说抬，你要扛，正好来帮手了，下次再用你的神力吧！”这位先生顺坡下驴直夸夫人想得周到，一场面子危机轻松化解。有的时候，女人示弱很容易就能帮助男人维护住他的面子。

雨桦结婚10年了，和丈夫依然你侬我侬。她的秘诀是：给老公最大的面子。在她卧室的墙上有一张字条，上面是她制定的“家规”。第一条：历史证明老公永远正确，一切事情都由他做主；第二条：万一他不对，仍参照第一条执行。后来老公在感动之余又添了一条，夫人享有总的裁决权。

不管恋爱还是婚姻，在男女交往的世界里，男人需要面子时，女人就给足他想要的面子，他会为此感激你的。

善解人意是女人的魅力之花

如果问男人：你的女人到底可爱在什么地方？一百个男人会有一百个答案。如果他爱你的温柔似水，不妨就对他百依百顺，有空就多给他说些好话；若他爱你的坚强独立，则可多给他一点自由；若他爱你的青春美貌，在他抱怨你身材臃肿时，赶快趁机对他说：我正想找家健身房锻炼锻炼，星期六就麻烦你带带孩子吧。

安慰男人的办法同样视男人的性格而定。如果你看到他一人坐在家里，黑灯瞎火的喝闷酒，他若是个颓废懦弱的男人，你不妨夺了他的杯子，提醒他还是这个房子的主人，要有为人夫为人父为人子的责任，十年八年后他一定会对你感激不尽；他若是个自尊心极强，绝不能容忍自己在女人面前示弱的男人，不如假装什么也没看见，悄然退出，让他一个人静静地疗伤；假如你的男人介于两者之间，则可以端几样小菜上来，陪他一起喝喝，问他有什么苦要诉。

从女孩到女人，从少女到少妇，不同的心境自然有截然不同的思维，所以在男人看来，少女撒娇时的可爱，在少妇身上便成了撒泼。作为女人，要留住男人的心，最聪明的办法是学着善解人意。

面对婚后的情感困境，大多数男人比较安于现状，他们不会处处抱怨。不论男女，既然是凡人就必然有其缺陷和优秀的独特个性，世上本就不存在十全十美的人，当爱恋中的激情在平庸的凡人世界中渐渐消退，这时候，就需要宽容，用容忍的态度来面对生活。

在传统观念中，虽然男性被赋予了坚强、刚毅、勇敢等性格特征，但是男人也是人，他们也有脆弱的时候。在失意时，他们多么希望自己的妻子能像恋爱时那样对自己关怀备至呀！脆弱时，他们更希望自己的妻子能对自己说一声：“你永远是最棒的，我很需要你。”或者在他们苦闷时，能跟他们聊聊天，在空闲时，能陪他们放松一下心情，而不是让他们陪着自己去人声嘈杂的商场里转圈。

有些丈夫很想把工作、生活中的一些困扰、成就等讲给自己的妻子听，但不少妻子却不愿意或是不知道怎样去听。时间一长，丈夫就会感到压抑，对妻子失望，和妻子的交流沟通越来越少，最后变成冷漠，这个家也会因此变成一潭死水，显得死气沉沉。

一位先生讲述他的经历：我很爱我的妻子，若在工作中遇到一些痛苦或快乐的事，就想向她倾诉一番，让她也分享我的快乐和痛苦，可是我妻子的举动使我伤心透了。

有一次，我的一份设计方案为公司增加了不少利润，得到了一笔数目不小的提成。回到家里我兴奋地说："亲爱的，我今天真是太高兴了……"妻子听了以后只是随意地"哦"了一声，随后便漫不经心地说："亲爱的，准备吃饭吧。哦，我告诉过你冰箱坏了，你还没有给售后服务部打电话啊？"

还有几次我被公司一些难处理的事弄得焦头烂额，回家想听听妻子的建议，可她总是令人很扫兴。我实在忍受不了她对我的不理解，我感到回到家里是件痛苦的事。后来我们分手了，我现在生活得非常舒心。别看我现在的妻子对我从事的工作一点都不懂，可她却给了我不少有益的忠告和鼓励。

所以，善解人意的妻子不仅能够给自己的丈夫最大的宽心和安慰，而且自己也会拥有无比的幸福与成功。

撒娇，是一张铺满玫瑰花瓣的情网

女人一般都会撒娇，这是天性，也是艺术。这是女人专门用来敲打男人键盘的小力量，其实小力量也同样能奏出大乐章来。撒娇的后面是柔软的世界。在这里，举起拳头会没力，愤怒的目光会软下。撒娇，能让任何坚强的东西为之融化。

撒娇的女人总是情意绵绵，丝丝缕缕织成一张情网，捕获男人的心。

不过，撒娇的前提是必须有人宠爱。有些女孩子故意学一些腔调，不论跟谁说话，一发感慨，动不动就来一通“耶——哇塞！”让人听了浑身起鸡皮疙瘩。更让人难以忍受的是，生活中还有一种女人，本身已是半老徐娘，无论衣着打扮还是言谈举止，整天装扮成一副纯真少女的模样，嗲兮兮地招摇过市，让人怎么看怎么别扭！

女人撒娇是应该有分寸的，而且女人撒娇也是要分场合的。处于恋爱期的男女总是喜欢聚在一起卿卿我我，躲在无人处说一些情话，无论话的内容是什么，只要两个人在一起，就很快乐。

恋爱中的女人喜欢向男人撒娇，在她们看来，能被一个有着阳刚之气的男人爱着是值得自豪的事情。看着高大的男人为自己做这做那，内心总觉得暖洋洋的。而对于男人来说，有一个娇小、美丽的小女人在自己身边依偎，也是件很享受的事情，而能当美丽女人的护花使者更是值得夸耀的事。撒娇是恋爱中不可缺少的调味料，它让女人变得更加娇媚，同时也激起了男人的保护欲，增强了他们的自尊心。现实生活中，有很多男人是因为自己的爱人有一副娇滴滴的声音而迷恋上对方的。进入婚姻生活以后，夫妻双方虽然没有了神秘感，但在男人看来，妻子仍然是娇小和需要保护的，所以很多男人对于婚后妻子变得坚强和不需要自己感到迷惑，他们会觉得婚前妻子的娇弱形象是一种假象，而自己也有一种上当受骗的感觉。针对这种情况，妻子应该懂得适时地向丈夫撒一下娇，这样丈夫就会有恋爱时的感觉，而夫妻双方也会感到初恋的温馨又回到了心间，烦闷的家庭生活又会焕发出不一样的光彩。

在现实生活中，男人每天都要面对残酷的竞争，肩上还背负着整个家庭的责任，这常会使他们身心俱疲、心灰意懒。而这时如果自己的女友或是妻子在适当的条件下，对他们撒一下娇，就会让他们重新感觉到自己的重要性。因为对女友或是妻子来说，他们是独一无二的，是她们的支撑。所以很多男人喜欢小鸟依人的伴侣，因为在对方面前自己是强壮的，是充满信心的。

日本电影明星小野浩二的夫人就是个很懂得撒娇的女人。在他们刚结婚时，小野还是个默默无闻的人，他们的生活异常清贫，但是为了让自己的丈夫感到自己对他的依赖和爱意，她在自己丈夫的手心写了一个爱字，这是无声的撒娇，也是让人感动的情谊。后来小野成名了，但在他的心底，他永远忘不了自己的妻子对自己的帮助和鼓励。

爱撒娇的女人是丈夫努力的动力，她们用自己娇柔的声音抚慰着疲惫的男人，这种悦耳的声音能使男人雀跃舒畅，而又绝不是一种负担。女人的柔弱能使男人迅速成长，激发他们的男人本色，使他们更像个男人。而不懂向自己丈夫撒娇或者认为撒娇是一种矫饰行为的女人，是无法体会到撒娇带给她们婚姻生活的润滑作用的。另一方面，不会撒娇的女人才会让自己的丈夫有真正的压力，因为在这些丈夫看来，自己的妻子很坚强，不需要他们，甚至他们会觉得自卑，感到没有男人的尊严。而为了找寻自己的自信心，他们会转向另外的女人，而使得自己的婚姻生活走向灭亡。

唠叨不休是毁灭婚姻的杀手

在所有阻碍家庭幸福与毁灭爱情的因素中，喋喋不休是最致命的。

拿破仑·彭细派德是拿破仑的侄子，他与美女郁金妮·德伯相爱并成婚。他的顾问们认为，她不过是一位不重要的西班牙伯爵的女儿。但拿破仑反驳说："那又怎么样？我已经喜欢上了一位我所敬爱的女人。"

拿破仑和他的新婚妻子拥有健康、财富、势力、美貌、名誉、爱情与信仰——一切幸福的条件。但是，他们婚姻的圣火从未发出过更加光亮的白热，而且没过多久，那炽热的圣火就熄灭了，直至化为灰烬。拿破仑可以使郁金妮成为皇后，他可以献出他爱情的全部力量，甚至他皇位的势力，但他无法做到一点：使她停止喋喋不休。

出于嫉妒和多疑，郁金妮轻慢他的命令，甚至不许他有秘密的表示。在他从事国政的时候，她闯入他的办公室，阻挠他最重要的讨论。她常常到她姐姐家抱怨她的丈夫。她拒绝他独处，永远怕他与别的妇人交往。哭泣、喋喋不休，甚至恫吓，并强行进入他的书房，向他发怒、谩骂。

郁金妮如此而为所造成的后果是什么？我们通过莱因哈德的《拿破仑与郁金妮：一个帝国悲喜剧》中的文字就可以看出："以后拿破仑常在夜里，从一个侧门偷偷地出去，戴一顶软帽，将眼睛遮起，由一亲信随从陪着，前往等待他的美女那里去，或像古时似的遨游于这座大城市中，见些见不到的东西，吸些可能吸的空气。"

这一切都是喋喋不休的郁金妮所造成的。她坐在法国的皇位上，是世界上最美丽的妇人。但在喋喋的气氛之中，皇位与美貌都不能再使拿破仑折服，都不能保持爱情的长久。这是她自己找来的，她没能用喋喋不休去说服自己的丈夫，得到她想得到的，她把珍爱的一切和她的爱情捣毁无遗。

其实，世界上有很多事情是可以改变的，喋喋不休并非就无药可救。有很多事只需讲一遍就可以达到目的，唠叨更多的结果只能遭到对方的反感，使他更加心烦而已。